© ZS Verlag
München
1. Auflage 2015
ISBN 978-3-89883-479-7

Grafische Gestaltung	Georg Feigl, Julia Arzberger
Fotografie	Stefan Malzkorn
Vorwort	Bettina Tietjen
Reportagetexte	Jakob Strobel y Serra
Redaktion	Eva-Maria Hege, Regina Rautenberg, Katharina Wolf
Herstellung	Jan Russok, Peter Karg-Cordes
Lithografie	Jan Russok
Druck & Bindung	Neografia, Martin

„So isst der Norden“ im NDR-Fernsehen, Redaktion: Matthias Latzel
Lizenziert durch Studio Hamburg Distribution & Marketing GmbH,
Koordination: Petra Rönnfeldt, Johanna Buch

Besuchen Sie uns auch im Internet unter www.zsverlag.de

RAINER SASS

DER DICKE RAINER
So isst der Norden

MIT FOTOS VON STEFAN MALZKORN

INHALT

Samstagmorgen, 10 Uhr. Ich sitze in der Maske. Die Frau im Spiegel sieht mir noch nicht ähnlich, sie ist blass und müde. Noch zwei Stunden bis zur Aufzeichnung.

Plötzlich Geräusche auf dem Flur, Schritte, Gelächter, eine laute Stimme. Rainer kommt. Die Tür fliegt auf.

„Na, da bist du ja endlich!“, ruft er gut gelaunt. Er sieht sehr ausgeschlafen aus. Zum weißen Koch-Jackett trägt er heute eine giftgrüne Hose.

„Wie findest du die?“, fragt er fröhlich. „Hab ich mir extra für die Sendung zugelegt. Ist doch Frühling!“

Bevor ich antworten kann, steht er neben mir und betrachtet mich kritisch im Spiegel. Ich bin nicht sicher, ob ihm gefällt, was er da sieht.

„Heute sind die Locken gut!“, sagt er anerkennend. „Letzte Woche bei ‚DAS!‘ waren die Haare viel zu glatt. Und das gepunktete Kleid ziehst du bitte nie wieder an!“

Rainer ist ein sehr aufmerksamer Kollege, er sieht alles und kommentiert alles. Oft ruft er schon morgens früh bei mir an, um mir mitzuteilen, dass meine Sendung und vor allem die Anmoderation seiner Kochrubrik ihm gut gefallen haben. Wenn er nicht anruft, habe ich irgendetwas falsch gemacht.

„Kennst du den schon?“, sagt, nein, schreit er mir jetzt ins Ohr. „Kommt eine Frau zum Arzt ...“ Ich stöhne, muss aber gleichzeitig lachen. Rainer ist ein begeisterter und brillanter Witzeerzähler. Ein Entertainer. Sein Repertoire ist unerschöpflich. Nach dem fünften Kalauer bin ich endgültig wach. Leider ist der Lidstrich verrutscht, weil die Maskenbildnerin sich vor Lachen auch nicht mehr halten konnte.

„Beeil dich!“, ruft er. „Ich bereite im Studio schon alles vor.“

Unser „DAS!-Kochstudio“ ist jedes Mal ein Happening. Berge von köstlichen Zutaten werden innerhalb von zwei Stunden zu Vor-, Haupt- und Nachspeise verarbeitet. Aber das ist nicht alles. Am schönsten ist immer das, was am Rande passiert. Wir tanzen und singen, wir machen Yoga-Übungen, und wir erzählen uns lustige Geschichten.

Manchmal richten wir auch ein Chaos an. Ein Beispiel: die Kerbelsuppe. Hätten wir den Kerbel ordentlich zerkleinert, bevor wir ihn in

Brühe und Sahne aufkochten, hätte sich der Pürierstab nicht in den Stängeln und Blättern verheddert. Die Suppe wäre nicht durch die Gegend gespritzt, wir wären nicht von Kopf bis Fuß bekleckert gewesen, und der Mixer wäre heute noch heil. Das ganze Studio musste geputzt werden, bevor wir weiterdrehen konnten. Selten so gelacht!
Einen aus Leidenschaft kochenden Versicherungskaufmann – so was gibt's nur einmal im deutschen Fernsehen. Morgens sitzt Rainer am Schreibtisch und kalkuliert. Aber ab mittags dreht sich alles nur noch ums Essen. Sogar mitten in der Nacht wacht er manchmal auf, weil ihm im Traum ein geniales Rezept erschienen ist.
Dass ich gelegentlich die Erste bin, die das Ergebnis probieren darf, macht mich glücklich. Denn was auch immer er sich einfallen lässt – es ist traumhaft, köstlich und lecker!
Wie viel ich von ihm in all den Jahren schon gelernt habe! Wie man ein Huhn professionell füllt und zusammenschnürt, wie Rouladen korrekt gewickelt und zusammengespießt, wie der Lachs filetiert und von Gräten befreit, der Risotto gerührt, der Pfeffer gemörsert, der Fond eingekocht und der Zucker karamellisiert werden ... die unendlichen Weiten des Kochuniversums wären mir bis heute fremd, wenn er mich nicht mit auf die Reise genommen hätte.
Danke, Rainer, dass ich deine Kopilotin sein darf! Oder, wie du es formulierst, deine „Königin der Beiköche"!
Ich freue mich auf viele weitere ausgelassene Koch-Sessions mit dir – aber zunächst mal auf dieses Buch!

Deine Bettina

»Die gute Seele des Nordens: Seit zwei Jahrzehnten stehe ich gemeinsam mit Bettina Tietjen für den NDR vor der Kamera. Und bisher habe ich jede Minute genossen.«

»Bettina kann zwar nicht kochen, weil ihr Mann ein exzellenter Koch ist und sie nicht in die Küche lässt. Dafür futtert sie mir alles weg.«

»Was wir unserem Regisseur Florian Kruck zu verdanken haben, wissen wir ganz genau. Es gibt kaum jemanden in Deutschland, der Essen und Trinken so schön ins Bild setzen kann.«

Höchste Zeit für eine Liebeserklärung: Bettina Tietjen ist für mich nicht nur eine wunderbare Frau und neben Barbara Schöneberger die beste Moderatorin Deutschlands. Nein, diese alte Gackertante ist in den zwanzig Jahren, die wir uns nun schon kennen, mehr als nur eine Freundin für mich geworden. Sie ist mir so sehr ans Herz gewachsen wie kaum ein anderer Mensch, und bis heute bewundere ich ihren Humor, ihre Offenheit, ihre Lebensfreude. Sie ist immer gut drauf, niemals griesgrämig, fängt schon an zu lachen, wenn sie mich hinten in der Maske sitzen sieht, und steckt mit ihrer positiven Art ihre ganze Umgebung an. Und wir haben ein geheimes Erfolgsrezept: Wenn wir unsere Sendungen für das NDR-Magazin „DAS!" aufzeichnen, schnacken wir vorher nur ganz kurz und sprechen uns im Grunde überhaupt nicht ab. Wenn dann die Kamera läuft, ist alles reinste Improvisation. Ich glaube, das macht einen großen Teil unserer Beliebtheit beim Publikum aus. Und ich bin mir sicher, dass dieses blinde Einverständnis nur zwischen zwei Menschen funktionieren kann, die sich wirklich mögen.

Vorspeisen & Suppen

Gebratene Zucchiniblüten
mit pochierten Eiern

ZUTATEN FÜR 4 PERSONEN

Für die Zucchiniblüten:
8 kleine Zucchini mit Blüten
3 Eier
Salz · Cayennepfeffer
frisch geriebene Muskatnuss
Mehl zum Wenden
4 EL Rapsöl
ca. 50 g frische Baguettebrösel

Für die pochierten Eier:
4 EL Weißweinessig
4 Eier

Außerdem:
4 Scheiben Räucherlachs

ZUBEREITUNG

1. Für die Zucchiniblüten aus den Zucchiniblüten jeweils vorsichtig den Blütenansatz entfernen, die anhängende kleine Zucchini in Form schneiden. Die Eier in einer Schüssel verquirlen und mit Salz, Cayennepfeffer und Muskatnuss würzen.

2. Inzwischen für die pochierten Eier 1 l Wasser mit dem Essig in einem Topf aufkochen.

3. Das Öl in einer beschichteten Pfanne erhitzen. Die Zucchiniblüten leicht in Mehl wenden, durch die Eier ziehen und mit den Zucchini im Öl 5 bis 7 Minuten braten. Während des Bratens mit den Bröseln bestreuen.

4. Die Eier einzeln zuerst in eine Tasse schlagen und dann in das leicht siedende Essigwasser gleiten lassen. Dabei das Eiweiß vorsichtig mit zwei Löffeln über das Eigelb ziehen. Die Eier etwa 4 Minuten ziehen lassen. Mit der Schaumkelle vorsichtig herausheben und auf Küchenpapier abtropfen lassen.

5. Jeweils 2 gebratene Zucchiniblüten mit 1 pochiertem Ei und 1 Scheibe Räucherlachs anrichten. Nach Belieben 1 Klecks Crème fraîche dazugeben.

Kohlrabi-Carpaccio
mit Krabben

ZUTATEN FÜR 4 PERSONEN

Für die Vinaigrette:
2 EL Rapsöl · 1 EL Walnussöl
2 EL Crema di balsamico bianco
abgeriebene Schale und Saft
von 1/2 Bio-Zitrone
1 Msp. Piment d'Espelette oder Cayennepfeffer
Zucker · Salz

Für das Carpaccio:
2 kleine Kohlrabi mit Grün
2 Schalotten · 1 EL Olivenöl
150 g Nordseekrabbenfleisch
2 EL fein geschnittener Thymian
Meersalz
1 Spritzer Olivenöl zum Beträufeln

Außerdem:
500 g Sahne

ZUBEREITUNG

1. Für die Vinaigrette alle Zutaten verrühren.

2. Für das Carpaccio vom Kohlrabi das Grün abschneiden, waschen, trocken tupfen, sehr fein hacken und zum Garnieren beiseitelegen. Kohlrabi schälen und in große, sehr feine Scheiben hobeln.

3. Die Schalotten schälen, in sehr feine Würfel schneiden und im Olivenöl 2 Minuten dünsten. Herausnehmen und mit den Krabben mischen. Den Thymian untermischen, leicht salzen und einen Spritzer Olivenöl dazugeben.

4. Die Sahne in einem Topf bei mittlerer Hitze um die Hälfte einkochen und leicht abkühlen lassen.

5. Die Kohlrabischeiben auf Teller verteilen, die Krabben darauf anrichten und mit der Vinaigrette und der eingekochten Sahne beträufeln. Zuletzt mit den gehackten Kohlrabiblättern und nach Belieben mit Thymianblüten bestreuen. Idealer Begleiter dazu ist ein deutscher Winzersekt oder Prosecco.

Grüner Spargel
mit Mortadella

ZUTATEN FÜR 2–4 PERSONEN

Für den Spargel:
10 Stangen grüner Spargel
10 Scheiben hauchdünn geschnittene Mortadella
gemörserter schwarzer Pfeffer
1 EL Butterschmalz
1 EL Olivenöl

Für die Sauce:
100 ml Kochwasser vom Spargel
200 g Sahne
100 ml Weißwein
je 80 g geriebener Bergkäse und Parmesan
1 EL Butter
1 EL Olivenöl

ZUBEREITUNG

1. Den Spargel waschen, im unteren Drittel schälen und die Enden abschneiden. Den Spargel mit Küchengarn bündeln und 2 Minuten in kochendem Salzwasser garen. Den Spargel herausnehmen (100 ml Kochwasser für die Sauce aufbewahren) und in Eiswasser abschrecken, damit sie nicht nachgaren. Den Spargel gut trocken tupfen.

2. Die Mortadellascheiben ausbreiten und mit schwarzem Pfeffer bestreuen. Jeweils 1 Spargelstange auf 1 Scheibe Mortadella legen und einrollen. Das Butterschmalz und das Olivenöl in einer beschichteten Pfanne erhitzen und die Röllchen bei mittlerer Hitze 3 bis 4 Minuten goldbraun braten.

3. Für die Sauce alle Zutaten in einen Topf geben und unter ständigem Rühren etwa 5 Minuten zur gewünschten Konsistenz einkochen lassen. Wer die Sauce sämiger möchte, gibt mehr Käse dazu.

4. Die gebratenen Spargelstangen mit der Sauce und nach Belieben etwas geriebenem Käse servieren. Dazu schmeckt ein leicht gekühlter Rotwein, zum Beispiel ein Chianti.

Gebratener Spargel
mit Parmesanspänen

ZUTATEN FÜR 2–4 PERSONEN

1/2 l Gemüsebrühe
500 g weißer Spargel
100 g Parmesan (am Stück)
2 EL Raps- oder Olivenöl
Salz · Zucker
abgeriebene Schale von 2 Bio-Zitronen

ZUBEREITUNG

1. Die Brühe in einem Topf auf 100 ml einkochen.

2. Den Spargel waschen, schälen und die holzigen Enden abschneiden. Die Stangen schräg in 1 cm dicke Scheiben schneiden. Den Parmesan hobeln.

3. Das Öl in einer großen Pfanne erhitzen und die Spargelscheiben darin unter ständigem Rühren 3 bis 4 Minuten braten, dabei mit etwas Salz und Zucker bestreuen.

4. Den gebratenen Spargel auf eine Platte geben und mit der Brühe übergießen. Den Spargel dick mit Parmesan und Zitronenschale bestreuen.

TIPP

Je nachdem, wie viele Personen mitessen und ob das Gericht als Vorspeise oder Hauptgang serviert wird, können Sie die Menge variieren.

Gebratene Gänseleber
mit Mango

ZUTATEN FÜR 4 PERSONEN

4 Gänselebern
1 reife Mango
1 rote Zwiebel
1 Knoblauchzehe
1 EL Butterschmalz
1 EL Olivenöl
3–4 Zweige Thymian
2 kleine Stücke Bio-Orangenschale
einige Thymianblättchen
feines Meersalz
Salz · Pfeffer aus der Mühle

ZUBEREITUNG

1. Die Gänselebern häuten, putzen, waschen und trocken tupfen. Die Mango schälen, das Fruchtfleisch auf den flachen Seiten vom Stein schneiden und in Scheiben schneiden. Die Zwiebel schälen und in feine Würfel schneiden. Den Knoblauch schälen.

2. Butterschmalz und Olivenöl in einer beschichteten Pfanne erhitzen und die Lebern darin kurz von beiden Seiten scharf anbraten. Die Hitze um die Hälfte reduzieren und die Lebern 3 bis 4 Minuten fertig garen. Dabei Thymianzweige, Orangenschale und Knoblauch hinzufügen.

3. Die Mangoscheiben auf Teller legen und mit Thymianblättchen und etwas Meersalz bestreuen. Die Leber mit Salz und Pfeffer würzen und auf die Mangoscheiben setzen. Die Zwiebelwürfel darüberstreuen und nach Belieben noch mit etwas gemörsertem Pfeffer bestreuen.

Kalbsleber-Salat
mit Linsen

ZUTATEN FÜR 4 PERSONEN

Für den Salat:
150 g Berglinsen · 300 g Feldsalat
20 Weintrauben · 1 Apfel
2 rote Zwiebeln
50 g Pinienkerne
3 Scheiben Kalbsleber (à ca. 90 g)
1 EL Butter · 1 EL Olivenöl
Salz · Pfeffer aus der Mühle

Für die Vinaigrette:
1 EL Olivenöl · 1 EL Sonnenblumenöl
2 EL Apfelessig
Salz · Pfeffer aus der Mühle · Zucker

ZUBEREITUNG

1. Für den Salat die Linsen nach Packungsanweisung in Wasser (ohne Salz) etwa 30 Minuten gar kochen. Abgießen, abspülen und zurück in den Topf geben, warm halten.

2. Den Feldsalat verlesen, waschen und gründlich trocken schleudern. Die Weintrauben waschen und halbieren. Den Apfel schälen, vierteln, entkernen und in feine Scheiben schneiden. Die Zwiebeln schälen, in Lamellen schneiden und mit den Pinienkernen in einer beschichteten Pfanne ohne Fett anrösten.

3. Die Kalbsleber waschen, trocken tupfen und in mundgerechte Stücke schneiden. Die Butter und das Öl erhitzen und die Leber darin auf jeder Seite 1 bis 1 1/2 Minuten braten. Herausnehmen. Mit Salz und Pfeffer würzen.

4. Linsen, Feldsalat, Weintrauben, Apfelscheiben, Zwiebeln und Pinienkerne mischen und auf Teller verteilen.

5. Die Zutaten für die Vinaigrette verrühren. Die Leberstücke auf den Salat geben und mit Pfeffer würzen. Die Vinaigrette darüberträufeln.

Italienische Vorspeisen
auf dreierlei Art

ZUTATEN FÜR 4–6 PERSONEN

Für den Tomaten-Brot-Salat:
20 Kirschtomaten
1 rote Zwiebel
3 Knoblauchzehen
1 altbackenes Baguettebrötchen
50 g Parmesan
ca. 3 EL Olivenöl
30 g Pinienkerne
2 Zweige Rosmarin
Salz · Pfeffer aus der Mühle

Für die Zucchini mit Minze:
2 mittelgroße Zucchini
2 EL Olivenöl
Salz · Pfeffer aus der Mühle · Zucker
30 Minzeblätter
2 EL Balsamico bianco

Für die Möhren mit Basilikum:
1 Bund Möhren mit Grün
2 EL Olivenöl
1/4 l Möhrensaft
1 Bund Basilikum
Salz · Pfeffer aus der Mühle · Zucker

ZUBEREITUNG

1. Für den Tomaten-Brot-Salat die Tomaten waschen und halbieren. Die Zwiebel schälen und in feine Lamellen schneiden. Die Knoblauchzehen in der Schale mit dem Messerrücken andrücken. Das Baguettebrötchen in grobe Scheiben schneiden. Den Parmesan in grobe Stücke schneiden.

2. In der Pfanne 2 EL Olivenöl erhitzen und die Tomaten, die Zwiebel und den Knoblauch darin anrösten. Die Pinienkerne und den Rosmarin unter Rühren dazugeben. Das Brot und den Parmesan hinzufügen und alles anrösten. Mit Salz und Pfeffer würzen und das restliche Olivenöl dazugeben. Nach Belieben noch etwas abgeriebene Bio-Zitronenschale hinzufügen.

3. Für die Zucchini mit Minze die Zucchini putzen, waschen und mit dem Sparschäler bis zum Kerngehäuse lange feine Streifen abziehen.

4. Das Olivenöl in einer beschichteten Pfanne erhitzen und die Zucchini darin 2 bis 3 Minuten scharf anbraten. Mit Salz, Pfeffer und 1 Prise Zucker würzen. Die Minzeblätter dazugeben und zuletzt mit Balsamico bianco ablöschen.

5. Für die Möhren mit Basilikum die Möhren schälen, das Grün bis auf etwa 2 cm abschneiden, den grünen Ansatz fein säubern und die Möhren der Länge nach halbieren.

6. Das Olivenöl in einer beschichteten Pfanne erhitzen und die Möhren und den Möhrensaft dazugeben. Ohne Deckel bei mittlerer Hitze 12 bis 15 Minuten garen, bis der Saft gut eingekocht ist.

7. Das Basilikum waschen, trocken schütteln und die Blätter abzupfen. Die Möhren mit Salz, Pfeffer, 1 Prise Zucker und nach Belieben mit Chili würzen. Zuletzt die Basilikumblätter dazugeben. Lauwarm schmecken die Möhren am besten.

8. Tomaten-Brot-Salat, Zucchini und Möhren auf einer Platte anrichten.

Gegrillter Spargel
mit Grapefruitsauce

ZUTATEN FÜR 4 PERSONEN

20 Stangen weißer Spargel
Salz · Zucker
Olivenöl zum Bepinseln
4 rosa Grapefruits
3 Eigelb
120 g eiskalte Butter
30 Basilikumblätter
abgeriebene Schale von 1 Bio-Limette
Pfeffer aus der Mühle

ZUBEREITUNG

1. Den Grill anheizen. Den Spargel waschen, schälen und die holzigen Enden abschneiden. Die Stangen mit Küchengarn zusammenbinden und in Salzwasser mit 1 Prise Zucker 15 bis 20 Minuten bissfest garen. Herausnehmen und mit einem Küchentuch trocken tupfen.

2. Den Spargel auf dem Grill rundum grillen, bis er leicht gebräunt ist. Zwischendurch mit etwas Olivenöl einpinseln. Dieses feine Röstaroma in Kombination mit dem Öl gibt dem Spargel einen besonderen Geschmack.

3. Drei Grapefruits so großzügig schälen, dass auch die weiße Haut mit entfernt wird. Die Filets zwischen den Trennhäuten herausschneiden, den Saft dabei auffangen. Die restliche Grapefruit auspressen.

4. Die Eigelbe mit dem Grapefruitsaft in einen Topf geben und bei mittlerer Hitze schaumig rühren. Dann die eiskalte Butter in Stücken nach und nach dazugeben und unter ständigem Rühren erhitzen, bis eine schöne Bindung entstanden ist. Zuletzt die Grapefruitfilets und die Basilikumblätter dazugeben. Mit Limettenschale und etwas Salz würzen.

5. Den Spargel auf einer Platte verteilen, die Sauce dazugeben, leicht mit Pfeffer würzen und ohne weitere Beilage, nur mit einem Grauburgunder aus Baden, verzehren.

Gebratener Spargel
mit Tomaten-Concassée

ZUTATEN FÜR 4 PERSONEN

Für die Mayonnaise:
2 Eigelb · 1/2 TL Senf
200 ml Raps- oder Sonnenblumenöl
1 TL Misopaste · Salz

Für das Tomaten-Concassée:
3 Tomaten · 1 EL Olivenöl
Salz · Zucker

Für den Spargel:
500 g grüner Spargel
Olivenöl zum Bepinseln
1 Packung Sprossen (Lauch, Rote Bete oder Radieschen) · feines Meersalz
4 wachsweich gekochte Eier

ZUBEREITUNG

1. Für die Mayonnaise sollten alle Zutaten eine ähnliche Temperatur haben. Eigelbe und Senf in einem hohen Rührbecher mit dem Stabmixer hell aufschlagen. Das Öl nach und nach hinzufügen und dabei weiterschlagen, bis eine cremige Bindung entstanden ist. Sobald die Mayonnaise fest wird, die Ölzugabe etwas beschleunigen. Mayonnaise mit Misopaste und etwas Salz abschmecken.

2. Für das Tomaten-Concassée Tomaten waschen, vierteln, Kerngehäuse und Stielansätze entfernen. Das Fruchtfleisch in feine Würfel schneiden und mit Olivenöl, 1 Prise Salz und Zucker vermischen.

3. Spargel waschen, im unteren Drittel schälen und die holzigen Enden abschneiden. Stangen der Länge nach halbieren. Eine Grillpfanne erhitzen und mit etwas Olivenöl einstreichen. Spargelhälften darin auf jeder Seite etwa 2 Minuten grillen.

4. Die Sprossen waschen und abtropfen lassen. Den Spargel auf Teller verteilen, etwas salzen und mit Mayonnaise beträufeln. Tomaten-Concassée darüberstreuen und mit Sprossen garnieren. Eier pellen, halbieren und auf den Spargel legen.

Gefüllte Auberginenröllchen
mit buntem Salat

ZUTATEN FÜR 4 PERSONEN

Für die Auberginenröllchen:
2 Auberginen
Olivenöl zum Bepinseln · Salz
250 g Thunfischfilets (in Öl)
4 Knoblauchzehen
5 Salbeiblätter
1/2 Bund Petersilie
ca. 5 EL Olivenöl
Pfeffer aus der Mühle
Zitronensaft

Für den Salat:
100 g Römersalat
100 g Endiviensalat
je 1 rote und gelbe Paprikaschote
3 EL Olivenöl
2 EL Aceto balsamico oder Zitronensaft
Salz · Pfeffer aus der Mühle

ZUBEREITUNG

1. Für die Auberginenröllchen den Backofen auf 180 °C vorheizen. Die Auberginen putzen, waschen, trocken tupfen und längs in 14 bis 16 sehr dünne Scheiben schneiden.

2. Ein Backblech mit etwas Olivenöl bestreichen und die Auberginenscheiben nebeneinander darauflegen. Die Auberginen wieder mit etwas Olivenöl bestreichen und mit etwas Salz würzen. Im Ofen auf der mittleren Schiene 12 bis 15 Minuten braten.

3. Den Thunfisch gut abtropfen lassen. Den Knoblauch schälen und grob hacken. Den Salbei und die Petersilie waschen, trocken tupfen und ebenfalls grob hacken. Thunfisch, Knoblauch, Kräuter und Olivenöl mit dem Stabmixer zu einer geschmeidigen Masse fein pürieren. Eventuell noch etwas Olivenöl hinzufügen, damit die Masse eine cremige und nicht zu trockene Konsistenz bekommt. Zuletzt die Füllung mit Salz, Pfeffer und Zitronensaft abschmecken.

4. Die Auberginenscheiben aus dem Ofen nehmen, auf ein Brett legen und mit je einem kleinen Klecks Thunfischpaste belegen, dann von der schmalen Seite her vorsichtig einrollen. Eventuell mit einem Holzspieß fixieren.

5. Für den Salat von den Blattsalaten die äußeren Blätter entfernen. Den Salat in die einzelnen Blätter teilen, waschen und trocken schleudern. Die Paprikaschoten längs halbieren, entkernen, waschen und in Streifen schneiden.

6. Alle Zutaten mischen. Das Olivenöl, den Aceto balsamico oder Zitronensaft, Salz und Pfeffer verrühren. Über den Salat geben.

7. Die gefüllten Auberginenröllchen mit dem Salat anrichten.

TIPP

Nach Belieben können Sie die Auberginenröllchen auch ohne Salat einfach als Snack servieren.

Fischbrötchen
mit Matjessalat

ZUTATEN FÜR 4 PERSONEN

1 rote Paprikaschote
1 Mango
1 Bund Rucola
2 Matjesfilets
4 Brötchen
2 EL Mayonnaise (Fertigprodukt)

ZUBEREITUNG

1. Die Paprikaschote längs halbieren, entkernen, waschen und in kleine Stücke schneiden. Die Mango schälen, das Fruchtfleisch auf den flachen Seiten vom Stein schneiden und in kleine Stücke schneiden. Den Rucola verlesen, waschen und trocken schleudern, grobe Stiele entfernen. Die Blätter in mundgerechte Stücke zupfen.

2. Die Matjesfilets in schmale Scheiben schneiden. Mit Paprika, Mango und Rucola gut vermengen.

3. In die Brötchen eine tiefe Tasche schneiden. Die Mayonnaise in die Brötchen streichen und mit dem Matjessalat füllen.

TIPP

Statt in den Brötchen können Sie den Matjessalat auch auf Tellern angerichtet mit frischem Baguette oder Schwarzbrot servieren.

Gratinierter Spargel
mit Birne und Schinken

ZUTATEN FÜR 10 RÖLLCHEN

Für die Röllchen:
10 Stangen weißer Spargel mit violetten Köpfen
Salz · Zucker · 1 EL Butter
1 Bund Rucola · 1 große, nicht zu reife Birne
10 Scheiben gekochter Schinken

Für die Gratiniercreme:
150 g Edamer (am Stück) · 100 g Sahne
2 EL Panko (asiat. Paniermehl) oder grobes Paniermehl vom Bäcker
2 TL Cayennepfeffer
frisch geriebene Muskatnuss
Olivenöl zum Beträufeln
Pfeffer aus der Mühle

ZUBEREITUNG

1. Für die Röllchen Spargel waschen, schälen und die holzigen Enden abschneiden. Die Stangen längs halbieren und in Salzwasser mit 1 Prise Zucker und der Butter etwa 8 Minuten bissfest kochen. Herausnehmen, abtropfen und leicht auskühlen lassen.

2. Für die Gratiniercreme den Edamer fein reiben. Die Sahne mit dem geriebenen Käse und dem Paniermehl verrühren. Mit Cayennepfeffer und Muskatnuss würzen.

3. Den Backofengrill vorheizen. Den Rucola verlesen, waschen und trocken schütteln, grobe Stiele entfernen. Die Birne waschen, vierteln, entkernen und in feine Scheiben hobeln. Den Schinken auslegen, jeweils 2 halbe Stangen Spargel, etwas Rucola und ein paar Birnenscheiben darauflegen und aufrollen. Die Röllchen in eine flache Auflaufform legen, jeweils mit mindestens 1 EL Creme bedecken und unter dem Grill braun überbacken.

4. Die Spargelröllchen herausnehmen, mit Olivenöl beträufeln und etwas Pfeffer frisch darübermahlen. Die restliche Gratiniercreme kann man auch als Basis für einen Spargelsalat verwenden.

Capriolo tonnato
(Rehfleisch mit Thunfischsauce)

ZUTATEN FÜR 4–6 PERSONEN

Für den Rehrücken:
600 g Rehrücken (vom Metzger auslösen lassen)
Salz · Pfeffer aus der Mühle
Wildgewürz · 1 EL Butterschmalz
1 EL Olivenöl
je 1 Zweig Thymian, Salbei und Rosmarin
1 Stiel Petersilie
1 Knoblauchknolle

Für die Sauce:
ca. 200 g Suppengemüse · 1 Zwiebel
1 Stange junger Knoblauch
1–2 Stiele Petersilie
1–2 Zweige Thymian
2 Lorbeerblätter
100 ml Wildfond oder Rehjus
1 Ei · 1 Eigelb
2–3 EL Kapern
1 Handvoll gemischte Kräuterblätter
1–2 eingelegte Sardellenfilets · 1–2 TL Senf
Saft von 1/2 Zitrone · 1/4 l neutrales Öl
100 g Crème fraîche
Salz · Pfeffer aus der Mühle
100 g Thunfischfilets (in Öl)

ZUBEREITUNG

1. Für den Rehrücken den Backofen auf 100 °C vorheizen. Fleisch mit Salz, Pfeffer und Wildgewürz würzen. Rehrücken in einer Pfanne in Schmalz und Olivenöl rundum anbraten. Dabei Kräuter und halbierte Knoblauchknolle mitbraten. Dann Rehrücken im Backofen etwa 15 Minuten garen – er sollte im Kern noch leicht rosa sein. Den Rücken aus dem Ofen nehmen und abkühlen lassen.

2. Für die Sauce das Suppengemüse putzen, waschen bzw. schälen und in Stücke schneiden. Die Zwiebel und den Knoblauch schälen und klein schneiden. Gemüse, Zwiebel und Knoblauch in einer Pfanne ohne Fett anrösten, Kräuterstiele bzw. -zweige, Lorbeerblätter und etwas Fond hinzufügen und das Gemüse gar schmoren. Herausnehmen, abkühlen lassen und die Kräuter wieder entfernen.

3. Geschmortes Gemüse, Ei, Eigelb, die Hälfte der Kapern, Kräuterblätter, Sardellen, Senf, restlichen Fond und etwas Zitronensaft fein pürieren. Dabei nach und nach das Öl hinzufügen.

4. Die Sauce in einen Topf umfüllen, Crème fraîche und übrige Kapern unterrühren. Mit Salz, Pfeffer und Zitronensaft abschmecken. Thunfisch abtropfen lassen, in kleine Stücke zupfen und dazugeben.

5. Den abgekühlten Rehrücken in Scheiben schneiden und auf Teller verteilen. Die Sauce daraufgeben und das Capriolo tonnato nach Belieben mit Kapernäpfeln oder Kapern, Oliven, Kräuterblättern, Cranberrys und Salat garnieren.

Jakobsmuscheln
mit gebratenem Chicorée

ZUTATEN FÜR 4 PERSONEN

2 Stauden Chicorée
2 EL Butter
1 EL Puderzucker
200 ml Orangensaft
400 ml Gemüsebrühe
Salz
Saft von 1/2 Zitrone
16 Jakobsmuscheln (ausgelöst)
2 EL Olivenöl
1 TL Cayennepfeffer
Meersalz

ZUBEREITUNG

1. Den Chicorée putzen, vierteln und den Strunk herausschneiden. Die Butter in einer Pfanne erhitzen. Den Chicorée dazugeben, mit Puderzucker bestäuben und auf einer Seiten anbraten, dann wenden.

2. Dann nach und nach den Orangensaft und die Brühe dazugießen und etwa 5 Minuten schmoren. Mit Salz und Zitronensaft abschmecken.

3. Das Jakobsmuschelfleisch waschen und trocken tupfen. Das Olivenöl in einer Pfanne erhitzen und die Jakobsmuscheln darin auf jeder Seite 1 Minute braten. Mit Cayennepfeffer und Meersalz würzen. Die Pfanne vom Herd ziehen und die Muscheln noch etwas ruhen lassen.

4. Die Jakobsmuscheln mit dem Chicorée auf Tellern anrichten und mit etwas Orangensud beträufelt servieren.

Baguette
mit Nordseekrabben-Mayonnaise

ZUTATEN FÜR 4 PERSONEN

100 g Doppelrahmfrischkäse
6 EL Sonnenblumenöl
2–3 EL Milch
2 Knoblauchzehen
Salz · Pfeffer aus der Mühle
100 g Nordseekrabbenfleisch
8 Scheiben Baguette

ZUBEREITUNG

1. Den Frischkäse, das Öl und die Milch in einer Schüssel cremig rühren.

2. Den Knoblauch schälen, durch die Knoblauchpresse dazudrücken und unterrühren. Die Mayonnaise mit Salz und Pfeffer abschmecken.

3. Die Krabben hinzufügen und untermischen.

4. Die Baguettescheiben in einer Pfanne ohne Fett auf beiden Seiten rösten und mit der Krabben-Mayonnaise bestreichen.

Rote Bete
mit Brombeerkonfitüre

ZUTATEN FÜR 4 PERSONEN

Für die Rote Bete:
4 mittelgroße Knollen Rote Bete mit Grün
etwas Kümmel
Salz
1 Schalotte
1 EL Butter
Pfeffer aus der Mühle · Zucker

Für die Brombeerkonfitüre:
250 g frische Brombeeren
1/2 Chilischote
1 EL Aceto balsamico
1 EL Zucker · Salz

Für den Joghurtdip:
1 Frühlingszwiebel
4 EL griechischer Joghurt
1 EL Olivenöl
Salz · Zucker

ZUBEREITUNG

1. Für die Rote Bete von den Knollen das Grün bis auf 2 cm abschneiden und beiseitelegen. Die Knollen unter fließendem Wasser abbürsten und in Wasser mit Kümmel und Salz etwa 30 Minuten garen.

2. Inzwischen für die Brombeerkonfitüre die Brombeeren verlesen, waschen und in einem Topf mit einer Gabel zerdrücken. Die Chilischote waschen, entkernen und mit dem Aceto balsamico, dem Zucker und etwas Salz unter die Brombeeren mischen.

3. Alles bei schwacher Hitze 10 bis 15 Minuten köcheln lassen, bis eine marmeladenartige Konsistenz entsteht. Dann vom der Herd nehmen, die Chilischote entfernen und die Konfitüre leicht auskühlen lassen.

4. Aus dem Grün der Roten Beten ein Ragout zubereiten. Dafür die Blätter waschen, trocken tupfen und fein hacken. Die Schalotte schälen, in feine Würfel schneiden und in der Butter andünsten. Die Blätter hinzufügen, mit Salz, Pfeffer und Zucker würzen und 4 bis 5 Minuten köcheln lassen. Nach Belieben mit Zitronensaft abschmecken.

5. Für den Joghurtdip die Frühlingszwiebel putzen, waschen und sehr fein hacken. Den Joghurt mit Olivenöl, Salz und 1 Prise Zucker verrühren.

6. Die Roten Beten abgießen, kalt abschrecken und am besten mit Einmalhandschuhen schälen.

7. Zum Servieren je 1 Streifen Brombeerkonfitüre und Joghurt auf einen Teller geben, die lauwarmen Roten Beten hinzufügen und alles mit der fein gehackten Frühlingszwiebel bestreuen. Das Ragout daneben anrichten.

TIPP

Diese Vorspeise ist auch eine ideale Beilage zu gebratenen Steaks.

Pfifferlinge
mit Pfirsich und Rösti

ZUTATEN FÜR 4 PERSONEN

Für die Pfifferlinge:
200 g Pfifferlinge · 1 große Schalotte
2 Frühlingszwiebeln · 3 Tomaten
1 EL Butterschmalz · Salz · Pfeffer aus der Mühle
200 g Sahne
1 Pfirsich · 1 TL Olivenöl
Zucker · je 1 Zweig Rosmarin und Thymian

Für die Rösti:
4 mittelgroße festkochende Kartoffeln
3 EL Butterschmalz
Salz · frisch geriebene Muskatnuss

ZUBEREITUNG

1. Für die Pfifferlinge Pilze mit einem feuchten Tuch abreiben, Stielenden entfernen. Schalotte schälen und in Scheiben schneiden. Frühlingszwiebeln putzen, waschen und in feine Ringe schneiden. Tomaten waschen, vierteln, Stielansätze und Kerne entfernen, Fruchtfleisch würfeln.

2. Pfifferlinge im Schmalz bei starker Hitze 3 Minuten anbraten, salzen und pfeffern. Hitze reduzieren und Schalotte, Frühlingszwiebeln, Tomaten und Sahne dazugeben. Abschmecken und leicht köcheln lassen, sodass die Sahne etwas einkocht.

3. Für die Rösti Kartoffeln schälen, waschen und grob raspeln. In ein Küchentuch geben und gut ausdrücken. Butterschmalz in einer Pfanne erhitzen, die Kartoffelmasse hineingeben, flach drücken und bei starker Hitze 5 Minuten braten. Mit Salz und Muskatnuss würzen, wenden und bei mittlerer Hitze 5 bis 6 Minuten weiterbraten.

4. Den Pfirsich waschen, halbieren, entsteinen und in Scheiben schneiden. Öl in einer Pfanne erhitzen und die Pfirsichscheiben darin 1 Minute braten. Etwas Zucker dazugeben und gut schwenken.

5. Rösti auf einen großen Teller setzen, Pfifferlinge, Pfirsich und Kräuter daraufgeben. Passt auch als Beilage zu Koteletts oder Lachsfilets.

Wurstragout
in Blätterteig-Pastete

ZUTATEN FÜR 4–6 PERSONEN

4–6 Königspasteten zum Füllen
2 Schlesische Würste oder 200 g Kalbsbrät
50 g weiße Champignons
2 Tomaten
1 EL Butterschmalz
2 EL gehackte Kräuter (Thymian, Rosmarin, Petersilie)
100 ml Fleischbrühe
3 EL Weißwein
100 g Sahne
Salz · Pfeffer aus der Mühle
Zucker
Zitronensaft

ZUBEREITUNG

1. Den Backofen auf 120 °C erhitzen und die Königspasteten darin erwärmen.

2. Die Haut der Würste einschneiden und das Brät herauslösen. Daraus kleine Bällchen oder Nocken formen. Die Champignons putzen und in feine Scheiben schneiden. Die Tomaten kreuzweise einritzen, überbrühen, häuten, vierteln und entkernen. Das Fruchtfleisch in kleine Würfel schneiden.

3. Das Butterschmalz in einer Pfanne erhitzen und die Fleischbällchen darin etwa 3 Minuten goldbraun anbraten. Die Pilze hinzufügen und ebenfalls anbraten.

4. Die Kräuter, die Brühe und den Weißwein hinzufügen und alles kurz köcheln lassen. Die Sahne und das Tomatenfleisch zum Ragout geben und alles noch einmal 2 bis 3 Minuten ziehen lassen. Mit Salz, Pfeffer, Zucker und etwas Zitronensaft abschmecken.

5. Die Pasteten aus dem Ofen nehmen und mit dem Ragout füllen. Sofort servieren.

Krabbenfrikadellen
mit Rösti

ZUTATEN FÜR 4 PERSONEN

Für die Krabbenfrikadellen:
300 g Nordseekrabbenfleisch
2 Scheiben Toastbrot · 1 Bund Petersilie
3 Frühlingszwiebeln · 2 Eier
abgeriebene Schale von 1 Bio-Zitrone
2 EL Paniermehl
Salz · Pfeffer aus der Mühle
1 EL Olivenöl · 1 EL Butter · 4 EL Crème fraîche

Für die Rösti:
5 mittelgroße festkochende Kartoffeln
Salz · 3 EL Butterschmalz
frisch geriebene Muskatnuss

ZUBEREITUNG

1. Für die Frikadellen das Krabbenfleisch grob hacken. Toastbrot entrinden und in Wasser einweichen. Petersilie waschen, trocken schütteln, Blätter abzupfen und fein hacken. Frühlingszwiebeln putzen, waschen und in feine Ringe schneiden.

2. Krabben, ausgedrücktes Toastbrot, Eier, Petersilie, Zitronenschale (etwas zum Garnieren beiseitelegen), Frühlingszwiebeln und Paniermehl mischen. Mit Salz und Pfeffer würzen. Aus der Masse 4 Frikadellen formen.

3. Für die Rösti Kartoffeln schälen, waschen, grob raspeln und in einem Küchentuch fest ausdrücken. In eine Schüssel geben und mit Salz würzen. Das Butterschmalz in einer großen Pfanne erhitzen und aus der Kartoffelmasse 4 Röstis goldbraun ausbacken. Dabei einmal wenden und mit etwas Muskatnuss würzen.

4. Für die Frikadellen Olivenöl und Butter erhitzen und die Frikadellen darin etwa 8 Minuten knusprig ausbraten, dabei einmal wenden.

5. Zum Servieren je 1 Krabbenfrikadelle auf 1 Rösti setzen, 1 Klecks Crème fraîche darübergeben und mit etwas Zitronenschale dekorieren. Nach Belieben Weißbrot dazu servieren.

Veganer Tofuburger
mit Avocado

ZUTATEN FÜR 4 PERSONEN

1 Bund Petersilie · 2 EL Olivenöl
Meersalz · 4 Tomaten
1 Bund Rucola · 1 Avocado
abgeriebene Schale und Saft von
1/2 Bio-Zitrone
200 g schnittfester Tofu (natur)
1 EL Olivenöl
1 EL geröstetes Sesamöl
ca. 2 EL schwarze Sesamsamen
4–6 Brötchen (ohne tierische Fette gebacken)
ca. 2 EL Tomatencreme von getrockneten Tomaten (aus dem Glas)
ca. 2 EL Sesamcreme oder -paste (Tahin)

ZUBEREITUNG

1. Die Petersilie waschen, trocken tupfen und die Blätter abzupfen. Die Petersilie, das Olivenöl und Meersalz mit dem Stabmixer pürieren.

2. Die Tomaten kreuzweise einritzen, überbrühen, häuten, vierteln und entkernen. Den Rucola verlesen, waschen und trocken schleudern, grobe Stiele entfernen. Die Avocado halbieren und den Kern entfernen. Die Avocadohälften schälen, das Fruchtfleisch in Scheiben schneiden und mit Zitronenschale und -saft würzen.

3. Den Tofu in Scheiben schneiden. Oliven- und Sesamöl in einer Pfanne erhitzen und den Tofu darin auf beiden Seiten braten. Mit Sesam bestreuen und leicht salzen.

4. Brötchen aufschneiden, Unterseiten mit Tomaten- und Sesamcreme bestreichen. Mit Tofu, Tomaten, Rucola und Avocado belegen. Mit Meersalz würzen. Die Oberseiten mit dem Petersilienpesto bestreichen, darauflegen und andrücken.

TIPP

Beim Tofu darauf achten, dass er schnittfest ist, es gibt auch cremigen. Die Brötchen ohne tierisches Fett beim Bäcker kaufen oder ggf. vorbestellen.

Frühlingsrollen
mit Forellen-Gemüse-Füllung

ZUTATEN FÜR 4 PERSONEN

Für die Frühlingsrollen:
8–10 Frühlingsrollenteigblätter
(ca. 25 x 25 cm, tiefgekühlt; aus dem Asialaden)
1/2 kleine Fenchelknolle
3 Stangen Staudensellerie
3 Frühlingszwiebeln
1/4 Salatgurke
1 Chilischote
4 mittelgroße Forellenfilets
(à ca. 100 g, ohne Haut)
1 EL Olivenöl
1 EL frisches Knoblauchgrün
abgeriebene Schale von je 1 Bio-Zitrone
und Bio-Limette
Salz · Pfeffer aus der Mühle
1 Eiweiß
Traubenkern- oder Sonnenblumenöl
zum Frittieren

Für die Mango-Paprika-Creme:
1 Mango
1/2 orangefarbene Paprikaschote
1 EL Olivenöl
Saft von 1/2 Limette
Salz · Zucker

ZUBEREITUNG

1. Für die Frühlingsrollen die Teigblätter in der Verpackung auftauen lassen.

2. Den Fenchel putzen, waschen und den harten Strunk entfernen. Die Knolle in feine Würfel schneiden. Staudensellerie und Frühlingszwiebeln putzen, waschen und in kleine Würfel schneiden.

3. Die Gurke waschen, längs halbieren und entkernen. Gurkenhälften ebenfalls in feine Würfel schneiden. Die Chilischote längs halbieren, entkernen, waschen und in sehr feine Würfel schneiden. Die Forellenfilets in kleine Würfel schneiden.

4. Das Olivenöl erhitzen und das Gemüse darin andünsten. Die Forellenfiletwürfel dazugeben, mit Knoblauchgrün, Chili und Zitronen- und Limettenschale würzen und gut vermischen. Alles 2 Minuten dünsten und mit Salz und Pfeffer kräftig würzen. Abkühlen lassen und 20 Minuten kühl stellen.

5. Für die Mango-Paprika-Creme die Mango schälen, das Fruchtfleisch auf den flachen Seiten vom Stein schneiden und in Stücke schneiden.

6. Die Paprikaschote entkernen, waschen, schälen und in kleine Stücke schneiden. Mit der Mango mischen, das Olivenöl hinzugießen und mit dem Stabmixer zu einem groben Püree verarbeiten. Mit Limettensaft und einem Hauch Salz und Zucker würzen.

7. Den Frühlingsrollenteig auslegen, leicht mit etwas Wasser anfeuchten und die Ränder mit verquirltem Eiweiß bepinseln. Jeweils etwas Füllung daraufgeben, den Teig an den Enden einschlagen und von der Füllung her aufrollen.

8. Das Öl in einem Topf erhitzen und die Frühlingsrollen darin portionsweise knusprig ausbacken. Herausnehmen und auf Küchenpapier abtropfen lassen. Mit der Mango-Paprika-Creme servieren.

Panierte Lachsschnitten
mit Avocadocreme

ZUTATEN FÜR 4 PERSONEN

Für die Avocadocreme:
2 Avocados
Saft von 1 Limette
1 Chilischote
2 Knoblauchzehen
1 walnussgroßes Stück Ingwer
2–3 Korianderblätter
1 EL Olivenöl
Salz · Zucker

Für die Tomaten:
1 Strunk Kirschtomaten
2 EL Olivenöl
Meersalz

Für den Lachs:
6 Lachsfilets (à 60–80 g; ohne Haut)
Salz · Pfeffer aus der Mühle
2 Eier
Mehl
ca. 80 g Panko (asiatisches Paniermehl)
1 EL Olivenöl
2 EL Butterschmalz

ZUBEREITUNG

1. Für die Creme die Avocados halbieren und den Kern entfernen. Die Avocadohälften schälen, das Fruchtfleisch in eine Schüssel geben und mit dem Limettensaft beträufeln. Die Avocados mit dem Kartoffelstampfer zu einem groben Mus verarbeiten.

2. Den Backofen auf 200 °C vorheizen. Die Chilischote längs halbieren, entkernen und waschen und fein hacken. Den Knoblauch schälen. Beides in feine Würfel schneiden. Den Ingwer schälen und ebenfalls in feine Würfel schneiden. Den Koriander nach Belieben grob hacken.

3. Das Olivenöl erhitzen, Chili, Knoblauch, Ingwer und 1 EL Wasser dazugeben und 2 bis 3 Minuten dünsten. Alles unter die Avocadocreme rühren. Mit Salz und Zucker würzen, Koriander untermischen.

4. Für die Tomaten die Kirschtomaten vom Strunk entfernen, waschen und in eine Auflaufform legen. Mit dem Olivenöl beträufeln, mit Meersalz bestreuen und im Ofen auf der mittleren Schiene 10 Minuten garen.

5. Für den Lachs die Filets waschen, trocken tupfen und mit Salz und Pfeffer würzen. Die Eier in einem tiefen Teller verquirlen. Das Mehl und den Panko jeweils in einen tiefen Teller geben. Die Filets zunächst in Mehl wenden, überschüssiges Mehl abklopfen. Dann durch die Eier ziehen und zuletzt im Paniermehl wenden.

6. Das Olivenöl und das Butterschmalz in einer Pfanne erhitzen und die panierten Lachsschnitten darin rundum etwa 3 Minuten braten.

7. Die Avocadocreme auf Teller verteilen, die Lachsschnitten und Tomaten daneben anrichten.

Krabben-Shooter
mit Tabasco

ZUTATEN FÜR 4–6 PERSONEN

4 EL Nordseekrabbenfleisch
1/4 l Tomatensaft
einige Spritzer Tabasco · Olivenöl
etwas abgeriebene Bio-Zitronenschale
2 EL Crème fraîche · Meersalzflocken

ZUBEREITUNG

1. Die Krabben auf Gläser verteilen und mit dem Tomatensaft auffüllen, bis sie etwa zu zwei Drittel gefüllt sind. Einige Spritzer Tabasco, etwas Olivenöl und Zitronenschale hinzufügen.

2. Zuletzt je 1 Klecks Crème fraîche und etwas Meersalz in die Gläser geben.

Spargel-Shooter
mit Wasabi

ZUTATEN FÜR 4 PERSONEN

250 g weißer Spargel · 1/2 l Gemüsebrühe · Salz
Zucker · 1 TL Wasabipulver · 200 g Sahne
50 g Nordseekrabbenfleisch · Currypulver

ZUBEREITUNG

1. Den Spargel waschen, schälen und die Enden abschneiden. Spargelstangen in Stücke schneiden. Die Brühe aufkochen und den Spargel darin mit 1 Prise Salz und Zucker 6 bis 8 Minuten kochen.

2. Das Wasabipulver mit 2 bis 3 EL Sahne verrühren. Die restliche Sahne anschlagen, sodass sie cremig, aber nicht zu fest ist. Den Spargel mit der Brühe pürieren.

3. Zum Anrichten die Krabben in die Gläser füllen. Dann die Wasabi-Sahne und die Spargelmasse darauf verteilen. Zuletzt je 1 Klecks Sahne daraufgeben und mit je 1 Prise Currypulver bestreuen.

Roter und grüner Smoothie mit Apfel

ZUTATEN FÜR JE 4 PERSONEN

Für den grünen Smoothie:
1 Avocado · 1 Apfel
3 Stangen Staudensellerie · 1 Römersalat
1 Kiwi · Saft von 1/2 Zitrone
etwas Meersalz · 1 Minigurke

Für den roten Smoothie:
2 Möhren · 1 rote Paprikaschote
1 Apfel · 1 Orange
5 Mini-Tomaten
200 ml Orangensaft
100 ml Möhrensaft
abgeriebene Schale und Saft
von 1/2 Bio-Zitrone
1 EL Ahornsirup · etwas rote Kresse

ZUBEREITUNG

1. Für den grünen Smoothie die Avocado halbieren, den Kern entfernen und das Fruchtfleisch schälen. Den Apfel waschen, vierteln und entkernen. Den Staudensellerie und Römersalat putzen, waschen. Die Kiwi schälen. Alle Zutaten in Stücke schneiden, in einen Mixer geben. Den Zitronensaft und etwas Wasser dazugeben und 1 bis 2 Minuten pürieren. Wer eine flüssigere Konsistenz bevorzugt, erhöht einfach die Saft- oder Wassermenge. Mit Salz abschmecken. Die Minigurke in Scheiben schneiden, diese einschneiden und als Dekoration an das Glas hängen.

2. Für den roten Smoothie das Gemüse und das Obst putzen, schälen bzw. waschen, falls nötig, entkernen und in Stücke schneiden. In einen Mixer geben, die restlichen Zutaten (außer der Kresse) dazugeben und pürieren. Die Konsistenz kann durch die Zugabe der Säfte nach Belieben verändert werden. Die Gemüse-Frucht-Masse in Gläser geben und mit Kresse bestreuen.

3. Die Smoothies halten sich in einer verschließbaren Flasche im Kühlschrank 2 Tage.

Brokkoli-Tarte
mit Tomatensauce

ZUTATEN FÜR 4 PERSONEN

Für den Teig:
250 g Mehl
1 Ei
125 g weiche Butter
Mehl für die Arbeitsfläche

Für den Belag:
500 g Brokkoli · Salz
3 Schalotten
1 scharfe rote Chilischote
1 Döschen Safranfäden (0,1 g)
300 ml Milch
3 Eier
200 g geriebener Käse (z. B. alter Gouda)
Salz
etwas abgeriebene Bio-Zitronenschale

Für die Tomatensauce:
1 Dose Tomaten (800 g)
3 EL Olivenöl
Salz · Zucker

ZUBEREITUNG

1. Für den Teig das Mehl auf die Arbeitsfläche sieben und in die Mitte eine Mulde drücken. Das Ei, die Butter in Stücken und 1 EL Wasser hineingeben. Alles zu einem geschmeidigen Teig verkneten, eine Kugel daraus formen und im Kühlschrank 30 Minuten ruhen lassen.

2. Für den Belag den Brokkoli putzen, waschen, in Röschen teilen und die Stiele schälen. Den Brokkoli in kochendem Salzwasser 3 Minuten blanchieren. Abgießen, kalt abschrecken und gründlich abtropfen lassen.

3. Die Schalotten schälen und in feine Stifte schneiden. Die Chilischote längs halbieren, entkernen, waschen und in feine Würfel schneiden. Den Safran mit 1 EL Wasser verrühren. Milch, Eier, Käse, Schalotten, Chili, Safran und Salz verrühren.

4. Den Backofen auf 190 °C vorheizen. Den Teig auf einer leicht bemehlten Arbeitsfläche ausrollen und eine Tarteform (etwa 26 cm Ø) damit auslegen, dabei einen Rand hochdrücken. Den Brokkoli auf dem Teig verteilen und die Eiermilch darübergießen. Die Brokkoli-Tarte im Ofen auf der mittleren Schiene etwa 50 Minuten backen.

5. Inzwischen für die Sauce die Tomaten mit dem Saft in einen Topf geben und erhitzen. Mit dem Kartoffelstampfer zerdrücken. Das Olivenöl dazugeben und mit Salz und Zucker würzen.

6. Die Brokkoli-Tarte aus dem Ofen nehmen, etwas auskühlen lassen, in Tortenstücke schneiden und mit der Zitronenschale bestreuen. Mit der Tomatensauce servieren.

Beef-Tatar
mit Röstbrot und Römersalat

ZUTATEN FÜR 4–6 PERSONEN

Für das Tatar:
400 g Rindfleisch aus der Schulter (falsches Filet) · 2 große Schalotten
3 Cornichons · 1 EL Kapern · 1 EL Senf
1 EL Tomatenketchup · 1 1/2 TL Paprikapulver
1 Eigelb · 1 Spritzer Tabasco
Salz · Pfeffer aus der Mühle

Für den Salat:
1 Bund Radieschen · 1 Bund Frühlingszwiebeln
2 kleine Köpfe Römersalat · 3 EL Olivenöl
2 EL Balsamico bianco
Salz · Pfeffer aus der Mühle

Außerdem:
4–6 Scheiben Brot (z. B. Bauernbrot)

ZUBEREITUNG

1. Für das Tatar vom Rindfleisch eventuell Sehnen und Häute entfernen. Das Fleisch mit einem scharfen Messer zuerst in grobe Streifen schneiden und diese dann fein hacken.

2. Die Schalotten schälen und in sehr feine Würfel schneiden. Cornichons und Kapern fein hacken. Die vorbereiteten Zutaten zum Fleisch geben. Senf, Ketchup, Paprikapulver, Eigelb und Tabasco untermischen. Tatar mit Salz und Pfeffer würzen. Nach Belieben 1 EL gehackte Petersilie dazugeben.

3. Für den Salat die Radieschen putzen, waschen und klein schneiden. Frühlingszwiebeln putzen, waschen und in Ringe schneiden. Vom Römersalat äußere Blätter entfernen, Köpfe halbieren und den Strunk herausschneiden. Salat waschen, trocken schleudern und in mundgerechte Stücke schneiden. Alle Zutaten mischen. Öl, Essig, Salz und Pfeffer verrühren und mit den Salatzutaten mischen.

4. Das Brot ohne Fett in einer Pfanne auf beiden Seiten knusprig rösten, mit dem Beef-Tatar und dem Salat anrichten.

Räucherfischtatar
auf Baguette

ZUTATEN FÜR 2–4 PERSONEN

4 Kieler Sprotten
100 g geräuchertes Forellenfilet
50 g geräuchertes Makrelenfilet
100 g Räucherlachs
100 g Mayonnaise (Fertigprodukt)
2 TL Zwiebelwürfel
2 TL gehackte Kapern
ca. 8 Scheiben Baguette

ZUBEREITUNG

1. Von den Kieler Sprotten die Filets auslösen und fein hacken. Die Forellen- und Makrelenfilets und den Räucherlachs ebenfalls fein hacken oder in feine Würfel schneiden.

2. Die Fischwürfel mit Mayonnaise, Zwiebelwürfeln und Kapern vorsichtig vermengen.

3. Die Baguettescheiben auf beiden Seiten in einer Pfanne goldbraun rösten und mit dem Räucherfischtatar belegen.

TIPP

Für das Tatar sollten Sie mindestens drei Sorten Räucherfisch verwenden. Die Mengen der Zutaten können nach Geschmack variiert werden.

Melonensalat
und Melonendrink

ZUTATEN FÜR 4 PERSONEN

Für den Melonensalat:
2 Zuckermelonen (z. B. Galia-, Cantaloupe- oder Charantais-Melone)
1/2 kleine Wassermelone
1/2 Bund Minze
2 EL Pinienkerne
1 EL Honig · 2 EL Olivenöl
abgeriebene Schale und Saft von 1 Bio-Zitrone
Pfeffer aus der Mühle

Für den Melonendrink:
je 500 g Honig- und Wassermelone
Eiswürfel
etwas Chilischote
1–2 EL Honig · Mineralwasser
Minze
Zitronensaft und Bio-Zitronenschale

ZUBEREITUNG

1. Für den Salat die Melonen halbieren, entkernen und aus dem Fruchtfleisch mit dem Kugelausstecher gleichmäßige Kugeln ausstechen. Aus der Wassermelone ebenfalls Kugeln ausstechen. Alle Melonenkugeln in eine Schüssel geben.

2. Die Minze waschen, trocken tupfen und die Blätter abzupfen. Die Pinienkerne hacken und in einer Pfanne ohne Fett rösten. Honig, Olivenöl, Zitronenschale und -saft verrühren, über die Melonenkugeln geben und mit den gerösteten Pinienkerne bestreuen. Mit Minze und nach Belieben schwarzem Pfeffer würzen. Dieser Salat ist ideal als Beilage zu gebratenen Puten- oder Hähnchensteaks.

3. Für den Melonendrink aus den genannten Zutaten in den gewünschten Mengen eine Mischung im Mixer herstellen. Konsistenz und Schärfe können Sie selbst bestimmen, indem Sie mehr oder weniger Eis und Mineralwasser verwenden. In der Regel reicht 1/2 rote Chilischote, die roh oft sehr scharf sein kann!

Krabbenburger
mit Zwiebelringen

ZUTATEN FÜR 4 PERSONEN

200 g Nordseekrabbenfleisch
1 Zwiebel (60 g)
4 Eigelb
100 g Panko (asiatisches Paniermehl)
Salz · Pfeffer aus der Mühle
2 EL Rapsöl
4 Hamburgerbrötchen
1 Tomate
einige Salatblätter
ca. 4 EL Cocktailsauce (Fertigprodukt)
4 Scheiben Gurke
einige Zwiebelringe

ZUBEREITUNG

1. Den Backofen auf 200 °C vorheizen. 150 g Krabbenfleisch mit einem Messer sehr fein hacken und in eine Schüssel geben. Die Zwiebel schälen, in feine Würfel schneiden und hinzufügen. Die Eigelbe und das Pankomehl untermischen. Die restlichen ganzen Krabben unterheben und mit Salz und Pfeffer würzen.

2. Aus der Masse mit leicht angefeuchteten Händen 4 Frikadellen formen. Das Rapsöl in einer Pfanne erhitzen und die Frikadellen darin bei mittlerer Hitze etwa 8 Minuten goldbraun braten, dabei einmal wenden.

3. Die Brötchen halbieren und im Ofen (oder in der Pfanne) kurz rösten. Die Tomate waschen und in Scheiben schneiden. Die Salatblätter waschen und trocken tupfen.

4. Die unteren Brötchenhälften mit der Cocktailsauce bestreichen und mit Salatblättern, Gurke, Tomate, Zwiebelringen und den Krabbenfrikadellen belegen. Die oberen Brötchenhälften darauflegen und die Burger servieren.

Thunfisch-Sandwich
mit Fenchel

ZUTATEN FÜR 4 PERSONEN

1 Glas Thunfischfilets (naturell; ca. 250 g)
1 scharfe, sehr kleine Chilischote
1 Bio-Zitrone
1 kleine Fenchelknolle
3 EL Olivenöl
Salz · Pfeffer aus der Mühle
2 EL süßer Senf
2 EL Mayonnaise (Fertigprodukt)
2 EL Naturjoghurt
4 Scheiben Toastbrot

ZUBEREITUNG

1. Die Thunfischfilets auf einem Sieb oder auf Küchenpapier abtropfen lassen, in eine Schüssel geben und zerteilen. Die Chilischote längs halbieren, entkernen, waschen und fein hacken. Die Zitrone heiß waschen, trocken reiben und die Schale fein abreiben. Den Saft auspressen.

2. Die Fenchelknolle putzen, waschen und halbieren, den harten Strunk entfernen. Den Fenchel sehr fein hobeln und mit 2 EL Olivenöl, etwas Zitronensaft, Salz und Pfeffer marinieren und etwas ziehen lassen.

3. Restliches Olivenöl, Senf, etwas Zitronensaft, Salz und Pfeffer zum Thunfisch geben und alles gut vermengen. Die Mayonnaise und den Joghurt verrühren.

4. Die Brotscheiben in einer Pfanne ohne Fett goldbraun rösten. Die Hälfte der Toastbrotscheiben mit der Creme bestreichen, dann den Thunfisch und den Fenchelsalat darauflegen. Mit etwas Zitronenschale bestreuen und mit einer zweiten Scheibe bedecken. Die Sandwiches leicht andrücken und quer teilen.

Spargel
mit Parmesan-Kräuter-Dip

ZUTATEN FÜR 4 PERSONEN

1 kg weißer Spargel
Salz · Zucker
50 g Parmesan (am Stück)
1/2 Bund Petersilie
4–5 Zweige Thymian
1/2 Bund Schnittlauch
ca. 100 ml Olivenöl
Pfeffer aus der Mühle

ZUBEREITUNG

1. Den Spargel waschen, schälen und die holzigen Enden abschneiden. Zunächst nur 3 Spargelstangen in Salzwasser mit 1 Prise Zucker 15 bis 20 Minuten gar kochen. Herausnehmen, abtropfen und etwas auskühlen lassen. Das Spargelkochwasser aufbewahren.

2. Den Parmesan reiben. Die Kräuter waschen, trocken schütteln, die Blätter abzupfen und grob hacken. Den Schnittlauch in Röllchen schneiden. Gekochte Spargelstangen in Stücke schneiden, anschließend mit den Kräutern und dem Parmesan mit dem Stabmixer fein pürieren. Dabei nach und nach etwas Olivenöl hinzufügen, bis eine geschmeidige Konsistenz entsteht. Den Dip mit Salz und etwas Pfeffer würzen.

3. Den restlichen Spargel in dem aufbewahrten Wasser bissfest garen und warm mit dem Parmesan-Kräuter-Dip servieren.

Zweierlei Crostini
mit Tapenade und Hähnchenlebercreme

ZUTATEN FÜR 4–6 PERSONEN

Für die Tapenade:
4 Knoblauchzehen
1/2 Bund Petersilie
300 g schwarze Oliven (ohne Stein)
2 Sardellenfilets · 2 EL Olivenöl

Für die Hähnchenlebercreme:
300 g Hähnchenlebern
2 Knoblauchzehen
1 Schalotte
1/2 Bund Petersilie
2 EL Olivenöl · 1 EL Kapern
2 Sardellenfilets
mind. 2 EL Weißwein

Außerdem:
ca. 12 Brotscheiben (z. B. Ciabatta)

ZUBEREITUNG

1. Für die Tapenade den Knoblauch schälen und in Scheiben schneiden. Die Petersilie waschen, trocken schütteln und die Blätter abzupfen. Alle Zutaten in einem hohen Gefäß mit dem Stabmixer zur gewünschten Konsistenz pürieren.

2. Für die Hähnchenlebercreme die Lebern häuten, putzen, waschen und trocken tupfen. Die Lebern in mundgerechte Stücke schneiden. Den Knoblauch und die Schalotte schälen und in Scheiben schneiden. Die Petersilie waschen, trocken tupfen, die Blätter abzupfen und grob hacken.

3. Das Olivenöl erhitzen und alle vorbereiteten Zutaten darin andünsten. Die Kapern und die Sardellenfilets dazugeben, mit dem Wein ablöschen und bei schwacher Hitze 3 bis 4 Minuten köcheln lassen. Dann vorsichtig mit dem Stabmixer zur gewünschten Konsistenz pürieren. Auskühlen lassen.

4. Die Brotscheiben in einer Pfanne ohne Fett auf beiden Seiten rösten. Jeweils die Hälfte der Scheiben mit Tapenade und Lebercreme bestreichen.

WEITERE CROSTINI-VARIATIONEN:

Crostini mit Oliven und Knoblauch:

Brotscheiben in einer Pfanne ohne Fett rösten, mit frischem Knoblauch einreiben und mit Olivenöl beträufeln. Einfacher geht's nicht.

Crostini mit Basilikum und Parmaschinken:

Die gerösteten Brotscheiben mit viel frischem Basilikum und Parmaschinken belegen und mit grobem Pfeffer bestreuen.

Crostini mit Sardinen:

Sardinen (in Öl eingelegt) mit Küchenpapier trocken tupfen, dann auf das geröstete Brot legen und mit etwas Zitronensaft, abgeriebener Bio-Zitronenschale, Olivenöl und Petersilie würzen.

Crostini mit Gorgonzola und Feigen:

Gorgonzola auf dem gerösteten Brot verteilen und frische Feigen in Scheiben darauflegen. Als Deko Blüten von Schnittlauch oder Thymian.

Crostini mit Rucola und Mortadella:

Viel Rucola aufs Brot, dazu italienische Mortadella, jeweils 1 Scheibe Ei und viel schwarzer Pfeffer.

Kürbismus
mit Vanille-Birne

ZUTATEN FÜR 4 PERSONEN

1 Hokkaidokürbis (ca. 1 kg)
3 EL Butterschmalz
1/2 EL Tomatenmark
1 walnussgroßes Stück Ingwer
1/2 EL Cayennepfeffer oder Chilipulver
frisch geriebene Muskatnuss
Salz · Pfeffer aus der Mühle · Zucker
etwa 200 ml Brühe
3 nicht zu reife Birnen
(z. B. Williams Christ)
1 Vanilleschote
etwas Zitronensaft
50 g geriebener Parmesan
Olivenöl zum Beträufeln

ZUBEREITUNG

1. Den Kürbis waschen, vierteln und die Kerne mit einem Löffel entfernen. Die Kürbisviertel in Würfel schneiden und in 2 EL Butterschmalz anbraten. Mit Tomatenmark, geriebenem Ingwer, Cayennepfeffer oder Chilipulver, Muskatnuss, Salz, Pfeffer und Zucker würzen. Mit 3 bis 4 EL Brühe ablöschen und etwa 15 Minuten garen.

2. Den Kürbis mit dem Stabmixer pürieren, dabei immer so viel Brühe dazugeben, bis eine feste, nicht flüssige Konsistenz erreicht ist. Nach Belieben mit einem Hauch Olivenöl abschmecken.

3. Die Birnen schälen, vierteln, entkernen und in Streifen schneiden. Die Birnenstreifen im restlichen Butterschmalz 2 Minuten braten.

4. Die Vanilleschote längs aufschneiden und das Mark mit einem spitzen Messer herauskratzen. Die Schote und das Mark zu den Birnen dazugeben und mitbraten. Mit etwas Zitronensaft würzen. Die Vanilleschote entfernen.

5. Birnen auf Teller verteilen, das Kürbismus dazugeben und mit dem Parmesan bestreuen. Etwas Pfeffer und einen Hauch Olivenöl darübergeben.

Backfisch
mit Remouladensauce

ZUTATEN FÜR 4 PERSONEN

Für die Remouladensauce:
1 Schalotte · 1 Knoblauchzehe
4 Zweige Thymian · 1 Zweig Rosmarin
3 Stiele Petersilie · 1/2 Chilischote
2 Eier · 250 g Sahne
4 EL Olivenöl · 1 EL Dijon-Senf
Salz · Pfeffer aus der Mühle · Zitronensaft

Für den Fisch:
250 g Rotbarschfilet (ohne Haut)
250 g dickere Kabeljaufilets (aus der Mitte; ohne Haut) · Salz · Pfeffer aus der Mühle
2 Eier · 1 Eigelb · 50 g Mehl
100 g Paniermehl · Butterschmalz zum Braten

ZUBEREITUNG

1. Für die Remouladensauce die Schalotte und den Knoblauch schälen und in feine Würfel schneiden. Die Kräuter waschen, trocken schütteln und die Blätter bzw. Nadeln abzupfen. Die Chilischote entkernen, waschen und fein hacken. Die Eier in einem Rührbecher aufschlagen. Vorbereitete Zutaten, Sahne, Olivenöl und Senf hinzufügen und alles mit dem Stabmixer verrühren. Die Sauce mit Salz, Pfeffer und Zitronensaft abschmecken.

2. Für den Fisch die Filets waschen, trocken tupfen, in etwa 10 cm breite Portionsstücke schneiden und mit Salz und Pfeffer würzen. Die Eier und das Eigelb in einem tiefen Teller verquirlen. Das Mehl und das Paniermehl ebenfalls in tiefe Teller geben.

3. Die Fischfilets erst im Mehl wenden, dabei überschüssiges Mehl abklopfen, dann durch die verquirlten Eier ziehen und zuletzt im Paniermehl wenden. Das Butterschmalz in einer beschichteten Pfanne erhitzen und die Fischstücke darin rundum goldbraun backen (die dickeren Kabeljaustücke brauchen etwas länger als die Rotbarschfilets). Den Backfisch mit der Remouladensauce und nach Belieben mit Kartoffelsalat servieren.

Lachsforellen-Brot
mit Sellerie

ZUTATEN FÜR 4 PERSONEN

2 Lachsforellenfilets (à 150 g; ohne Haut)
1 Bio-Zitrone · 2 Stangen Staudensellerie
2 Frühlingszwiebeln
1 EL Olivenöl · Sichuanpfeffer · Salz
100 ml Weißwein

Außerdem:
1 Bio-Orange
1 EL Wasabi-Pulver (oder Wasabi-Creme)
200 g Crème fraîche · 2 TL grober Senf
1 TL Olivenöl · 4 Scheiben kräftiges Bauernbrot

ZUBEREITUNG

1. Die Lachsforellenfilets waschen und trocken tupfen. Die Zitrone heiß waschen, trocken reiben und in Scheiben schneiden, nach Belieben halbieren. Den Staudensellerie putzen, dabei das Grün beiseitelegen. Staudensellerie waschen und in feine Scheiben schneiden. Die Frühlingszwiebeln putzen, waschen und in feine Ringe schneiden.

2. Das Olivenöl in einer Pfanne erhitzen und die Fischfilets darin kurz anbraten. Den Staudensellerie, die Frühlingszwiebeln und die Zitronenscheiben dazugeben, mit Sichuanpfeffer und Salz würzen und mit dem Wein ablöschen. Vom Herd nehmen und zugedeckt 15 Minuten ruhen lassen. Die Aromen ziehen wunderbar in die Forelle.

3. Die Orange heiß waschen, trocken tupfen und die Schale abreiben. Die Orange so großzügig schälen, dass auch die weiße Haut mit entfernt wird. Die Fruchtfilets zwischen den Trennhäuten herausschneiden und beiseitelegen.

4. Das Wasabipulver mit 1 bis 2 EL Wasser verrühren. Crème fraîche, Wasabicreme, Senf, Orangenschale und Öl verrühren.

5. Brot mit der Creme bestreichen, die Forellen mit dem Gemüse darauf verteilen. Mit Selleriegrün und den Orangenfilets krönen. Oder die Lachsforellen auf Teller verteilen und das Brot dazu servieren.

Clubsandwich
mit Hähnchenbrust

ZUTATEN FÜR 4 PERSONEN

Für die Mayonnaise:
4 Eigelb · 1 TL mittelscharfer Senf
100 ml Öl · Salz · Pfeffer aus der Mühle
etwas Zitronensaft

Für die Sandwiches:
4 mittelgroße Tomaten · 1 Kopfsalat
4 Hähnchenbrustfilets (à ca. 150 g)
Salz · Pfeffer aus der Mühle
1 EL Olivenöl · 1 EL Butterschmalz
8 Scheiben Bauernbrot
8 Scheiben Frühstücksspeck

ZUBEREITUNG

1. Für die Mayonnaise Eigelbe und Senf in einem hohen Rührbecher mit dem Stabmixer aufschlagen, bis eine helle Masse entstanden ist. Öl nach und nach in kleinen Portionen hinzufügen und dabei weiterschlagen, bis eine cremige Bindung entsteht. Sobald die Mayonnaise fest wird, darf die Zugabe von Öl etwas beschleunigt werden. Mayonnaise mit Salz, Pfeffer und Zitronensaft würzen. Nach Belieben noch etwas Chili und Olivenöl unterrühren.

2. Für die Sandwiches die Tomaten waschen und in Scheiben schneiden, dabei die Stielansätze entfernen. Vom Kopfsalat die äußeren Blätter entfernen. Den Salat in die einzelnen Blätter teilen, waschen und trocken schleudern.

3. Hähnchenfleisch waschen, trocken tupfen, der Länge nach durchschneiden und etwas plattieren. Mit Salz und Pfeffer würzen. In einer Pfanne in Olivenöl und Butterschmalz auf jeder Seite etwa 2 Minuten braten.

4. Brot und Speck nacheinander in einer Pfanne ohne Fett knusprig rösten. Die Hälfte der Brotscheiben mit Mayonnaise bestreichen und mit Salat, Tomaten, Speck und Hähnchen belegen. Restliche Brotscheiben darauflegen, etwas andrücken und halbieren. Nach Belieben Chilisauce dazu reichen.

Kartoffelsuppe
mit Frühlingszwiebeln

ZUTATEN FÜR 4 PERSONEN

1 kg festkochende Kartoffeln
4 Frühlingszwiebeln
1 Chilischote
1 1/2 l Fleisch- oder Gemüsebrühe
200 ml kalt gepresstes Rapsöl
Salz · Pfeffer aus der Mühle
200 g Sahne
frisch geriebene Muskatnuss
Chilipulver

ZUBEREITUNG

1. Die Kartoffeln schälen, waschen und in Stücke schneiden. Die Frühlingszwiebeln putzen, waschen und in feine Ringe schneiden. Die Chilischote längs halbieren, entkernen, waschen und in feine Würfel schneiden.

2. Die Brühe erhitzen. Die Kartoffeln und zwei Drittel der Frühlingszwiebeln darin etwa 20 Minuten garen. Dabei 1 Schuss Rapsöl und die Chilischote hinzufügen, mit Salz und Pfeffer würzen.

3. Die Suppe pürieren, die Sahne und etwas Rapsöl angießen. Alles noch einmal mit dem Stabmixer aufschäumen und mit Salz, Pfeffer, Muskatnuss und Chilipulver abschmecken.

4. Die Suppe auf tiefe Teller verteilen und mit den restlichen rohen Frühlingszwiebeln garnieren. Mit dem übrigen Rapsöl beträufeln.

Hühnerbrühe
mit Ingwer

ZUTATEN FÜR 4–6 PERSONEN

Für die Brühe:
1 Suppenhuhn (1,3–1,5 kg)
1 Zwiebel
1 Bund Suppengemüse
einige Stiele Petersilie
3 Lorbeerblätter
15 schwarze Pfefferkörner

Für die Einlage:
je 150 g Knollensellerie, Möhren und Lauch
1/2 Bund Petersilie
1 walnussgroßes Stück Ingwer · Salz

ZUBEREITUNG

1. Für die Brühe das Suppenhuhn innen und außen waschen und trocken tupfen. Die Zwiebel mit der Schale halbieren und in einer Pfanne ohne Fett auf den Schnittflächen schwarz rösten.

2. Das Suppengemüse putzen, waschen bzw. schälen und in Würfel schneiden. Die Petersilie waschen und trocken schütteln. Das Huhn, die Zwiebel und das Gemüse in einen Topf geben. 3 l Wasser dazugießen. Die Petersilie, die Lorbeerblätter und die Pfefferkörner dazugeben und alles ohne Deckel aufkochen lassen. Den entstandenen Schaum nicht abschöpfen, den Deckel darauflegen, die Hitze herunterschalten und alles 2 Stunden köcheln lassen.

3. Für die Einlage das Gemüse putzen, schälen bzw. waschen und in Juliennes (feine Streifen) schneiden. Die Petersilie waschen, trocken tupfen, die Blätter abzupfen und fein hacken. Den Ingwer schälen und in feine Würfel schneiden.

4. Das Huhn herausnehmen. Den Sud durch ein mit einem Küchentuch ausgelegtes Sieb gießen, erneut aufkochen und die Gemüsestreifen darin 2 bis 3 Minuten garen. Mit Salz und Ingwer würzen. Die gehackte Petersilie untermischen. Nach Belieben aus dem ausgekochten Hühnerfleisch einen Salat zubereiten (siehe S. 77 und S. 87).

Zwiebelsuppe
mit Pecorino-Broten

ZUTATEN FÜR 4–6 PERSONEN

Für die Gemüsebrühe:
1/2 Zwiebel
1/4 Sellerieknolle
3 Möhren
1 Kohlrabi
1 Fenchelknolle
3 Frühlingszwiebeln
2 rote Paprikaschoten
2 Knoblauchzehen (angedrückt)
3 EL trockener Wermut (z. B. Noilly Prat)
1 EL Olivenöl
2 Lorbeerblätter
10 schwarze Pfefferkörner

Für die Zwiebelsuppe:
300 g Zwiebeln
2 EL Olivenöl
1 EL Butterschmalz
1 EL Mehl
10 schwarze Pfefferkörner
5 Pimentkörner
1 TL ganzer Kümmel
1 Knoblauchzehe
1 Lorbeerblatt · Salz
1/2 Bund Petersilie
4–6 Scheiben Toastbrot
100 g geriebener Pecorino
Pfeffer aus der Mühle

ZUBEREITUNG

1. Für die Gemüsebrühe die Zwiebel in einer Pfanne auf der Schnittfläche schwarz rösten. Alle Gemüsesorten putzen, schälen bzw. waschen und in grobe Stücke schneiden. Das Gemüse, die Zwiebel und den Knoblauch in einen Topf hineingeben. Mit 2 l Wasser aufgießen, Wermut, Olivenöl, Lorbeerblätter und Pfefferkörner dazugeben, aufkochen und mindestens 1 Stunde köcheln lassen. Die Gemüsebrühe durch ein Sieb gießen und für die Zwiebelsuppe verwenden.

2. Für die Zwiebelsuppe die Zwiebeln schälen und in feine esslöffelgroße Scheiben schneiden. Das Olivenöl und das Butterschmalz erhitzen und die Zwiebeln darin andünsten. Das Mehl darüberstäuben und mit der Gemüsebrühe ablöschen. Pfeffer- und Pimentkörner, Kümmel, Knoblauch und Lorbeerblatt in ein Gewürzsäckchen füllen, verschließen und in die Suppe geben. Mit etwas Salz würzen und 30 Minuten köcheln lassen.

3. Den Backofengrill vorheizen. Die Petersilie waschen, trocken schütteln, die Blätter abzupfen und fein hacken.

4. Das Gewürzsäckchen aus der Suppe entfernen, die Suppe nochmals abschmecken und die Petersilie untermischen. Nach Belieben noch etwas Olivenöl oder einen Hauch Zitronensaft dazugeben.

5. Das Toastbrot mit Pecorino bestreuen und unter dem Backofengrill überbacken. Die Zwiebelsuppe auf tiefe Teller verteilen und Pfeffer grob darübermahlen. Den Käsetoast und einen weißen Bordeaux dazu reichen.

TIPP

Das Gemüse erneut mit Wasser aufgießen, und schon kocht ein neuer Gemüsefond – nicht so konzentriert wie der erste, aber eben selbst gemacht.

Altländer Hochzeitssuppe
mit Tafelspitz

ZUTATEN FÜR 6–8 PERSONEN

Für die Brühe:
2 kg Fleisch- und Markknochen
(vom Rind oder Kalb)
2 Möhren
1 mittelgroßer Knollensellerie
1 Petersilienwurzel
1 Stange Lauch
1 Zwiebel
ca. 40 g Ingwer
10 schwarze Pfefferkörner
Salz · frisch geriebene Muskatnuss
2 Eigelb
2 EL Sahne
Pfeffer aus der Mühle

Für die Einlage:
2 kg Tafelspitz (vom Rind)
Salz · 200 g Rundkornreis
100 g Rosinen
1 Rosinenbrot

ZUBEREITUNG

1. Für die Brühe die Knochen waschen, trocken tupfen und in einen Topf geben. Die Möhren putzen, schälen und in Stücke schneiden. Die Sellerieknolle und die Petersilienwurzel schälen und klein schneiden. Den Lauch putzen, waschen und in Stücke schneiden.

2. Die Zwiebel mit Schale halbieren und in einer Pfanne ohne Fett auf den Schnittflächen schwarz rösten. Die Hälfte vom Ingwer in Scheiben schneiden. Das Gemüse, die Zwiebel, die Ingwerscheiben und die Pfefferkörner zu den Knochen hinzugeben und mit 3 bis 3 1/2 l Wasser aufgießen. Mit Salz würzen, aufkochen, die Hitze reduzieren und mit aufgelegtem Deckel 2 Stunden köcheln lassen.

3. Für die Einlage den Tafelspitz in einem separaten Topf in gesalzenem Wasser aufsetzen und bei schwacher Hitze ebenfalls 2 Stunden sieden lassen.

4. Den Reis in 400 ml Salzwasser zugedeckt bei schwacher Hitze etwa 20 Minuten garen.

5. Die fertige Brühe durch ein Sieb gießen, Knochen, Gemüse – bis auf 2 Selleriestücke – und Gewürze entfernen. Die Brühe mit Salz würzen und mit etwas Muskatnuss abschmecken. Sellerie mit etwas Brühe fein pürieren und löffelweise unter die Suppe rühren. Dabei die Suppe immer wieder probieren, da sie nur leicht nach diesem Gemüse schmecken sollte.

6. Den restlichen Ingwer schälen, reiben und die Suppe damit abschmecken.

7. Die Eigelbe mit der Sahne verquirlen. Den Topf mit der Suppe von der Herdplatte nehmen und die Eiermasse in die Brühe rühren. Die Suppe darf jetzt nicht mehr stark erhitzt werden, da sonst die Eiermasse stocken würde. Zuletzt mit Salz und Pfeffer abschmecken.

8. Das Fleisch aus dem Topf nehmen, in mundgerechte Stücke schneiden und in die Suppe geben. Die Suppe auf tiefe Teller verteilen, den Reis und die Rosinen separat dazu reichen. Das Rosinenbrot dazu servieren.

Borschtsch
mit gepökeltem Eisbein

ZUTATEN FÜR 4–6 PERSONEN

Für das Eisbein:
1 Bund Suppengemüse
1 Zwiebel
1 gepökeltes Eisbein (ca. 1,5 kg)
1 Knoblauchzehe (angedrückt)
1 walnussgroßes Stück Ingwer
2 Lorbeerblätter
1/2 TL Pimentkörner
1/2 TL schwarze Pfefferkörner

Für den Borschtsch:
1 kg Rote Beten
4 Möhren
2 Zwiebeln
1 Petersilienwurzel
1 kleiner Spitzkohl (400–500 g)
1 Bund Petersilie
1 EL Butterschmalz
2 Lorbeerblätter
1 Gewürzgurke
4 mittelgroße festkochende Kartoffeln
Pfeffer aus der Mühle
Salz · 1 Bund Dill
250 g saure Sahne

ZUBEREITUNG

1. Für das Eisbein das Suppengemüse putzen, waschen bzw. schälen und in Stücke schneiden. Die Zwiebel schälen und in Stücke schneiden.

2. Eisbein, Gemüse, angedrückten Knoblauch, Ingwer und Gewürze in einen Topf geben und mit 2 bis 2 1/2 l kaltem Wasser auffüllen. Alles zum Kochen bringen und zugedeckt bei mittlerer Hitze etwa 2 Stunden köcheln lassen. Das Eisbein ist gar, wenn sich das Fleisch leicht vom Knochen lösen lässt.

3. Das Eisbein aus der Brühe nehmen und beiseitelegen. Die Brühe durch ein feines Sieb in eine Schüssel gießen, aufgefangene Zutaten entfernen.

4. Die Roten Beten am besten mit Einmalhandschuhen schälen und in etwa 2 cm große Würfel schneiden. Die Möhren, die Zwiebeln und die Petersilienwurzel schälen und in Scheiben bzw. Lamellen schneiden. Die äußeren Blätter vom Spitzkohl entfernen, den Kohl vierteln, den harten Strunk entfernen. Den Kohl in grobe Stücke schneiden. Die Petersilie waschen, trocken schütteln, die Blätter abzupfen und fein hacken.

5. Das Butterschmalz in einem großen Topf erhitzen und das Gemüse und die Zwiebeln darin farblos andünsten. Die gehackte Petersilie, die Lorbeerblätter, die Gewürzgurke und Pfeffer dazugeben. 1 bis 1 1/2 l Brühe vom Eisbein hinzugießen, bis die Zutaten knapp bedeckt sind. Der Eintopf sollte nicht zu flüssig werden, deshalb lieber etwas Brühe aufbewahren und erst zuletzt hinzufügen. Alles bei mittlerer Temperatur 30 Minuten kochen lassen. Die Kartoffeln schälen, waschen, in Scheiben schneiden, zum Borschtsch geben und den Eintopf 10 Minuten weitergaren.

6. Das Eisbeinfleisch vom Knochen lösen und die Fettschwarte und Sehnen entfernen. Das Fleisch in mundgerechte Stücke schneiden, zum Borschtsch hinzufügen und darin wieder erwärmen. Die Gewürzgurke und die Lorbeerblätter entfernen. Den Eintopf mit Pfeffer und nur vorsichtig mit Salz abschmecken, da die Brühe durch das gepökelte Eisbein meistens schon salzig genug ist.

7. Den Dill waschen, trocken schütteln, die Spitzen abschneiden und fein hacken. Wie folgt anrichten: Borschtsch in tiefe Teller geben, darauf je 1 Klecks saure Sahne setzen und mit dem Dill bestreuen.

Bärlauchsuppe
mit Garnelentatar

ZUTATEN FÜR 4 PERSONEN

Für die Einlage:
3 Knoblauchzehen · 3 EL Öl
6 Garnelen (ohne Kopf, mit Schale)
1/4 Chilischote
abgeriebene Schale und Saft von 1 Bio-Zitrone
2 EL gehackte Petersilie · 1 EL Olivenöl · Salz

Für die Brühe:
4 Bund Bärlauch · Salz · 2 Schalotten · 2 EL Butter · 2 EL Olivenöl · 3/4 l Gemüsebrühe · Pfeffer aus der Mühle · 200 g Sahne · 2 Eigelb

ZUBEREITUNG

1. Für die Einlage Knoblauch schälen, 2 Zehen in dünne Scheiben schneiden und im Öl knusprig braten. Auf Küchenpapier abtropfen lassen.

2. Garnelen schälen, am Rücken entlang (nicht zu tief) einschneiden und den Darm vorsichtig herausziehen. Die Garnen waschen, trocken tupfen und fein hacken. Die Chili und die restliche Knoblauchzehe hacken und mit den Garnelen mischen. Die übrigen Zutaten dazugeben und bis zur Fertigstellung der Suppe im Kühlschrank marinieren.

3. Für die Brühe den Bärlauch verlesen und in kochendem Salzwasser kurz blanchieren. Dann kalt abschrecken und gut ausdrücken. Die Schalotten schälen und in feine Würfel schneiden. Butter und Olivenöl in einem großen Topf erhitzen und die Schalotten darin andünsten. Den Bärlauch und 2 bis 3 Kellen Brühe hinzufügen, dann alles pürieren. Die restliche Brühe dazugeben, leicht erhitzen und mit Salz und Pfeffer abschmecken.

4. Die Sahne und die Eigelbe gut verquirlen, zur Brühe dazugießen und verrühren. Die Brühe darf nicht mehr kochen, da die Legierung sonst gerinnt. Den Topf vom Herd nehmen und die Suppe noch einmal mit dem Stabmixer aufschäumen. Die Bärlauchsuppe auf tiefe Teller verteilen und mit den Knoblauchchips und dem Garnelentatar garnieren.

Schnelle Erbsensuppe
mit Blutwurst

ZUTATEN FÜR 4–6 PERSONEN

1 Zwiebel
500 g tiefgekühlte Erbsen
1 l Gemüsebrühe
1 Bund Minze
250 g Sahne
50 g Butter
Salz · Pfeffer aus der Mühle
150 g feste Blutwurst (im Stück)

ZUBEREITUNG

1. Die Zwiebel schälen und in feine Würfel schneiden. Die Zwiebelwürfel mit den Erbsen und der Brühe in einem Topf geben, erhitzen und etwa 5 Minuten köcheln lassen.

2. Die Minze waschen, trocken schütteln, die Blätter abzupfen und fein hacken. Die Erbsen in der Brühe mit dem Stabmixer fein pürieren, dabei die Sahne und die Butter hinzufügen. Die Suppe noch etwas köcheln lassen und mit Salz und Pfeffer abschmecken.

3. Die Blutwurst in Scheiben schneiden und in einer Pfanne ohne Fett auf beiden Seiten rösten. Die Suppe mit den Blutwurstscheiben in tiefen Tellern anrichten und mit der gehackten Minze bestreuen.

Brennnesselsuppe
mit pochierten Eiern

ZUTATEN FÜR 4 PERSONEN

100 g zarte, junge Brennnesselblätter
2 Zweige Liebstöckel
500 g mehligkochende Kartoffeln
1 mittelgroße Zwiebel · 2 EL Rapsöl
Salz · Pfeffer aus der Mühle
frisch geriebene Muskatnuss · 3 Tomaten
4 EL Essig · 4 frische Bio-Eier
Meersalzflocken oder Schabzigerklee-Salz

ZUBEREITUNG

1. Die Brennnesselblätter mit Einmalhandschuhen von den Stielen zupfen und verlesen. Den Liebstöckel waschen und trocken tupfen. Die Kartoffeln schälen, waschen und in Würfel schneiden. Die Zwiebeln schälen und in feine Würfel schneiden. Rapsöl in einen Topf erhitzen und Zwiebel- und Kartoffelwürfel darin glasig dünsten. 1 l Wasser angießen und alles etwa 10 Minuten köcheln lassen.

2. Die Brennnesseln und den Liebstöckel hinzufügen und bei schwacher Hitze weitere 5 bis 6 Minuten ziehen lassen. Die Suppe fein pürieren und mit Salz, Pfeffer und Muskatnuss abschmecken.

3. Die Tomaten waschen, vierteln, Kerne und Stielansätze entfernen. Das Fruchtfleisch in kleine Würfel schneiden.

4. Den Essig und 1 l Wasser in einem Topf aufkochen. Die Eier einzeln zuerst in eine Tasse schlagen und dann in das leicht siedende Essigwasser gleiten lassen, dabei vorsichtig das Eiweiß mit zwei Löffeln über das Eigelb ziehen. Die Eier etwa 3 Minuten ziehen lassen. Mit dem Schaumlöffel vorsichtig herausheben und auf Küchenpapier abtropfen lassen.

5. Die Brennnesselsuppe mit je 1 Ei und einigen Tomatenwürfeln in tiefen Tellern anrichten und nach Belieben mit Rapsöl beträufeln. Die Eier mit Meersalzflocken würzen und die Suppe servieren.

Gemüsesuppe
mit Salsa verde

ZUTATEN FÜR 4 PERSONEN

Für die Gemüsesuppe:
4 mittelgroße festkochende Kartoffeln
2 große Möhren · 300 g Steckrübe
2 kleine Kohlrabi mit Grün
1 Fenchelknolle mit Grün · 2 kleine Zucchini
2 Zwiebeln · 2 Knoblauchzehen
150 g durchwachsener Speck · 2 EL Öl
Zucker · Salz · Pfeffer aus der Mühle

Für die Salsa verde:
2 Bund Petersilie
mind. 5 EL Olivenöl
Salz · Pfeffer aus der Mühle

ZUBEREITUNG

1. Kartoffeln und Gemüse – bis auf die Zucchini – schälen bzw. putzen, waschen und in Würfel schneiden. Das Grün vom Fenchel und Kohlrabi fein hacken und beiseitelegen. Die Zucchini putzen, waschen, längs halbieren und das Kerngehäuse mit einem Löffel herauskratzen. Die Hälften in feine Würfel schneiden.

2. Die Zwiebeln und den Knoblauch schälen und in sehr feine Würfel schneiden. Den Speck ebenfalls in sehr feine Würfel schneiden. Das Öl in einem Topf erhitzen und den Speck, die Zwiebeln und den Knoblauch darin andünsten. Die Kartoffeln und das Gemüse hinzufügen, mit etwas Zucker würzen und alles gut vermengen. 2 1/2 l Wasser hinzugießen und 30 Minuten köcheln lassen.

3. Für die Salsa verde Petersilie waschen, trocken schütteln, Blätter abzupfen und fein hacken. Petersilie und Olivenöl in einem Rührbecher mit dem Stabmixer fein pürieren. Salzen und pfeffern.

4. Die Gemüsesuppe mit Salz und Pfeffer abschmecken. Das Kohlrabi- und Fenchelgrün und die Zucchiniwürfel dazugeben und mit der Salsa verde servieren. Ideale Begleiter zur Suppe sind ein leicht gekühlter Rotwein und Landbrot.

Kürbissuppe
mit Kokosmilch

ZUTATEN FÜR 4 PERSONEN

1 kleiner Hokkaidokürbis (700–800 g)
3 mittelgroße Möhren
3 Frühlingszwiebeln
40 g Ingwer
2 EL Öl
1–1 1/2 l Gemüse- oder Hühnerbrühe
1/2 l ungesüßte Kokosmilch
1 TL Harissa (tunes. Chilipaste) oder Cayennepfeffer
Salz · Zitronensaft
4 Scheiben Toast- oder Weißbrotscheiben
30 g Butter

ZUBEREITUNG

1. Den Kürbis waschen, vierteln und die Kerne mit einem Löffel entfernen. Die Kürbisviertel in Würfel schneiden. Die Möhren putzen, schälen und in Stücke schneiden. Die Frühlingszwiebeln putzen, waschen und klein schneiden. Den Ingwer schälen, eine Hälfte in Scheiben schneiden, den Rest reiben.

2. Das Öl in einem Topf erhitzen und das vorbereitete Gemüse darin kurz andünsten. Die Ingwerscheiben und die Brühe hinzufügen, bis das Gemüse gut bedeckt ist. Alles etwa 20 Minuten köcheln lassen.

3. Die Ingwerscheiben wieder entfernen, dann das Gemüse mit dem Stabmixer pürieren. Die Kokosmilch und gegebenenfalls noch etwas Brühe hinzufügen, bis die gewünschte Konsistenz erreicht ist. Die Suppe erhitzen, etwas ziehen lassen und mit dem geriebenem Ingwer, Harissa oder 1 Prise Cayennepfeffer, Salz und etwas Zitronensaft pikant abschmecken.

4. Das Toastbrot in kleine Würfel schneiden und in einer Pfanne in der Butter goldbraun braten. Die Kürbissuppe mit den Brotwürfeln in tiefen Tellern anrichten.

Gelbe Paprikasuppe
mit Pinienkernen

ZUTATEN FÜR 4 PERSONEN

4 gelbe Paprikaschoten
2 große festkochende Kartoffeln
1/2 Gemüsezwiebel
1 Knoblauchzehe
mind. 3 EL Olivenöl
Salz · Pfeffer aus der Mühle
Zucker
1 1/2 l Fleischbrühe
2 EL Pinienkerne
200 g Sahne
Olivenöl zum Beträufeln

ZUBEREITUNG

1. Die Paprikaschoten längs halbieren, entkernen, waschen, mit dem Sparschäler schälen und in feine Würfel schneiden. Die Kartoffeln schälen, waschen und in kleine Würfel schneiden. Die Zwiebel schälen und ebenfalls in kleine Würfel schneiden. Den Knoblauch schälen und fein hacken.

2. Das Olivenöl erhitzen und die vorbereiteten Zutaten darin andünsten. Mit Salz, Pfeffer und 1 Prise Zucker würzen. Die Brühe dazugießen und zugedeckt bei schwacher Hitze 20 Minuten köcheln lassen.

3. Die Pinienkerne in einer Pfanne ohne Fett goldbraun rösten, wieder herausnehmen.

4. Die Suppe mit dem Stabmixer fein pürieren. Eventuell noch mit Salz und Zucker abschmecken. Die Sahne dazugießen, nicht mehr rühren. Die Paprikasuppe mit gerösteten Pinienkernen in tiefen Tellern anrichten und mit Olivenöl beträufeln.

Spargelcremesuppe
mit Einlage

ZUTATEN FÜR 4 PERSONEN

1 kg weißer Spargel
1 Schalotte
20 g Butter
ca. 2 l Brühe · Salz
70 g Butter (gebräunt)
200 g Sahne
Pfeffer aus der Mühle
frisch geriebene Muskatnuss
1 EL Olivenöl
Zucker

ZUBEREITUNG

1. Den Spargel waschen, schälen und die holzigen Enden abschneiden. Für die Einlage 3 Stangen in feine Streifen schneiden. Den Rest in mundgerechte Stücke schneiden. Die Schalotte schälen und in sehr feine Würfel schneiden.

2. In einem Topf 20 g Butter erhitzen und die Schalotte und die Spargelstücke darin andünsten. Die Brühe dazugießen, mit Salz würzen und den Spargel bei schwacher Hitze 20 Minuten gar kochen.

3. Alles mit dem Stabmixer fein pürieren. Die gebräunte Butter und die Sahne dazugeben und mit Salz, Pfeffer und Muskatnuss würzen. Die Suppe soll eine cremige Konsistenz haben. Ist sie zu dickflüssig, einfach mehr Brühe nehmen.

4. Für die Einlage den rohen Spargel im Olivenöl 1 Minute braten, mit Salz und 1 Prise Zucker würzen und in die Suppe geben. Als Beilage Schinken und als Getränk Prosecco dazu servieren.

Champignonrahmsuppe
mit Thymian

ZUTATEN FÜR 4–6 PERSONEN

750 g große braune und weiße Champignons
250 g kleine weiße Champignons · 2 Zwiebeln
1 Kartoffel · 1 Chilischote
1 Bund Thymian · 3 EL Butterschmalz
1 geräucherte Knoblauchzehe (angedrückt)
Salz · Zucker · 2 l Gemüsebrühe
250 g Sahne · 100 ml Olivenöl
Pfeffer aus der Mühle

ZUBEREITUNG

1. Große und kleine Champignons putzen und, falls nötig, mit Küchenpapier trocken abreiben. Die großen Pilze in grobe Stücke schneiden, die kleinen in feine Scheiben schneiden und beiseitelegen.

2. Zwiebeln schälen und in feine Würfel schneiden. Kartoffel schälen, waschen und in kleine Würfel schneiden. Chilischote längs halbieren, entkernen, waschen und in feine Würfel schneiden. Thymian waschen, trocken schütteln, Blätter hacken.

3. In einem großen Topf 1 EL Butterschmalz erhitzen und Kartoffel, Knoblauch, Zwiebeln und Chili darin andünsten. In einer Pfanne 1 EL Butterschmalz erhitzen und die Champignons darin kräftig anbraten, Salz und 1 Prise Zucker dazugeben. In den Topf geben, mit so viel Brühe aufgießen, dass die Pilzmischung gut bedeckt ist. Thymian dazugeben und alles zugedeckt 20 Minuten köcheln lassen. Alles mit dem Stabmixer pürieren, Sahne und Olivenöl dazugießen und mit der übrigen Brühe zu einer geschmeidigen Konsistenz verarbeiten. Mit Salz, Pfeffer und 1 Prise Zucker abschmecken.

4. Die weißen feinen Champignonscheiben im restlichen Butterschmalz kurz anbraten. Mit Salz und Pfeffer würzen, auf tiefe Teller verteilen und die Suppe dazugeben. Am besten mit Schnittlauch-Butterbrot servieren. Statt Räucherknoblauch können Sie auch ein kleines Stück Speck verwenden und dieses vor dem Pürieren wieder entfernen.

Yoga-Suppe
mit Mungobohnen

ZUTATEN FÜR 6–8 PERSONEN

200 g Mungobohnen
Salz
2 Zucchini
2 Fenchelknollen
je 1 rote und gelbe Paprikaschote
3 Möhren
1/4 Sellerieknolle
3 festkochende Kartoffeln
1 kleiner Brokkoli
2 EL Ghee oder geklärte Butter
1 EL Senfkörner
1 EL Korianderkörner
1 EL Curryblätter
1 EL Cumin
1 EL Kurkuma
1 EL Panch Phoron (bengalische Gewürzmischung)
1 1/2 l Gemüsebrühe
1 Bund Koriander oder Petersilie
4 EL Kokosraspel
200 g Sahne

ZUBEREITUNG

1. Die Bohnen unter fließendem Wasser waschen, abtropfen lassen und in leicht gesalzenem Wasser etwa 20 Minuten köcheln lassen. Dabei immer wieder den Schaum abschöpfen.

2. Das Gemüse putzen, waschen bzw. schälen und in kleine Stücke schneiden oder Röschen teilen. Die Kartoffeln schälen, waschen und ebenfalls in kleine Stücke schneiden.

3. Das Ghee oder die geklärte Butter in einer Pfanne erhitzen. Senfkörner, Korianderkörner, Curryblätter und Cumin darin etwa 1 Minute rösten, dann Kurkuma und Panch Phoron untermengen. Die Kartoffeln, die Möhren und den Sellerie hinzufügen und in den Gewürzen braten, bis sie leicht Farbe annehmen.

4. Die Bohnen abgießen, kurz abtropfen lassen und zurück in den Topf geben. Die Gemüsebrühe hinzufügen und zum Kochen bringen. Den Fenchel, die Zucchini und den Brokkoli in die Brühe geben und etwa 2 Minuten köcheln lassen. Das gebratene Gemüse mit den Gewürzen in den Topf geben und alles nochmals 5 Minuten sanft ziehen lassen.

5. Den Koriander oder die Petersilie waschen, trocken schütteln, die Blätter abzupfen und grob hacken. Die Kokosraspel und die Sahne unter die Suppe rühren und mit Salz abschmecken. Kurz vor dem Servieren die Kräuter hinzufügen.

Weisskohleintopf
mit Lamm (Irish Stew)

ZUTATEN FÜR 4 PERSONEN

1 kg Weißkohl · Salz · 2 Möhren
8 festkochende Kartoffeln · 4 Zwiebeln
4 Lammhaxen (Lammstelzen à ca. 300 g)
Pfeffer aus der Mühle · 4 EL Olivenöl
1 TL ganzer Kümmel · Zucker
1 l Lammfond oder Hühnerbrühe
1 Knoblauchknolle · Honig zum Bestreichen

ZUBEREITUNG

1. Vom Weißkohl die äußeren Blätter entfernen und den harten Strunk herausschneiden. Kohl mit den Blättern nach unten in kochendem Salzwasser etwa 30 Minuten garen. Herausnehmen und abkühlen lassen. Vom Kohl die einzelnen Blätter ablösen, auf Geschirrtücher legen und trocknen, nach Belieben etwas kleiner schneiden.

2. Die Möhren putzen, schälen und in feine Scheiben schneiden. Die Kartoffeln schälen, waschen und in dünne Scheiben schneiden. Die Zwiebeln schälen und ebenfalls in feine Scheiben schneiden.

3. Backofen auf 200 °C vorheizen. Lammhaxen waschen, trocken tupfen und das grobe Fett entfernen. Fleisch salzen und pfeffern. In 2 EL Olivenöl in einer Pfanne rundum anbraten. Übriges Olivenöl in einem Schmortopf erhitzen. Zuerst den Kohl anschmoren, dann Möhren, Kartoffeln und Zwiebeln hinzufügen und mit dem Kohl vermengen. Gemüse schichtweise mit Salz und Pfeffer würzen und mit Kümmel und 1 Prise Zucker bestreuen. Fond oder Brühe hinzufügen, dann Lammhaxen und halbierte Knoblauchknolle darauflegen. Zugedeckt im Ofen etwa 80 Minuten garen. Nach 30 Minuten die Hitze auf 160 °C herunterschalten.

4. Danach Keulen mit Honig bestreichen und im Ofen bei Oberhitze oder Grillstufe kurz weiterbraten, bis sie schön knusprig braun sind. (Sie sind gar, wenn sich das Fleisch leicht vom Knochen lösen lässt.) Gemüse und Haxen auf Teller verteilen und mit geröstetem Bauernbrot servieren.

Spitzkohlsuppe
mit Orange und Ingwer

ZUTATEN FÜR 4 PERSONEN

3 mittelgroße festkochende Kartoffeln · Salz
1 Spitzkohl (900 g) · 1 Bund Frühlingszwiebeln
4 EL Olivenöl · Zucker · 2 l Fleischbrühe
1 dicke Scheibe Ingwer
2 Bio-Orangen
1 scharfe Chilischote · Pfeffer aus der Mühle
Olivenöl zum Beträufeln

ZUBEREITUNG

1. Die Kartoffeln mit der Schale waschen und in Salzwasser weich garen. Die Kartoffeln abgießen, ausdampfen lassen und möglichst heiß pellen.

2. Vom Spitzkohl die äußeren Blätter entfernen, den Kohl vierteln und den Strunk herausschneiden. Kohl in Streifen schneiden. Frühlingszwiebeln putzen, waschen und in feine Streifen schneiden.

3. In einem Topf 2 EL Olivenöl erhitzen, Spitzkohl und Frühlingszwiebeln darin andünsten. Mit Salz und 1 Prise Zucker würzen und die Brühe dazugießen. Ingwerscheibe dazugeben und alles zugedeckt 30 Minuten köcheln lassen, bis der Kohl gar ist.

4. Die Orangen heiß waschen und trocken reiben. Die Schale mit einem Zestenreißer abziehen und den Saft auspressen. Ingwerscheibe entfernen, den Orangensaft zu dem Gemüse dazugeben. Alles mit dem Stabmixer sämig pürieren, eventuell noch etwas Brühe nachgießen.

5. Die Kartoffeln in kleine Würfel schneiden. Die Chilischote längs halbieren, entkernen, waschen und fein hacken. Das restliche Olivenöl in einer Pfanne erhitzen und die Kartoffelwürfel darin knusprig ausbraten. Mit Salz würzen und die gehackte Chilischote untermischen.

6. Die Spitzkohlsuppe auf tiefe Teller verteilen, die knusprig scharfen Kartoffelwürfel, etwas Orangenschale und Pfeffer darübergeben und mit Olivenöl beträufeln.

Kohleintopf
mit Bratwurstklößen

ZUTATEN FÜR 4–6 PERSONEN

1/4 Weißkohl
2–3 festkochende Kartoffeln
2 Möhren
1/4 Sellerieknolle
2 Zwiebeln
2 Knoblauchzehen
500 g feines Bratwurstbrät
2 EL Olivenöl
Zucker
1 l Fleisch- oder Gemüsebrühe
Salz
1 TL gemörserter Sichuanpfeffer
Chilipulver
1 Bund Petersilie
4–6 EL geriebener fester Ziegenkäse oder Parmesan
4–6 Scheiben Bauernbrot

ZUBEREITUNG

1. Den Weißkohl putzen und in mundgerechte Stücke schneiden, dabei gegebenenfalls den harten Strunk entfernen. Die Kartoffeln schälen, waschen und in Würfel schneiden. Die Möhren und den Sellerie putzen, schälen und in Würfel schneiden. Die Zwiebeln schälen und ebenfalls in Würfel schneiden. Den Knoblauch schälen und fein hacken.

2. Das Bratwurstbrät gegebenenfalls aus der Pelle drücken und zu kleinen Nocken oder Klößen formen.

3. Das Olivenöl in einem großen Schmortopf erhitzen und die Bratwurstbrät-Nocken darin goldbraun anbraten. Die Zwiebeln und den Knoblauch hinzufügen und kurz rösten. Dabei 1 Prise Zucker über die Zutaten streuen. Gemüse und Kartoffeln dazugeben und mit den anderen Zutaten vermischen.

4. Die Brühe angießen, bis die Zutaten zu zwei Dritteln von der Flüssigkeit bedeckt sind. Mit Salz, Sichuanpfeffer und etwas Chilipulver würzen. Zugedeckt bei mittlerer Hitze 30 Minuten schmoren lassen, falls nötig, noch etwas Brühe hinzufügen. Der Eintopf sollte aber nicht zu suppig sein.

5. Die Petersilie waschen, trocken schütteln, die Blätter abzupfen und fein hacken. Die Petersilie über den Eintopf streuen.

6. Den Eintopf auf tiefe Teller verteilen und mit Ziegenkäse oder Parmesan bestreuen. Nach Belieben das Gemüse noch mit etwas Olivenöl beträufeln. Das Bauernbrot dazu reichen.

TIPP

Sie können den Eintopf auch wie folgt anrichten: Bauernbrotscheiben in einer Pfanne ohne Fett auf beiden Seiten rösten. Darauf je 1 Portion Eintopf geben, mit geriebenem Käse bestreuen und mit einigen Tropfen Olivenöl beträufeln.

Mulligatawny Soup
à la Rainer Sass

ZUTATEN FÜR 4 PERSONEN

Für die Suppe:
2 festkochende Kartoffeln · 1 Stange Lauch
2 Möhren · 1/4 Sellerieknolle · 2 EL Olivenöl
1 EL Currypulver · 1 TL Kurkuma
1 1/2 l Hühnerbrühe · 200 g Sahne
200 ml Kokosmilch
1 walnussgroßes Stück Ingwer
1 Knoblauchzehe · Salz · Chilipulver

Für die Einlage:
1/4 Ananas · 1/2 Mango · 1/2 Apfel
1/2 Birne · 1 EL Olivenöl · Kurkuma

ZUBEREITUNG

1. Für die Suppe die Kartoffeln schälen, waschen und in kleine Würfel schneiden. Den Lauch putzen, waschen und klein schneiden. Die Möhren und den Sellerie putzen, schälen und in kleine Würfel schneiden. Das Olivenöl in einem Topf erhitzen und das Gemüse darin farblos andünsten. Das Currypulver und den Kurkuma hinzufügen und leicht anrösten. Die Hühnerbrühe dazugießen und alles etwa 20 Minuten köcheln lassen.

2. Für die Einlage die Ananas schälen, den Strunk entfernen. Die Mango schälen, den Apfel und die Birne ebenfalls schälen und entkernen. Das Obst in kleine Würfel schneiden. Das Olivenöl in einer Pfanne erhitzen und die Obstwürfel darin 1 bis 2 Minuten dünsten. Zuletzt 1 Prise Kurkuma untermischen.

3. Die Gemüsesuppe mit dem Stabmixer pürieren, dann die Sahne und die Kokosmilch angießen. Den Ingwer und den Knoblauch schälen und in die Suppe reiben oder pressen. Die Suppe bei schwacher Hitze noch etwas ziehen lassen und mit Salz und etwas Chilipulver abschmecken. Die Mulligatawny-Suppe mit dem Obst in tiefen Tellern anrichten.

Gulaschsuppe
mit Piment

ZUTATEN FÜR 6 PERSONEN

1,5 kg Rindfleisch aus der Schulter
500 g Zwiebeln · 5 Knoblauchzehen
1 rote Paprikaschote · 1 Möhre
je 10 schwarze Pfeffer- und Pimentkörner
1 TL Senfkörner · 1 TL ganzer Kümmel · Salz
2 EL Butterschmalz · 2 EL Olivenöl
1 EL getrockneter Majoran
1 EL scharfes Paprikapulver
1 EL Aceto balsamico
2 EL Tomatenmark
1 kleine Dose Tomaten (400 g Inhalt)

ZUBEREITUNG

1. Das Fleisch in Würfel schneiden. Die Zwiebeln und den Knoblauch schälen und in feine Scheiben schneiden. Die Paprikaschote längs halbieren, entkernen, waschen, mit dem Sparschäler schälen und in feine Würfel schneiden. Die Möhre putzen, schälen und in feine Scheiben schneiden.

2. Die Pfeffer-, Piment- und Senfkörner sowie den Kümmel in ein kleines Gewürzsäckchen füllen und verschließen.

3. Den Backofen auf 200 °C (Umluft) vorheizen. Das Fleisch leicht salzen. Das Butterschmalz und das Öl in einem Bräter erhitzen und das Fleisch darin portionsweise anbraten. Zwiebeln, Knoblauch, Paprika und Möhre dazugeben und kurz mitbraten. Mit Majoran, Paprikapulver und Aceto balsamico würzen.

4. Tomatenmark und Tomaten mit dem Saft dazugeben und alles gut vermischen. Dieser Suppenansatz soll schon kräftig würzig schmecken, also eventuell mit etwas Paprikapulver und Salz nachwürzen. Mit 2 1/2 l Wasser ablöschen, das Gewürzsäckchen hineingeben und die Suppe zugedeckt im Ofen 2 Stunden garen. Zwischendurch umrühren.

5. Vor dem Servieren nochmals abschmecken und das Gewürzsäckchen entfernen. Dazu passen Brot und Rotwein.

Rustikale Fischsuppe
mit Käsebaguette

ZUTATEN FÜR 4–6 PERSONEN

Für die Fischsuppe:
2 kg kleine, grätenreiche Fische (z. B. Hecht, Knurrhahn, Saibling, Wolfsbarsch, Seezunge)
6–8 rohe Garnelen (mit Kopf und Schale)
1 Bund Suppengemüse
2 große Zwiebeln · 1 Staudensellerie
2 Fenchelknollen · 5 mittelgroße Tomaten
1 junge Knoblauchknolle
1 Bio-Orange · 4–5 EL Olivenöl
1 Zweig Rosmarin · 1/2 Bund Thymian
3 Lorbeerblätter · 1 milde Chilischote
je 1 TL Fenchelsamen und schwarze Pfefferkörner
1 kleine Dose Tomaten (400 g Inhalt)
2 EL Tomatenmark
1/2 l trockener Weiß- oder Grauburgunder
100 ml trockener Wermut (z. B. Noilly Prat)
1–2 EL Pernod · 5–6 Safranfäden
Meersalz · Pfeffer aus der Mühle
Cayennepfeffer

Außerdem:
2 EL Olivenöl · Salz · 1 Bund Petersilie
1 Baguette · 250 g geriebener Appenzeller

ZUBEREITUNG

1. Die Fische waschen, trocken tupfen und filetieren, die Karkassen beiseitelegen (oder vom Fischhändler filetieren lassen, dann die Köpfe und Gräten für den Fond mitnehmen). Filets beiseitelegen. Von den Garnelen den Kopf abdrehen, mit einer Schere die Oberseite aufschneiden und die Schale samt Schwanz ablösen. Garnelen am Rücken entlang (nicht zu tief) einschneiden und den Darm vorsichtig herausziehen. Garnelen waschen und trocken tupfen. Schalen für den Fond beiseitelegen.

2. Das Suppengemüse putzen, waschen bzw. schälen und in Stücke schneiden. Die Zwiebeln schälen und in Stücke schneiden. Den Staudensellerie und den Fenchel putzen, waschen und klein schneiden.

3. Die Tomaten waschen, vierteln, dabei die Stielansätze entfernen und in Stücke schneiden. Knoblauchknolle halbieren. Orange heiß waschen, trocken reiben, Schale abziehen und Saft auspressen.

4. Die Fischkarkassen in kaltes Wasser legen. Das Wasser mehrmals wechseln, bis es klar bleibt. Die Karkassen abtropfen lassen, in einem großen Topf in 3 EL Olivenöl kräftig anbraten. Das Gemüse (außer den Tomaten) und die Garnelenschalen hinzufügen und ebenfalls leicht rösten. Kräuter, Lorbeerblätter, Knoblauch, Chilischote, Fenchelsamen, Pfefferkörner, Orangensaft und -schale, Tomaten, Dosentomaten und Tomatenmark hinzugeben und untermischen. Etwa 2 1/2 l Wasser angießen und mit Weißwein, Wermut und Pernod auffüllen. Einmal alles kräftig aufkochen lassen, die Hitze reduzieren, dann bei schwacher Hitze etwa 1 1/2 Stunden köcheln lassen.

5. Den Sud durch ein feines Sieb passieren. Dabei die Flüssigkeit gut aus den Karkassen und dem Gemüse drücken. Den Fischfond wieder erhitzen. Die Safranfäden mit 1 EL Fond in einem Mörser zerreiben, in den Fond geben und etwas ziehen lassen. Mit Meersalz, Pfeffer, Cayennepfeffer und restlichem Olivenöl abschmecken.

6. Den Backofengrill vorheizen. Die Hälfte der Fischfilets in mundgerechte Stücke schneiden und die Garnelen längs halbieren. Das Olivenöl in einer Pfanne erhitzen, die Filets und Garnelen darin etwa 3 Minuten anbraten. Dabei mit etwas Salz würzen. Die restlichen Fischfilets in den heißen Fischfond geben und 3 bis 4 Minuten ziehen lassen. Die Petersilie waschen, trocken schütteln, die Blätter abzupfen und hacken.

7. Das Baguette in Scheiben schneiden, auf ein Backblech legen und mit dem Käse bestreuen. Unter dem Backofengrill knusprig gratinieren. Die gebratenen Fischstücke, Garnelen und gehackte Petersilie in die Suppe geben und sofort servieren. Dazu die Baguettescheiben reichen.

Eintopf nach Pichelsteiner Art
mit Bohnenpüree und Lamm

ZUTATEN FÜR 4–6 PERSONEN

Für das Bohnenpüree:
250 g getrocknete weiße Bohnen
1 EL weiche Butter
100 g Sahne
2 EL Olivenöl
1 walnussgroßes Stück Ingwer
Salz · Pfeffer aus der Mühle
Saft von 1/2 Zitrone

Für den Eintopf:
4 Lammlachse (Rückenfilets)
4 Möhren
6 mittelgroße festkochende Kartoffeln
1/2 Sellerieknolle
1 Petersilienwurzel
4 Frühlingszwiebeln
je 1/2 Bund Majoran und Bohnenkraut
1 Bund Petersilie
4 Lorbeerblätter
2 Knoblauchzehen
2 EL Butterschmalz
Salz · Pfeffer aus der Mühle
ca. 1 l Lammfond oder Fleischbrühe
100 g kleine braune Champignons
20 schwarze Oliven (ohne Stein)
Chilipulver · Olivenöl

Außerdem:
4 Scheiben Bauernbrot

ZUBEREITUNG

1. Für das Bohnenpüree die Bohnen über Nacht in Wasser einweichen. Am nächsten Tag abgießen und in frischem Wasser bei schwacher Hitze etwa 40 Minuten garen.

2. Das Wasser abgießen und die Bohnen mit dem Stabmixer fein pürieren. Die Butter hinzufügen, dann nach und nach die Sahne und das Olivenöl untermischen. Die Konsistenz sollte noch fest und cremig sein. Den Ingwer schälen und fein reiben. Das Bohnenpüree mit dem Ingwer, Salz, Pfeffer und etwas Zitronensaft abschmecken.

3. Für den Eintopf die Lammlachse in 2 bis 3 cm große Würfel schneiden. Die Möhren putzen, schälen, die Kartoffeln, den Sellerie und die Petersilienwurzel schälen und in dünne, gleich große Scheiben bzw. Lamellen schneiden. Die Frühlingszwiebeln putzen, waschen und in etwa 2 cm große Stücke schneiden. Den Majoran, das Bohnenkraut und die Petersilie waschen und trocken schütteln. Die Hälfte der Petersilie mit den restlichen Kräutern und den Lorbeerblättern mit Küchengarn zusammenbinden. Falls die Sellerieknolle grüne Blätter hat, können einige Zweige zum Kräuterbund hinzugefügt werden. Die restliche Petersilie hacken und beiseitelegen. Die Knoblauchzehen schälen und in feine Würfel schneiden.

4. Das Butterschmalz in einem Topf erhitzen und die Fleischstücke darin portionsweise anbraten. Mit Salz und Pfeffer würzen. Das Gemüse und die Zwiebeln hinzufügen und alles gut vermischen. Den Lammfond oder die Brühe angießen, bis die Zutaten knapp mit der Flüssigkeit bedeckt sind.

5. Die Kräuter und Knoblauchwürfel in den Topf geben, mit Salz würzen und zugedeckt bei mittlerer Hitze etwa 20 Minuten köcheln lassen.

6. Die Champignons putzen und trocken abreiben. Die Pilze und die Oliven zum Eintopf geben und alles weitere 10 Minuten garen. Eventuell noch Lammfond angießen, der Eintopf sollte aber nicht zu „suppig“ werden. Mit Salz, Pfeffer, Chilipulver und etwas Olivenöl pikant abschmecken. Die gehackte Petersilie unterheben.

7. Die Bauernbrotscheiben ohne Fett in einer Pfanne oder im Ofen goldbraun rösten. Das Bohnenpüree fingerdick auf die Brotscheiben streichen. Das Kräuterbund aus dem Eintopf entfernen. Den Eintopf in tiefe Teller füllen und mit Brot servieren.

Bäuerliche Gemüsesuppe
mit Petersilien- und Paprika-Tomaten-Pesto

ZUTATEN FÜR 6–8 PERSONEN

Für die Suppe:
1/2 Sellerieknolle
2 Stangen Staudensellerie
4 Möhren · 1 Kohlrabi
1 Fenchelknolle · 1 Stange Lauch
2 kleine Zucchini
150 g grüne Bohnen oder Schnippelbohnen
1/4 Blumenkohl
1 Zweig Rosmarin · 1/2 Bund Thymian
2 Zwiebeln · 1 Knoblauchzehe
3 EL Olivenöl · Zucker
2 Stück langer Pfeffer oder 1 TL schwarze Pfefferkörner · Salz

Für das Petersilienpesto:
2 Bund Petersilie · 1 Knoblauchzehe
3–4 EL Pinienkerne · 100 ml Olivenöl · Salz

Für das Paprika-Tomaten-Pesto:
5–6 getrocknete Tomaten (in Öl)
1 rote Paprikaschote
1 Knoblauchzehe
5–6 EL Olivenöl · Salz · Zucker

Außerdem:
3–4 EL geriebener Parmesan
6–8 Ziegenfrischkäsetaler

ZUBEREITUNG

1. Für die Suppe das Gemüse schälen bzw. putzen, waschen und in mundgerechte Stücke schneiden oder in Röschen teilen. Kleine frische Blätter von Möhren, Sellerie oder Kohlrabi fein hacken. Die Kräuter waschen und trocken schütteln.

2. Die Zwiebeln und den Knoblauch schälen, in feine Würfel schneiden und im Olivenöl in einem großen Topf farblos andünsten. Etwas Zucker hinzufügen und leicht karamellisieren.

3. Alle Gemüsesorten (außer Blumenkohl und Zucchini), die Kräuter, den Pfeffer und 1 1/2 bis 2 l Wasser dazugeben. Das Gemüse sollte knapp bedeckt sein. Die gehackten Gemüseblätter hinzufügen, alles zum Kochen bringen und mit Salz würzen. Zugedeckt bei mittlerer Hitze 35 bis 40 Minuten garen.

4. Für das Petersilienpesto die Petersilie waschen, trocken schütteln und die Blätter abzupfen. Die Knoblauchzehe schälen und in Stücke schneiden. Die Petersilie, den Knoblauch, die Pinienkerne und etwas Olivenöl in der Küchenmaschine pürieren. Dabei immer wieder etwas Olivenöl hinzufügen, bis eine cremige Konsistenz entsteht. Gegebenenfalls noch etwas salzen. Wer das Pesto etwas milder und süßlicher mag, fügt mehr Pinienkerne und noch ein wenig geriebenen Parmesan hinzu.

5. Für das Paprika-Tomaten-Pesto die eingelegten Tomaten abtropfen lassen. Die Paprikaschote halbieren, entkernen, waschen, schälen und in grobe Stücke schneiden. Den Knoblauch schälen und in Stücke schneiden. Die Tomaten, die Paprika, den Knoblauch und etwas Olivenöl in der Küchenmaschine pürieren. Immer wieder etwas Olivenöl hinzufügen, bis eine cremige Konsistenz entsteht. Mit Salz und etwas Zucker abschmecken.

6. Die Blumenkohlröschen und die Zucchinistücke zur Suppe geben und weitere 5 Minuten köcheln lassen. Die Suppe mit Salz abschmecken und mit Parmesan, Ziegenfrischkäse, je 1 Klecks Pesto und Bauernbrot servieren.

TIPP

Die Mengen an Gemüse richten sich nach Appetit und Anzahl der Gäste. Je nach Geschmack können Sie einzelne Gemüsesorten auch verdoppeln, reduzieren oder ergänzen oder durch andere saisonale Gemüse ersetzen. Grundlage sollten aber mindestens 7 bis 8 verschiedene Gemüsesorten sein, darunter Klassiker wie Möhren, Sellerie, Lauch und Fenchel.

»Alles Handarbeit, nichts Fließbandfraß: Bei Jochen Gaues ist das Backen noch eine Kunstfertigkeit und kein Industrieprozess. Und das schmeckt man seinen Broten an.«

»Backen macht gute Laune, jedenfalls wenn man dieses Geschäft so betreibt wie der fanatische Bäcker Jochen Gaues.«

»Ein Geheimnis der Qualität von Gaues-Broten ist das Abflämmen nach dem Backen. So bekommen sie eine schöne Kruste, die das Innere schützt und mehr als eine Woche lang frisch hält.«

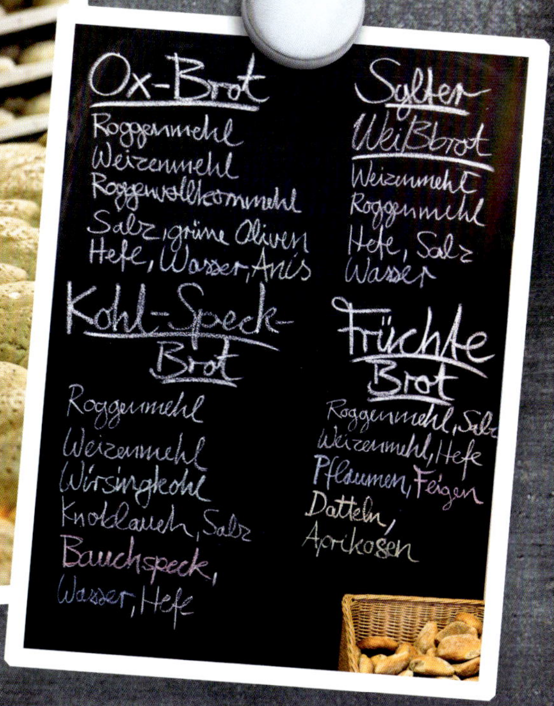

Der Mann hat acht Kinder von zwei Frauen, fährt Ferrari, jedenfalls immer dann, wenn er Geld hat, was nicht immer der Fall ist, kann also gar nichts anderes als ein Hallodri vor dem Herrn sein. Stimmt das? Weit gefehlt! Jochen Gaues ist nämlich vor allem eines: ein begnadeter Bäcker, der vielleicht das beste Brot ganz Deutschlands backt. Nicht nur die Spitzenrestaurants im Norden, sondern auch Hollywood-Stars wie Robert de Niro reißen sich um sein Brot, das er mit größter Sorgfalt herstellt. Sein Vater war Akademiker und hatte sich für seinen Sohn eine ganz andere Karriere vorgestellt. Jochen aber wollte immer nur backen, backen, backen – und hat sich zum Glück durchgesetzt. Denn Bäcker wie ihn brauchen wir dringend in Deutschland, das zwar eine große Brottradition hat, sich aber immer stärker vom Fraß der Industriebäckereien ernährt. 99 Cent für 500 Gramm Graubrot beim Discounter: Das kann, das darf nicht sein. Wer sich mit diesem Mist schon das Frühstück versaut, sollte sich ganz schnell von Jochen Gaues überzeugen lassen, wie gut gutes Brot schmecken kann.

»Konservierungsmittel oder andere Chemikalien kommen Gaues niemals in den Teig. So duftet sein Sonnenblumenbrot tatsächlich nach nichts anderem als Sonnenblumen.«

»Der Mann hat gut lachen. Denn vor seinem Hamburger Geschäft ist so viel Betrieb, dass manchmal sogar die Polizei einschreiten und den Verkehr regeln muss.«

Salate

Gemüsesalat
mit Orangenvinaigrette

ZUTATEN FÜR 6 PERSONEN

Für den Salat:
5 festkochende Kartoffeln · Salz
4 mittelgroße junge Möhren
1 Kohlrabi · 6 Radieschen
1/2 Staudensellerie
1 Bund Frühlingszwiebeln
1 Fenchelknolle · 1 Apfel

Für die Vinaigrette:
Saft von 2 Orangen · Saft von 1/2 Zitrone
1 TL Senf
1 EL Aceto balsamico
Salz · Pfeffer aus der Mühle
1 walnussgroßes Stück Ingwer
1 EL Walnussöl · 3 EL Olivenöl

ZUBEREITUNG

1. Für den Salat die Kartoffeln schälen, waschen und in Salzwasser garen. Abgießen und auskühlen lassen.

2. Die Möhren und den Kohlrabi putzen, schälen und in feine Scheiben schneiden. Die Radieschen, den Staudensellerie und die Frühlingszwiebeln putzen, waschen und in feine Scheiben bzw. Ringe schneiden. Die Fenchelknolle putzen, waschen und halbieren, den harten Strunk entfernen. Den Fenchel ebenfalls in feine Scheiben schneiden. Den Apfel schälen, vierteln und entkernen. Die Apfelviertel ebenfalls in feine Scheiben scheiden. Die ausgekühlten Kartoffeln in Scheiben schneiden. Alle Zutaten in einer Schüssel vermengen.

3. Für die Vinaigrette Orangensaft, Zitronensaft, Senf, Aceto, etwas Salz und Pfeffer verrühren. Den Ingwer schälen und dazureiben. Die Öle unterschlagen. Die Vinaigrette über den Salat geben, vorsichtig mischen und den Gemüsesalat etwa 1 Stunde durchziehen lassen.

Mein Nizza-Salat
mit Thunfisch

ZUTATEN FÜR 4 PERSONEN

300 g grüne Bohnen · Salz
3 Römersalatherzen
10 mittelgroße Tomaten
2 rote Zwiebeln
1 EL Olivenöl · Zucker
1 Glas Thunfisch (in Öl; 190 g)
1/2 l Orangensaft
2 Knoblauchzehen
Saft von 1/2 Zitrone
20 schwarze Oliven (ohne Stein)
Pfeffer aus der Mühle

ZUBEREITUNG

1. Die Bohnen putzen, waschen und in kochendem Salzwasser 5 Minuten garen. Abgießen, eiskalt abschrecken und gut abtropfen lassen. Die Salatherzen putzen, waschen und in mundgerechte Stücke schneiden. Die Tomaten waschen, halbieren und die Stielansätze entfernen.

2. Die Zwiebeln schälen und in Lamellen schneiden. Das Olivenöl in einer Pfanne erhitzen, die Zwiebeln darin etwa 1 Minute anbraten, dabei mit etwas Zucker und Salz würzen.

3. Den Thunfisch abtropfen lassen, 1 EL Öl für die Vinaigrette aufbewahren.

4. Für die Vinaigrette den Orangensaft auf die Hälfte einkochen und leicht auskühlen lassen. Den Knoblauch schälen und durch die Presse dazudrücken. Den Zitronensaft, das Öl vom Thunfisch und die Oliven dazugeben und verrühren. Mit Salz und Pfeffer würzen.

5. Bohnen, Römersalat, Tomaten, Zwiebeln und Thunfisch in eine Schüssel geben und mit der Vinaigrette vermischen. Wer den Salat saftiger möchte, erhöht einfach die Menge des Orangensafts. Dazu passen Fladenbrot und ein griechischer Joghurt, verrührt mit etwas Olivenöl.

Oliva di Nittardi
2013
Monovarietà Frantoio

Feldsalat
mit Himbeeren

ZUTATEN FÜR 4 PERSONEN

250 g Feldsalat
20 Himbeeren
2 EL Himbeeressig
2 EL Sonnenblumenöl
1 EL Walnussöl
Salz · Pfeffer aus der Mühle
10 mittelgroße Kräuterseitlinge
1 EL Butterschmalz
Zucker · Zitronensaft
grob geschroteter schwarzer Pfeffer

ZUBEREITUNG

1. Den Feldsalat verlesen, waschen und gründlich trocken schleudern. Den Salat auf vier Teller verteilen. Die Himbeeren verlesen, waschen und trocken tupfen. Den Himbeeressig, beide Öle, Salz und Pfeffer verrühren.

2. Die Kräuterseitlinge putzen und, falls nötig, mit Küchenpapier trocken abreiben. Die Pilze in Scheiben schneiden. Das Butterschmalz in einer Pfanne erhitzen und die Pilze darin etwa 5 Minuten braten. Mit Salz, 1 Prise Zucker und Zitronensaft würzen.

3. Die Pilze auf dem Feldsalat verteilen. Die Himbeeren dazugeben, mit der Vinaigrette beträufeln und mit geschrotetem Pfeffer würzen.

Blattsalat
mit zweierlei Saucen

ZUTATEN FÜR 4 PERSONEN

Für den Salat:
3 verschiedene Blattsalate
(ca. 300 g, z. B. Eisberg-, Endivien-,
Eichblatt-, Römersalat oder Radicchio
2 Stauden Chicorée
2 EL Pinienkerne
einige schwarze Oliven (ohne Stein)
grob geschroteter Pfeffer
feinstes Olivenöl zum Beträufeln

Für die Orangensauce:
1/4 l Orangensaft
2 EL Rapsöl · Salz

Für die Joghurtsauce:
3 EL Naturjoghurt
1 TL Senf · 1 EL Mayonnaise (Fertigprodukt)
2 EL geriebener Parmesan
1 TL Worcestershiresauce
1 Spritzer Tabasco
etwas Zitronensaft

ZUBEREITUNG

1. Die Salate putzen, waschen, trocken schleudern und in feine Streifen schneiden. Den Chicorée putzen, längs halbieren und den Strunk entfernen. Die Hälften in feine Streifen schneiden.

2. Die Pinienkerne in einer Pfanne ohne Fett anrösten. Die Blattsalate und den Chicorée mischen. Die Pinienkerne und die Oliven dazugeben. Mit Pfeffer würzen.

3. Für die Orangensauce den Orangensaft, das Rapsöl und etwas Salz verrühren.

4. Für die Joghurtsauce Joghurt, Senf, Mayonnaise, Parmesan und Worcestershiresauce verrühren. Mit Tabasco und Zitronensaft abschmecken.

5. Wahlweise die Orangen- oder Joghurtsauce mit dem Salat vermengen und zuletzt mit Olivenöl beträufeln.

Nudelsalat
mit Gemüse und Safran

ZUTATEN FÜR 4–6 PERSONEN

500 g Orecchiette (Öhrchennudeln) · Salz
500 g Brokkoli · 3 Frühlingszwiebeln
1/2 Gurke · 5 Tomaten
3–4 Scheiben altbackenes Weißbrot oder Baguette
100 g Parmesan (am Stück) · 3 Knoblauchzehen
2 EL Olivenöl · Pfeffer aus der Mühle
Zucker · 50 g Pinienkerne
50 g ganze blanchierte Mandeln
3 Zweige Rosmarin · 200 g Naturjoghurt
2 EL Mayonnaise (Fertigprodukt)
2 Döschen Safranfäden (à 0,1 g)

ZUBEREITUNG

1. Die Orecchiette nach Packungsanweisung in kochendem Salzwasser bissfest garen. Abgießen und abtropfen lassen. Den Brokkoli putzen, waschen, in Röschen teilen und in kochendem Salzwasser 3 Minuten blanchieren. Abgießen, kalt abschrecken und beiseitestellen.

2. Frühlingszwiebeln putzen, waschen und in Ringe schneiden. Gurke längs vierteln, Kerne entfernen und die Viertel in Scheiben schneiden. Frühlingszwiebeln und Gurken mit Nudeln mischen.

3. Die Tomaten vierteln, Stielansätze und Kerne entfernen, Fruchtfleisch würfeln. Das Brot grob zerbröseln. Parmesan dünn hobeln. Knoblauch schälen und in Scheiben schneiden. Tomaten und Brokkoli in einer Pfanne im Öl etwa 1 Minute braten. Mit Salz, Pfeffer und Zucker würzen. Brot, Parmesan, Knoblauch, Pinienkerne, Mandeln und Rosmarin kurz mitrösten. Vom Herd nehmen.

4. Für die Sauce den Joghurt mit Mayonnaise verrühren. Safranfäden mit 2 EL Wasser im Mörser andrücken, bis sich die Flüssigkeit färbt und der Safran sein Aroma freisetzt. Das Safrangewürz in die Sauce rühren. Sauce mit den Nudeln mischen. Zuletzt die Zutaten aus der Pfanne dazugeben und den Nudelsalat mit Salz und Pfeffer abschmecken.

Sommersalat
mit Früchten

ZUTATEN FÜR 4 PERSONEN

ca. 300 g gemischte Blattsalate (z. B. Römer-, Eisbergsalat, Rucola, Radicchio oder Feldsalat)
1 Birne
50 g Himbeeren
5–6 Erdbeeren
1 Orange
2 EL Olivenöl
1 TL Senf
etwas Zitronensaft
Salz · Pfeffer aus der Mühle

ZUBEREITUNG

1. Die Salate putzen, waschen, trocken schleudern und in mundgerechte Stücke zupfen. Die Birne waschen, vierteln, entkernen und in feine Streifen schneiden. Die Himbeeren verlesen, waschen und trocken tupfen. Die Erdbeeren waschen, putzen und klein schneiden.

2. Für die Vinaigrette die Orange auspressen und den Saft mit dem Olivenöl und dem Senf verrühren. Mit Zitronensaft, Salz und Pfeffer würzen.

3. Die Salatsorten und das Obst in eine Schüssel geben. Die Vinaigrette darübergeben und alles sehr vorsichtig mischen, damit die Himbeeren nicht zerfallen.

4. Je nach Saison und Geschmack lässt sich der Salat auch mit anderen Obstsorten kombinieren, zum Beispiel mit Heidelbeeren, Pfirsichen oder Aprikosen.

Wurstsalat
mit Gemüse

ZUTATEN FÜR 4 PERSONEN

750 g Fleisch- oder Schinkenwurst oder Krakauer (in feinen Scheiben; wenn möglich mind. 2 Sorten, davon gerne 1 Sorte mit Knoblauch)
2 mittelgroße rote Zwiebeln
3 Frühlingszwiebeln
1 rote Paprikaschote
8 Radieschen
1/2 Bund Petersilie
100 ml Gemüsebrühe
1 EL Traubenkernöl
1 EL mittelscharfer Senf
abgeriebene Schale und Saft von 1/2 Bio-Zitrone
Salz · Pfeffer aus der Mühle · Zucker

ZUBEREITUNG

1. Die Wurstscheiben in eine Schüssel geben. Die Zwiebeln schälen und in feine Scheiben hobeln. Die Frühlingszwiebeln putzen, waschen und in feine Ringe schneiden, dabei den grünen Teil noch feiner schneiden. Die Paprikaschote längs halbieren, entkernen, waschen, schälen und in feine Streifen schneiden. Die Radieschen putzen, waschen und in feine Scheiben schneiden.

2. Die Petersilie waschen, trocken schütteln, die Blätter abzupfen und fein hacken. Alle Zutaten mit den Wurstscheiben mischen.

3. Brühe, Öl, Senf, Zitronenschale und -saft verrühren. Mit Salz, Pfeffer und Zucker kräftig würzen. Die Vinaigrette über den Salat geben und gut untermischen.

4. Den Wurstsalat nach Belieben auf einem kräftigen, gerösteten Bauernbrot, das leicht mit Knoblauch eingerieben ist, servieren. Dazu Weißbier und etwas Käse reichen.

Carpaccio
mit Salat und Pilzen

ZUTATEN FÜR 4 PERSONEN

Für den Salat:
300 g Rindfleisch (aus der Hüfte)
200 g gemischte junge Blattsalate
6 mittelgroße Kräuterseitlinge
1 EL Butter · 4–5 EL Olivenöl
Salz · Pfeffer aus der Mühle
abgeriebene Schale und Saft von 1 Bio-Zitrone
1–2 TL Balsamico bianco
Zucker · flockiges Meersalz

Für die Sauce:
200 g Sahne · 100 ml Olivenöl
Saft von 1/2 Zitrone · 2 EL Milch
1 Ei · Salz

ZUBEREITUNG

1. Für den Salat das Rindfleisch in feine Scheiben schneiden. Die Scheiben zwischen zwei Lagen Frischhaltefolie legen und hauchdünn plattieren, dann in den Kühlschrank stellen.

2. Für die Sauce alle Zutaten in einem Rührbecher mit dem Stabmixer pürieren, bis eine leicht cremige Konsistenz entsteht. Mit Salz und nach Belieben mit etwas Worcestershiresauce abschmecken.

3. Die Blattsalate putzen, waschen und trocken schleudern. Die Pilze putzen, falls nötig, trocken abreiben und in Scheiben schneiden. Butter und 1 EL Olivenöl in einer Pfanne erhitzen und die Pilze darin 2 bis 3 Minuten braten. Mit Salz, Pfeffer und Zitronenschale würzen.

4. Übriges Olivenöl, Zitronensaft, Essig, Zucker und Salz verrühren und mit den Blattsalaten vermengen. Die gebratenen Pilze hinzufügen.

5. Zum Anrichten jeweils 4 bis 5 Fleischscheiben auf einen Teller legen und mit der Sauce beträufeln. Die Fleischscheiben noch mit etwas flockigem Meersalz bestreuen. Dazu den Salat servieren.

LAMMFILETS
mit Mango-Tomaten-Salat

ZUTATEN FÜR 4 PERSONEN

Für den Salat:
1 Mango · 2–3 Tomaten
1 Chilischote
2–3 Zweige Thymian
1 EL Olivenöl
1 Knoblauchzehe (angedrückt)
Salz · Olivenöl zum Beträufeln

Für das Fleisch:
4 Lammfilets
Salz · Pfeffer aus der Mühle
2 Schalotten
2 EL Olivenöl
1 Zweig Rosmarin · 2–3 Zweige Thymian

ZUBEREITUNG

1. Für den Salat die Mango schälen, das Fruchtfleisch auf den flachen Seiten vom Stein schneiden und in Würfel schneiden. Die Tomaten waschen, vierteln und entkernen, dabei die Stielansätze entfernen. Die Tomatenviertel in Streifen schneiden. Die Chilischote längs halbieren, entkernen, waschen und fein schneiden. Den Thymian waschen, trocken tupfen und die Blätter abzupfen.

2. Das Olivenöl in einer Pfanne erhitzen. Die Mangowürfel und die Tomatenstreifen mit einer angedrückten Knoblauchzehe darin 1 bis 2 Minuten braten. Dabei leicht salzen und mit Chili bestreuen. Zum Schluss die Kräuter hinzufügen.

3. Für das Fleisch die Lammfilets mit Salz und Pfeffer würzen. Die Schalotten schälen und vierteln. Das Olivenöl in einer Pfanne erhitzen, die Kräuter und die Schalotten hinzufügen und kurz anbraten. Filets dazugeben und 3 bis 4 Minuten braten. Sie sollten im Kern unbedingt noch rosa sein.

4. Zum Anrichten den lauwarmen Salat auf Teller geben und darauf die Filets platzieren. Mit etwas Olivenöl beträufeln.

SCHEERKOHLSALAT
mit Bärlauch

ZUTATEN FÜR 4 PERSONEN

800 g Scheerkohl (Schnittkohl; alternativ junger Spinat, Rucola oder Endiviensalat)
je 2 rote und weiße Zwiebeln
2 Bund Bärlauch
1 Knoblauchzehe
4 EL Olivenöl
3 EL Zitronensaft
Salz · Zucker
4–5 EL saure Sahne oder Naturjoghurt

ZUBEREITUNG

1. Den Scheerkohl putzen, gründlich waschen, trocken schleudern und grobe Stiele entfernen. Die Blätter eventuell noch etwas hacken.

2. Die Zwiebeln schälen und in feine Würfel schneiden. Den Bärlauch verlesen, waschen, trocken schleudern und grobe Stiele entfernen. Die Blätter grob hacken. Den Scheerkohl, die Zwiebeln und den Bärlauch mischen.

3. Die Knoblauchzehe schälen und in feine Würfel schneiden. 1 EL Olivenöl in einer Pfanne erhitzen und den Knoblauch darin 1 bis 2 Minuten dünsten.

4. Für die Vinaigrette das restliche Olivenöl, den Zitronensaft, Salz und Zucker verrühren. Den Knoblauch und die saure Sahne oder den Naturjoghurt dazugeben und unterrühren.

5. Die Vinaigrette erst kurz vor dem Servieren zum Scheerkohl geben und alles mischen.

Pikanter Erdbeersalat
mit Steakstreifen

ZUTATEN FÜR 4 PERSONEN

Für den Salat:
250 g Erdbeeren
4 mittelgroße Tomaten
2 Frühlingszwiebeln
2 Stangen Staudensellerie
(am besten aus der Mitte)
1/2 Chilischote
1 kleines Stück Ingwer
2 EL Olivenöl
Salz · Zucker
2 EL Panko (asiat. Paniermehl) oder
grobe Semmelbrösel
1 EL Orangenmarmelade
1 EL Balsamico bianco
1 EL Zitronensaft
Pfeffer aus der Mühle
10 Basilikumblätter

Für die Steaks:
je 1 Rumpsteak, Hüftsteak und Beefsteak
(à ca. 200 g, z. B. vom Galloway-Rind)
1 EL Olivenöl
1 EL Butterschmalz
einige Zweige Rosmarin und Thymian
1–2 Knoblauchzehen (angedrückt)
Fleur de Sel · gemörserter Pfeffer

ZUBEREITUNG

1. Für den Salat die Erdbeeren waschen, putzen und in kleine Würfel schneiden. Die Tomaten kreuzweise einritzen, überbrühen, häuten, vierteln und entkernen. Das Fruchtfleisch ebenfalls in feine Würfel schneiden.

2. Die Frühlingszwiebeln und den Staudensellerie putzen, waschen und in dünne Ringe bzw. Scheiben schneiden. Die Chilischote längs halbieren, entkernen und in feine Streifen schneiden. Den Ingwer schälen und reiben.

3. Das Olivenöl in einer Pfanne erhitzen. Die Frühlingszwiebeln und den Staudensellerie darin 1 bis 2 Minuten farblos andünsten. Den Knoblauch, die Chilischote, etwas Salz und Zucker hinzufügen und kurz mitrösten. Alle Zutaten mit dem Paniermehl mischen. Mit der Orangenmarmelade, dem Balsamico bianco, dem Zitronensaft, Salz und Pfeffer pikant abschmecken.

4. Die Basilikumblätter waschen, trocken schütteln, in kleine Stücke zupfen und mit dem Erdbeersalat vermengen. Nach Belieben noch ein paar Tropfen Olivenöl hinzufügen.

5. Für die Steaks den Fettrand vom Rumpsteak mehrmals einschneiden. Die Kräuter waschen und trocken schütteln. Das Olivenöl und das Butterschmalz in einer Pfanne erhitzen und die Steaks darin ungewürzt auf beiden Seiten scharf anbraten. Hat das Fleisch eine goldbraune Farbe, die Hitze reduzieren und die Steaks nach Belieben rare (etwa 2 bis 3 Minuten) oder medium (etwa 3 bis 4 Minuten) braten. Dabei Kräuter und Knoblauch in die Pfanne geben, damit die Steaks ein würziges Aroma bekommen. Das Rumpsteak und das Beefsteak schmecken mit einem rohen Kern am besten. Das Hüftsteak sollte hingegen etwas länger in der Pfanne bleiben und medium gegart werden.

6. Die Steaks nach dem Braten mit Fleur de Sel und gemörsertem Pfeffer würzen, in Scheiben schneiden und mit dem pikanten Erdbeersalat servieren.

TIPP

Anstelle von Rindersteaks können Sie auch gebratene Hähnchenbrust servieren. Fein schmeckt der Salat auch zu verschiedenen Käsesorten.

Bauerngockel-Salat
mit Gemüse

ZUTATEN FÜR 4 PERSONEN

1 küchenfertiges Bauernhuhn (1,2–1,4 kg)
1 Bund Suppengemüse · 1 Zwiebel
2 Lorbeerblätter · ca. 20 schwarze Pfefferkörner
Salz · 1 Kohlrabi · 1 Brokkoli
2 Stangen Staudensellerie
1 kleiner Zucchino · 20 Zuckerschoten
3 Frühlingszwiebeln · 1 scharfe Chilischote
150 g TK-Erbsen · 7–8 EL Olivenöl
Pfeffer aus der Mühle · Zucker
frisch geriebene Muskatnuss
200 g Sahne · 1 Ei · 2 EL gehackter Estragon
Saft von 1/2 Zitrone

ZUBEREITUNG

1. Huhn waschen, trocken tupfen und Brüste auslösen. Suppengemüse putzen, waschen bzw. schälen und klein schneiden. Zwiebel halbieren und auf den Schnittflächen schwarz rösten. Huhn, Suppengemüse, Zwiebel, Lorbeer, Pfeffer und etwas Salz in einem Topf mit Wasser knapp bedecken. Alles aufkochen, das Huhn 1 Stunde garen.

2. Gemüse putzen, schälen bzw. waschen und in Röschen teilen oder in Scheiben schneiden. Chili längs halbieren, entkernen, waschen und fein hacken. Kohlrabi, Brokkoli und Erbsen 3 bis 4 Minuten in etwas kochender Hühnerbrühe bissfest garen. Übriges Gemüse in einer Pfanne in 2 EL Olivenöl 2 bis 3 Minuten knackig braten. Mit Salz, Pfeffer, Zucker und Muskat würzen. Die Chili separat in 1 EL sehr heißem Olivenöl 2 bis 3 Minuten rösten.

3. Das Huhn herausnehmen, etwas abkühlen lassen. Fleisch von den Knochen lösen und in Stücke teilen, dabei die Haut entfernen. Brühe zuerst durch ein Sieb und dann durch ein Tuch passieren.

4. Hähnchenbrüste in Scheiben schneiden und in einer Pfanne in 1 EL Olivenöl 3 bis 4 Minuten kross braten, mit Chili und Salz würzen. Für die Mayonnaise Sahne, Ei, Estragon und Olivenöl pürieren und mit Salz, Zucker und etwas Zitronensaft würzen.

Eiersalat
mit Tomaten und Sellerie

ZUTATEN FÜR 4 PERSONEN

6 Eier
3 mittelgroße Tomaten
2 Stangen Staudensellerie
2 EL Naturjoghurt
2 EL Mayonnaise (Fertigprodukt)
1 TL Senf
1 TL Currypulver
2 EL gehackte gemischte Kräuter (z. B. Petersilie, Schnittlauch, Thymian)
Salz · Pfeffer aus der Mühle

ZUBEREITUNG

1. Die Eier hart kochen und kalt abschrecken. Abkühlen lassen, pellen und vierteln.

2. Die Tomaten waschen, vierteln, entkernen, die Stielansätze entfernen und das Fruchtfleisch in Würfel schneiden. Den Staudensellerie putzen, waschen und in Scheiben schneiden.

3. Joghurt, Mayonnaise, Senf, Currypulver und Kräuter in einer Schüssel verrühren. Die Eier, die Tomaten und den Sellerie hinzufügen und vermengen. Den Eiersalat mit Salz und Pfeffer würzen.

4. Zum Anrichten Gemüse, gekochtes und gebratenes Hühnerfleisch auf einer Platte verteilen. Mit der Mayonnaise beträufeln.

Linsensalat
mit Mango und Würzpaste

ZUTATEN FÜR 4–6 PERSONEN

200 g Berglinsen
2 Lorbeerblätter · 1 Zweig Salbei
1 Zweig Rosmarin · Salz · 2 Möhren
2 Stangen Staudensellerie · 2 Zucchini
2 EL Olivenöl · 200 ml Gemüsebrühe
4 Tomaten · 1 reife Mango · etwas Zitronensaft
1 Handvoll blanchierte Mandeln
1 EL Korianderkörner · 3–4 Lorbeerblätter
1 EL Kubebenpfeffer oder schwarzer Pfeffer
1 EL Piment · 1 daumendickes Stück Ingwer
1 EL gem. Kurkuma · 1 TL gem. Cumin
2 EL Thymianblättchen· 2 Zweige Minze
250 g Sahne · 2 EL körniger Senf
2 Bund Petersilie · Öl zum Frittieren
100 g Ziegenfrischkäse

ZUBEREITUNG

1. Linsen, Lorbeerblätter und Kräuter in Salzwasser aufkochen und etwa 15 Minuten sanft köcheln. In ein Sieb abgießen und abtropfen lassen, Kräuter entfernen. Möhren schälen und in dünne Scheiben schneiden. Sellerie und Zucchini putzen, waschen und klein schneiden. Gemüse in einer Pfanne im Öl 4 Minuten bissfest braten, ggf. etwas Brühe dazugeben.

2. Tomaten waschen, vierteln und entkernen, Stielansätze entfernen. Fruchtfleisch in Streifen schneiden. Mango schälen, Fruchtfleisch vom Stein schneiden und würfeln. Linsen mit Gemüse und Mango mischen, so viel Brühe hinzufügen, dass der Salat eine saftige Konsistenz hat. Mit Salz und Zitronensaft abschmecken. Mandeln, Gewürze, Thymian und Minze in der Küchenmaschine zu einer geschmeidigen, eher festen Gewürzpaste verarbeiten.

3. Sahne leicht erhitzen, Senf einrühren. Mit dem Stabmixer aufschäumen und mit etwas Zitronensaft würzen. Petersilie im Öl frittieren, abtropfen lassen. Jeweils etwas Sauce auf Teller geben, Linsensalat, Gewürzpaste und je 1 Klecks Ziegenfrischkäse daraufsetzen. Mit der frittierten Petersilie garnieren.

Herbstlicher Salat
mit Steinpilzen

ZUTATEN FÜR 4 PERSONEN

ca. 250 g gemischte Blattsalate (z. B. Römersalat, Eichblattsalat, Feldsalat etc.)
2 Handvoll gemischte Kräuter
(z. B. Basilikum, Estragon, Kerbel, Petersilie, Thymian, Koriander, Schnittlauch)
2 Knoblauchzehen
1 daumengroßes Stück Ingwer
1–2 EL Himbeeressig
2–3 Spritzer Zitronensaft
1/4 TL frisch geriebene Muskatnuss
5 EL Olivenöl · 3–4 Kirschtomaten
1 getrocknete Chilischote
Salz · Pfeffer aus der Mühle
etwas Gemüsefond
250 g frische Steinpilze
2–3 Frühlingszwiebeln
1 EL Olivenöl · 1 EL Butter

ZUBEREITUNG

1. Die Salate putzen, waschen, trocken schleudern und in mundgerechte Stücke schneiden.

2. Für die Vinaigrette die Kräuter waschen, trocken schütteln, die Blätter abzupfen und fein schneiden. Knoblauch und Ingwer schälen und fein reiben. Essig, Zitronensaft, Knoblauch, Ingwer, Muskat und Olivenöl verrühren, Kräuter untermischen. Tomaten waschen und vierteln. Viertel in die Vinaigrette geben und mit einer Gabel zerdrücken. Chili hineinbröseln. Mit Salz und Pfeffer würzen und mit Gemüsefond verdünnen.

3. Die Steinpilze putzen, falls nötig, trocken abreiben und in Scheiben schneiden. Die Frühlingszwiebeln putzen, waschen und in Ringe schneiden. Das Olivenöl und die Butter in einer Pfanne erhitzen und die Pilze darin vorsichtig 3 bis 4 Minuten braten. Mit Salz und Pfeffer würzen.

4. Die Salatblätter mit der Vinaigrette vermischen, auf Teller verteilen und die Steinpilze daraufgeben.

Spinat-Tomaten-Salat
mit Parmesan

ZUTATEN FÜR 4 PERSONEN

Für den Salat:
4 Tomaten
Zucker
Salz · Pfeffer aus der Mühle
ca. 5 EL Olivenöl
300 g junger Spinat
1 rote Zwiebel
100 g Parmesan (am Stück)
1 Chilischote

Für die Vinaigrette:
Saft von 1 Zitrone
3 EL Olivenöl
1 EL Walnussöl
Zucker · Salz

Außerdem:
ital. Weißbrot

ZUBEREITUNG

1. Die Tomaten waschen, vierteln und entkernen, dabei die Stielansätze entfernen . Das Fruchtfleisch in feine Streifen schneiden. Mit etwas Zucker, Salz, Pfeffer und etwa 2 EL Olivenöl marinieren und 30 Minuten durchziehen lassen.

2. Den Spinat verlesen, waschen, trocken schleudern und die Stiele entfernen. Die Zwiebel schälen und sehr fein hobeln. Den Parmesan mit dem Sparschäler in feine Späne hobeln. Die Chilischote zerdrücken und mit dem restlichen Olivenöl in ein kleines Schraubglas geben. So entsteht ein Chiliöl, welches sich einige Wochen hält.

3. Für die Vinaigrette den Zitronensaft, die Öle, Zucker und Salz verrühren.

4. Zum Anrichten den Spinat in eine flache große Schüssel geben. Die Tomaten, die Zwiebel und den Parmesan dazugeben, mit der Vinaigrette vermischen und mit dem Chiliöl leicht würzen. Sofort mit dem Brot servieren.

Spinatsalat
mit Minze und Berglinsen

ZUTATEN FÜR 4 PERSONEN

Für den Salat:
100 g Berglinsen (Du Puy; grüne Linsen)
1 TL geriebener Ingwer
abgeriebene Schale und Saft
von 1/2 Bio-Zitrone
1 EL gemahlener Cumin
2 EL Olivenöl · Salz
350 g junger Spinat
2 Bund Minze · 20 Kirschtomaten
20 kernlose Weintrauben · 1/2 Fladenbrot
Zucker

Für die Vinaigrette:
je 1 EL Weißwein- und Himbeeressig
1 EL Honig · 1 EL mittelscharfer Senf
1 EL Olivenöl · Salz · Zucker

ZUBEREITUNG

1. Die Linsen nach Packungsanweisung in Wasser (ohne Salz) etwa 30 Minuten kochen. Abgießen, kalt abspülen und in den Topf zurückgeben. Ingwer, Zitronenschale und -saft, Cumin und 1 EL Olivenöl zu den Linsen hinzufügen und durchziehen lassen. Mit Salz abschmecken.

2. Den Spinat verlesen, waschen, trocken schleudern und in eine große Schüssel geben. Die Minze waschen, trocken schütteln, die Blätter abzupfen und zum Spinat geben.

3. Tomaten und Trauben waschen und halbieren. Brot in mundgerechte Stücke schneiden und in einer Pfanne ohne Fett goldbraun rösten, herausnehmen. Übriges Olivenöl in der Pfanne erhitzen, Tomaten und Trauben darin kurz anbraten, durchschwenken und mit etwas Salz und Zucker würzen.

4. Für die Vinaigrette Weißwein- und Himbeeressig, Honig, Senf, Olivenöl, Salz und Zucker verrühren. Alle vorbereiteten Zutaten zum Spinat geben, die Vinaigrette hinzufügen und gut durchmischen.

Mediterraner Salat
mit Schafskäse

ZUTATEN FÜR 4 PERSONEN

100 g Feldsalat
2 Bund Rucola
10 Kirschtomaten
5 getrocknete Tomaten (in Öl)
2 EL Pinienkerne
150 g Feta (Schafskäse)
50 g Parmesan (am Stück)
1 EL Feigensenf
2 TL Aceto balsamico
2–3 EL Olivenöl
Salz · Pfeffer aus der Mühle · Zucker

ZUBEREITUNG

1. Den Feldsalat verlesen, waschen und gründlich trocken schleudern. Den Rucola verlesen, waschen und trocken schleudern, grobe Stiele entfernen. Die Blätter in mundgerechte Stücke zupfen. Die Tomaten waschen und halbieren.

2. Die eingelegten Tomaten abtropfen lassen, dann klein schneiden. Die Pinienkerne in einer Pfanne ohne Fett goldbraun rösten. Den Schafskäse in Würfel schneiden und den Parmesan in feine Späne hobeln.

3. Alle vorbereiteten Zutaten in einer großen Schüssel vermischen. Den Feigensenf, den Aceto balsamico und das Öl verrühren. Mit Salz, Pfeffer und Zucker pikant abschmecken. Die Vinaigrette über den Salat geben und mit den Zutaten vorsichtig vermengen.

Möhren-Orangen-Salat
mit Oliven

ZUTATEN FÜR 4 PERSONEN

1 kg Möhren · Salz
2 Frühlingszwiebeln
1 Bund Minze
2 Bio-Orangen
50 g Pinienkerne
30 schwarze Oliven (ohne Stein; z. B. Sorte Kalamata)
Pfeffer aus der Mühle
1–2 EL Olivenöl
Zitronensaft

ZUBEREITUNG

1. Die Möhren putzen, schälen, in Scheiben schneiden und in kochendem Salzwasser 3 Minuten garen. Abgießen, kalt abschrecken und in eine Schüssel geben.

2. Die Frühlingszwiebeln putzen, waschen und schräg in Ringe schneiden. Die Minze waschen, trocken schütteln, die Blätter abzupfen und fein schneiden.

3. Die Orangen heiß waschen, trocken reiben und die Schale abziehen. Die Früchte auspressen, den Saft erhitzen und leicht einkochen lassen. Etwas auskühlen lassen. Die Pinienkerne in einer Pfanne ohne Fett goldbraun rösten.

4. Den Orangensaft mit der Orangenschale zu den Möhren geben. Die Frühlingszwiebeln, die Oliven und die Pinienkerne hinzufügen und alles gut vermengen. Mit Salz, Pfeffer, Olivenöl und Zitronensaft abschmecken. Zuletzt die Minze darübergeben. Den Salat 20 Minuten durchziehen lassen, dann schmeckt er am besten.

Blattsalat
mit schwarzen Bohnen

ZUTATEN FÜR 4 PERSONEN

1 kleine Dose gegarte schwarze Bohnen (400 g Inhalt)
1 Bund Rucola
1 kleiner Römersalat
1 kleiner Eisbergsalat
4 EL Olivenöl
Saft von 1 Limette
ca. 1 EL Honig
Salz · Pfeffer aus der Mühle
10 Kirschtomaten
Zucker

ZUBEREITUNG

1. Die Bohnen in ein Sieb abgießen, mit kaltem Wasser abspülen und gut abtropfen lassen.

2. Den Rucola verlesen, waschen und trocken schleudern, grobe Stiele entfernen. Die Blätter zerzupfen. Den Römer- und Eisbergsalat putzen, waschen, trocken schleudern und in mundgerechte Stücke zupfen.

3. Für die Vinaigrette 2 EL Olivenöl, den Limettensaft, den Honig, Salz und Pfeffer verrühren.

4. Die Tomaten waschen und halbieren. Das restliche Olivenöl in einer Pfanne erhitzen und die Tomaten darin kurz anbraten, dabei mit etwas Zucker bestreuen.

5. Die Tomaten, die schwarzen Bohnen und die Vinaigrette zum Blattsalat geben und vorsichtig vermengen.

Asia-Kartoffelsalat
mit Curry

ZUTATEN FÜR 4 PERSONEN

1 kg festkochende Kartoffeln · Salz
4 Eier
4 Frühlingszwiebeln
2 Schalotten
1 EL Rapsöl
1 TL Currypulver
1/2 TL gemahlene Kurkuma
4 EL Naturjoghurt
2 EL Mayonnaise (Fertigprodukt)
1/2 Ananas
Pfeffer aus der Mühle
Zitronensaft

ZUBEREITUNG

1. Die Kartoffeln mit Schale gründlich waschen und in Salzwasser weich garen. Die Kartoffeln abgießen, ausdampfen lassen und möglichst heiß pellen. In dünne Scheiben schneiden.

2. Die Eier hart kochen. Die Frühlingszwiebeln putzen, waschen und in kleine Stücke schneiden. Die Schalotten schälen und in feine Würfel schneiden. Das Öl in einer Pfanne erhitzen und die Schalotten und die Frühlingszwiebeln darin andünsten.

3. Das Currypulver und die Kurkuma hinzufügen und leicht rösten. Die Pfanne von der Herdplatte ziehen, den Joghurt und die Mayonnaise unterrühren. Kartoffeln mit der Gewürzmasse vermengen.

4. Die Ananas schälen, halbieren und den harten Strunk herausschneiden. Das Fruchtfleisch in Würfel schneiden und zu dem Kartoffelsalat geben. Mit Salz, Pfeffer und etwas Zitronensaft würzen. Mindestens 30 Minuten durchziehen lassen.

5. Die Eier pellen, vierteln und vor dem Servieren auf dem Kartoffelsalat verteilen.

Schneller Kartoffelsalat
mit Joghurtdressing

ZUTATEN FÜR 4–6 PERSONEN

Für den Salat:
1 kg festkochende Kartoffeln
1 Zweig Rosmarin
2–3 Zweige Thymian
2 Knoblauchzehen (angedrückt)
100 ml Olivenöl · Salz
1/2 Salatgurke · 2 Schalotten
3 Frühlingszwiebeln

Für das Dressing:
150 g Naturjoghurt
1 EL Mayonnaise (Fertigprodukt)
2–3 EL Olivenöl · Salz

ZUBEREITUNG

1. Für den Salat die Kartoffeln schälen, waschen und in Scheiben schneiden. Die Kräuter waschen und trocken schütteln. Die Kartoffelscheiben mit den Kräutern und den angedrückten Knoblauchzehen in einen Topf oder Pfanne legen. So viel Wasser dazugießen, bis die Kartoffeln knapp bedeckt sind. Das Olivenöl und etwas Salz dazugeben, erhitzen und 6 bis 8 Minuten köcheln lassen. Die Kartoffelscheiben sollten gar sein, aber auch noch etwas Biss haben.

2. Das Wasser abgießen, dann die Kartoffelscheiben in eine Schüssel hineingeben. Die Kräuter und den Knoblauch entfernen. Die Salatgurke und die Schalotten schälen und in Scheiben, Würfel oder Stücke schneiden. Die Frühlingszwiebeln putzen, waschen und in Ringe schneiden.

3. Für das Dressing den Joghurt, die Mayonnaise und das Olivenöl verrühren und mit Salz würzen. Gurke, Schalotten, Frühlingszwiebeln und Dressing zu den Kartoffeln geben und alles gut vermengen. Den Salat vor dem Servieren noch etwas durchziehen lassen.

Kartoffelsalat
mit pochiertem Ei

ZUTATEN FÜR 4 PERSONEN

10 mittelgroße festkochende Kartoffeln
3 EL Olivenöl
Salz · 1/2 Salatgurke
3 Stangen Staudensellerie
3 Frühlingszwiebeln
4 EL Naturjoghurt
2 EL Sahne
2 EL Essig · 4 Eier

ZUBEREITUNG

1. Die Kartoffeln schälen, waschen, in Scheiben schneiden und in einen Topf geben. So viel Wasser dazugießen, das sie leicht bedeckt sind. 1 EL Olivenöl und Salz dazugeben und etwa 15 Minuten weich garen. Abgießen, sodass die Kartoffeln noch etwas feucht sind.

2. Die Gurke waschen, trocken reiben und in feine Würfel schneiden. Den Staudensellerie putzen, waschen und in feine Würfel schneiden. Die Frühlingszwiebeln putzen, waschen und in feine Ringe schneiden. Das Gemüse zu den Kartoffeln geben.

3. Den Joghurt, die Sahne und das restliche Olivenöl verrühren und mit Salz würzen. Joghurtsauce über den Salat geben und gut vermischen. Wer mehr Joghurt-Sahne-Geschmack möchte, erhöht einfach die Menge.

4. Den Essig und 1 l Wasser in einem Topf aufkochen. Die Eier einzeln zuerst in eine Tasse schlagen und dann in das leicht siedende Wasser gleiten lassen, dabei das Eiweiß mit 2 Löffeln über das Eigelb ziehen. Die Eier 3 Minuten ziehen lassen.

5. Mit dem Schaumlöffel herausheben und auf Küchenpapier abtropfen lassen. Auf den Kartoffelsalat geben, der lauwarm am besten schmeckt.

Rote-Bete-Salat
mit Rotkohl

ZUTATEN FÜR 4 PERSONEN

3 Rote Beten · Salz
500 g Rotkohl
3 Orangen
1/4 l Orangensaft
2 EL Preiselbeeren (aus dem Glas)
Pfeffer aus der Mühle · Zucker
Aceto balsamico

ZUBEREITUNG

1. Die Roten Beten unter fließendem Wasser gründlich abbürsten und in Salzwasser etwa 30 Minuten garen. Abgießen, abschrecken, etwas abkühlen lassen und am besten mit Einmalhandschuhen schälen. Rote Beten in feine Scheiben schneiden.

2. Den Rotkohl putzen und waschen. Die äußeren Blätter entfernen, den Kohl vierteln und den harten Strunk entfernen. Den Kohl sehr fein hobeln. Die Orange so großzügig schälen, dass auch die weiße Haut mit entfernt wird. Die Fruchtfilets zwischen den Trennwänden herausschneiden, dabei den Saft auffangen.

3. Den aufgefangenen Orangensaft mit dem restlichen Saft in einen Topf geben und um die Hälfte reduzieren. Alle vorbereiteten Zutaten in einer Schüssel gut vermengen. Die Preiselbeeren hinzufügen und alles mit Salz, Pfeffer, Zucker und etwas Aceto balsamico abschmecken.

TIPP

Anstatt der frischen Roten Bete kann man auch vorgegarte Rote Bete aus dem Vakuumpack verwenden.

Rotkohlsalat
mit Rosinen und Pinienkernen

ZUTATEN FÜR 4 PERSONEN

1 kleiner Rotkohl (ca. 800 g)
1 großer Apfel
1 EL Zucker
200 ml Orangensaft
50 g Rosinen
abgeriebene Schale von 1 Bio-Orange
1 EL Honig · Salz
50 g Pinienkerne
1 EL Walnuss- oder Haselnussöl
1 EL Olivenöl · 4 Scheiben Landbrot

ZUBEREITUNG

1. Den Rotkohl putzen und waschen. Die äußeren Blätter entfernen, den Kohl vierteln und den harten Strunk entfernen. Den Kohl mit einem scharfen Messer oder auf dem Gemüsehobel in feine Streifen schneiden oder hobeln. Den Apfel schälen, vierteln und das Kerngehäuse entfernen. Die Viertel in feine Streifen schneiden.

2. Den Zucker in einem Stieltopf karamellisieren und mit dem Orangensaft ablöschen. Die Rosinen, die Orangenschale und den Honig dazugeben. Diese Marinade bei schwacher Hitze 5 Minuten köcheln lassen, dann lauwarm über den Rotkohl gießen. Die Apfelstreifen dazugeben und alles mit etwas Salz würzen.

3. Die Pinienkerne in einer Pfanne ohne Fett rösten. Die Pinienkerne, das Nuss- und Olivenöl dazugeben und alles mit den Händen sehr gut vermengen. Den Salat 10 Minuten durchziehen lassen.

4. Das Brot in einer Pfanne ohne Fett rösten. Den Salat auf dem Landbrot servieren. Dazu passt ein Riesling mit einem süßlichen Abgang von der Mosel.

Schwarzer Winterrettich
mit Rucola und Räucherfisch

ZUTATEN FÜR 4 PERSONEN

1 schwarzer Winterrettich
Salz
1 Bund Schnittlauch
2 Bund Rucola
1 EL bunte Pfefferkörner
250 g Sauerrahm (saure Sahne)
1 TL süßer Senf
1 TL Balsamico bianco
3 EL Sonnenblumenöl
Pfeffer aus der Mühle
1 Räucherforelle
4 Scheiben Räucherlachs

ZUBEREITUNG

1. Den Rettich schälen und in feine Späne raspeln. Den geraspelten Rettich in ein Sieb geben, leicht salzen und etwa 20 Minuten ziehen lassen. Den Schnittlauch waschen, trocken tupfen und in feine Röllchen schneiden. Den Rucola verlesen, waschen, und trocken schleudern, grobe Stiele entfernen. Blätter in mundgerechte Stücke zupfen. Den bunten Pfeffer mörsern.

2. Das Wasser aus dem Rettich herausdrücken und die Späne mit dem Sauerrahm und den Schnittlauchröllchen vermischen. Mit dem bunten Pfeffer würzen.

3. Den Senf, den Balsamico, das Öl, Salz und Pfeffer zu einer Vinaigrette verrühren.

4. Die Forelle filetieren und in Stücke schneiden. Den Rucola auf Teller verteilen und mit der Vinaigrette beträufeln. Je 1 Klecks Rettich-Sauerrahm-Creme hinzufügen und alles mit den Forellenfilet-Stücken und den Lachsscheiben garnieren.

Hummersalat
mit Mango

ZUTATEN FÜR 4–6 PERSONEN

1 gekochter Hummer (oder 250–300 g ausgelöstes Hummerfleisch)
1 Mango
2 Tomaten · 4 Eigelb
200 ml Traubenkern- oder Sonnenblumenöl
1 EL Cognac
2 EL trockener Wermut (z. B. Noilly Prat)
1 EL Tomatenketchup
1 TL getrockneter oder 2 Zweige frischer Estragon
Salz · Pfeffer aus der Mühle
Zitronensaft

ZUBEREITUNG

1. Den Hummerschwanz vom Kopf lösen, teilen und das Fleisch entnehmen. Die Scheren anschlagen, die Schale entfernen und ebenfalls das Fleisch entnehmen. Das Hummerfleisch in mundgerechte Stücke schneiden.

2. Die Mango schälen, das Fruchtfleisch auf den flachen Seiten vom Stein schneiden und in feine Würfel oder Streifen schneiden. Die Tomaten kreuzweise einritzen, überbrühen, häuten, vierteln und entkernen. Das Fruchtfleisch in Würfel oder Streifen schneiden.

3. Für die Mayonnaise sollten alle Zutaten eine ähnliche Temperatur haben. Die Eigelbe mit den Quirlen des Handrührgeräts oder einem Schneebesen verquirlen. Nach und nach unter Rühren etwas Öl hinzufügen, bis eine Bindung entsteht. Jetzt etwas großzügiger das restliche Öl hinzugießen, bis die Mayonnaise eine sämige Konsistenz hat. Cognac, Wermut, Ketchup und Estragon unterrühren und mit Salz, Pfeffer und etwas Zitronensaft abschmecken.

4. Das Hummerfleisch, die Tomaten und die Mango mischen und unter die Mayonnaise rühren. Den Hummersalat am besten in hohen Gläsern oder Sektschalen servieren.

Geflügelsalat
mit Champignons

ZUTATEN FÜR 4 PERSONEN

400 g gegartes Geflügelfleisch (z. B. Pute, Huhn, Ente)
1/2 l Orangensaft
1/2 EL Currypulver
2 Frühlingszwiebeln
10 mittelgroße Champignons
1/2 Ananas · 1 EL Olivenöl
Salz · Zucker
Zitronensaft
200 g Naturjoghurt
1 EL Salatmayonnaise
1 EL Tomatenketchup · 1 TL Chilipulver
1/2 Bund Petersilie

ZUBEREITUNG

1. Das Geflügelfleisch, falls nötig, von den Knochen lösen, Knorpel und Haut entfernen, Fleisch in mundgerechte Stücke schneiden. Den Orangensaft zur dicklichen Konsistenz einkochen lassen, sodass 3 bis 4 EL übrig bleiben. Currypulver einrühren.

2. Die Frühlingszwiebeln putzen, waschen und in feine Streifen schneiden. Die Champignons putzen und in Scheiben schneiden. Die Ananas schälen, halbieren und den harten Strunk herausschneiden. Das Ananasfruchtfleisch in feine Scheiben schneiden. Das Olivenöl erhitzen und die Champignons darin ganz kurz andünsten. Mit Salz, 1 Prise Zucker und etwas Zitronensaft würzen. Die Pilze, die Frühlingszwiebeln und die Ananas zum Fleisch geben.

3. Joghurt, Mayonnaise, Ketchup und Chilipulver verrühren und etwas salzen. Die Marinade mit 2 EL Orangen-Curry-Mischung über den Salat geben, alles gut vermischen und durchziehen lassen.

4. Die Petersilie waschen, trocken schütteln, die Blätter abzupfen und fein hacken. Die Petersilie und eventuell noch etwas Orangen-Curry-Mischung dazugeben. Nach Belieben mit geröstetem Bauernbrot servieren.

Feldsalat
mit Hähnchenleber

ZUTATEN FÜR 4–6 PERSONEN

Für den Salat:
200 g Feldsalat
1 Mango
50 g Pinienkerne
frischer Meerrettich
500 g Hähnchenlebern
2 EL Butterschmalz
je einige Zweige Thymian und Rosmarin
2 Knoblauchzehen (angedrückt)
Salz · Pfeffer aus der Mühle

Für die Vinaigrette:
3 EL Olivenöl · 3 EL Walnussöl
1 EL Balsamico bianco
2 EL Himbeeressig
Salz · Zucker

ZUBEREITUNG

1. Für den Salat den Feldsalat verlesen, waschen und gründlich trocken schleudern. Die Mango schälen, das Fruchtfleisch auf den flachen Seiten vom Stein schneiden und in feine Streifen schneiden. Die Pinienkerne in einer beschichteten Pfanne ohne Fett rösten. Herausnehmen. Den Meerrettich schälen und raspeln.

2. Die Hähnchenlebern häuten, putzen, waschen und trocken tupfen. Das Butterschmalz in einer beschichteten Pfanne erhitzen und die Lebern darin anbraten. Den Thymian, den Rosmarin und die Knoblauchzehen dazugeben und bei mittlerer Hitze 3 bis 4 Minuten braten, dabei zwischendurch mit dem Bratfett beträufeln. Mit Salz und Pfeffer würzen.

3. Für die Vinaigrette alle Zutaten verrühren. Den Salat anrichten. Dafür zuerst die Mangostreifen auf Teller legen. Die Lebern und den Feldsalat dazugeben, mit etwas Meerrettich und den Pinienkernen bestreuen und mit der Vinaigrette beträufeln. Dazu passen Rotwein und Brot.

Kartoffel-Römersalat
mit Erdbeeren

ZUTATEN FÜR 4–6 PERSONEN

5 mittelgroße festkochende Kartoffeln
2 Zweige Rosmarin
1 Bund Frühlingszwiebeln
2 Knoblauchzehen (angedrückt) · Salz
2 EL Olivenöl · 1 Bund Radieschen
10 mittelgroße Tomaten · 250 g Erdbeeren
1 Römersalat · Zucker · Saft von 1/2 Zitrone
200 ml Sojamilch · 1 EL Ahornsirup
2 EL Olivenöl oder Rapsöl
1 EL Rapsöl

ZUBEREITUNG

1. Kartoffeln schälen, waschen und in Scheiben schneiden. Rosmarin waschen, trocken tupfen. Frühlingszwiebeln putzen, waschen. Zwei davon in dünne Scheiben schneiden und mit Kartoffeln, Rosmarin und Knoblauch in Salzwasser mit 1 EL Öl weich garen. Restliche Frühlingszwiebeln in grobe Scheiben schneiden. Radieschen putzen, waschen und halbieren, das Grün fein hacken. Tomaten waschen und halbieren, dabei Stielansätze entfernen. Erdbeeren waschen, putzen und ganz lassen.

2. Die Kartoffeln abgießen, dabei etwas Sud auffangen. Römersalat putzen, waschen und in grobe Stücke schneiden. Mit übrigem Öl, Salz, Zucker und etwas Zitronensaft marinieren.

3. Sojamilch, Ahornsirup und Oliven- oder Rapsöl mit dem Stabmixer aufschäumen und mit Salz und Zitronensaft würzen.

4. Rapsöl in einer beschichteten Pfanne erhitzen und Frühlingszwiebeln, Tomaten und Radieschen darin etwa 2 Minuten anbraten. Mit Salz und Zucker würzen.

5. Den Salat auf eine Platte geben, Kartoffeln mit etwas Sud dazusetzen. Das gebratene Gemüse und Erdbeeren darauf verteilen. Mit Radieschengrün bestreuen und die Sojamarinade darübergeben. Dazu passen Fladenbrot und ein frischer italienischer Weißwein, z. B. aus der Toskana.

Kartoffel-Linsen-Salat
mit Pflaumendressing

ZUTATEN FÜR 4 PERSONEN

1 kg festkochende Bio-Kartoffeln · Salz
3 EL Olivenöl
1 Dose gekochte Linsen (800 g Inhalt) oder
250 g getrocknete Berglinsen
1 Bund Frühlingszwiebeln
3 TL Pflaumenmus
2 EL Sojasauce
3 EL Aceto balsamico
Pfeffer aus der Mühle

ZUBEREITUNG

1. Den Backofen auf 200 °C vorheizen. Die Kartoffeln mit der Schale gründlich waschen, vierteln und auf ein mit Backpapier ausgelegtes Backblech legen. Mit Salz würzen und mit dem Olivenöl beträufeln. Im Ofen etwa 30 Minuten backen.

2. Die Linsen aus der Dose auf einem Sieb abtropfen lassen oder die getrockneten Linsen nach Packungsanweisung in Wasser (ohne Salz) etwa 30 Minuten kochen, abgießen und kalt abschrecken. Die Frühlingszwiebeln putzen, waschen und in feine Ringe schneiden.

3. Für das Dressing das Pflaumenmus, die Sojasauce und den Aceto balsamico verrühren. Mit Salz und Pfeffer würzen. Die Linsen und die Frühlingszwiebeln hinzufügen und mit dem Dressing verrühren.

4. Die Kartoffeln aus dem Ofen nehmen und in eine große Schüssel geben. Das Dressing mit den Linsen und Frühlingszwiebeln darübergeben, alles vermengen und etwas ziehen lassen.

Kartoffelsalat
mit Aal und Feldsalat

ZUTATEN FÜR 4 PERSONEN

1 kg festkochende Kartoffeln
Salz · 1 TL ganzer Kümmel
1/4 l Fleischbrühe
100 g durchwachsener Speck
2 Schalotten
1 EL Butterschmalz
2–3 EL Weinessig
Pfeffer aus der Mühle
50 g Feldsalat
100 g geräucherte Aalfilets

ZUBEREITUNG

1. Die Kartoffeln mit der Schale gründlich waschen und in Salzwasser mit Kümmel weich garen. Die Kartoffeln abgießen, ausdampfen lassen und möglichst heiß pellen. Die Kartoffeln in dünne Scheiben schneiden und in eine Schüssel geben. Die Brühe etwas erwärmen und über die Kartoffeln gießen.

2. Den Speck in feine Würfel schneiden. Die Schalotten schälen und ebenfalls in feine Würfel schneiden.

3. Das Butterschmalz in einer beschichteten Pfanne erhitzen, den Speck und die Schalotten darin farblos anbraten und zu den Kartoffeln geben. Alles vermengen und mit dem Essig, Salz und Pfeffer abschmecken. Den Salat etwa 30 Minuten durchziehen lassen.

4. Den Feldsalat verlesen, waschen und trocken schleudern. Die Aalfilets in mundgerechte Würfel schneiden. Den Aal und den Feldsalat erst kurz vor dem Servieren zu den Kartoffeln hinzufügen und vermengen.

Krabbensalat
mit Gemüse

ZUTATEN FÜR 4–6 PERSONEN

2 Möhren
2 Stangen Staudensellerie
1 kleine Stange Lauch · Salz
250–300 g Nordseekrabbenfleisch
(ca. 1 kg ungepulte Krabben)
je 1/2 Bund Dill und Petersilie
1 EL Weißweinessig
ca. 1 EL Zitronensaft
2–3 EL Olivenöl
Pfeffer aus der Mühle
4–6 Scheiben Schwarzbrot oder Baguette
2–3 EL Crème fraîche

ZUBEREITUNG

1. Die Möhren putzen, schälen und in sehr feine Streifen oder Würfel schneiden. Den Staudensellerie und den Lauch putzen, waschen und ebenfalls in sehr feine Streifen oder Würfel schneiden.

2. Das Gemüse in kochendem Salzwasser etwa 1 Minute bissfest garen. Abgießen, kalt abschrecken und trocken tupfen. Das Gemüse und das Krabbenfleisch in einer Schüssel vermischen.

3. Den Dill waschen, trocken schütteln, die Spitzen abzupfen und fein hacken. Die Petersilie waschen, trocken schütteln, die Blätter abzupfen und fein hacken.

4. Den Essig, den Zitronensaft, das Olivenöl, Salz und Pfeffer verrühren. Die Vinaigrette und die Kräuter zu dem Salat hinzufügen und alles vermischen. Nochmals abschmecken.

5. Die Schwarzbrotscheiben mit Crème fraîche bestreichen. Darauf eine gute Portion Krabbensalat geben. Wer es leichter mag, kann die Krabben auch als kleinen Snack mit Baguette servieren.

Heringssalat
mit Äpfeln und Rucola

ZUTATEN FÜR 4 PERSONEN

6 Bismarckheringe
1/2 l Apfelsaft
2 Äpfel
3–4 Stangen Staudensellerie
1/2 Bund Petersilie
1 Bund Rucola
1 EL Kapern
3 EL Naturjoghurt
2 EL Mayonnaise (Fertigprodukt)
Salz · Zucker

ZUBEREITUNG

1. Die Bismarckheringe in mundgerechte Stücke teilen. Den Apfelsaft in einem Topf auf 100 ml einkochen lassen. Die Äpfel schälen, vierteln, das Kerngehäuse entfernen und in feine Scheiben schneiden. Den Staudensellerie putzen, waschen und in kleine Stücke schneiden.

2. Die Petersilie waschen, trocken schütteln, die Blättchen abzupfen und fein hacken. Den Rucola verlesen, waschen, trocken schleudern und grobe Stiele entfernen. Die Blättchen zerzupfen. Die Kapern grob hacken.

3. Alle Salatzutaten mischen. Den Joghurt, die Mayonnaise und den Apfelsaft verrühren. Mit Salz und etwas Zucker abschmecken. Das Dressing zu dem Salat geben und alles gut vermengen.

TIPP

Nach Belieben die Menge an Joghurt- oder Mayonnaise noch erhöhen.

Portulaksalat
mit pochiertem Ei

ZUTATEN FÜR 6 PERSONEN

2–3 Bund Portulak
4 große neue festkochende Kartoffeln
Salz
2 EL Walnussöl
2 EL Olivenöl
2 EL Crema di balsamico bianco
abgeriebene Schale und Saft von 1 Bio-Zitrone
frisch geriebene Muskatnuss
4 EL Weißweinessig
4 Eier

ZUBEREITUNG

1. Den Portulak verlesen, waschen und trocken schleudern.

2. Die Kartoffeln schälen, waschen, in Stücke schneiden und in Salzwasser weich garen.

3. Für die Marinade Öle, Balsamico-Creme, Zitronenschale und -saft, Salz und 1 Prise Muskatnuss verrühren. Über den Salat geben.

4. Essig und 1 l Wasser in einen Topf geben und aufkochen. Die Eier einzeln zuerst in eine Tasse schlagen und dann in das leicht siedende Essigwasser gleiten lassen, dabei vorsichtig das Eiweiß mit zwei Löffeln über das Eigelb ziehen. Die Eier etwa 4 Minuten ziehen lassen. Mit dem Schaumlöffel vorsichtig herausheben und auf Küchenpapier abtropfen lassen.

5. Die Kartoffeln abgießen, ausdampfen lassen und durch die Presse drücken. Mit Salz und Muskatnuss abschmecken. Das Kartoffelpüree auf vier Teller verteilen. Den Salat und je 1 pochiertes Ei daraufsetzen.

TIPP

Sie können den Salat anstatt mit Portulak auch mit 2 Bund Bärlauch und 1 Bund Rucola zubereiten. Dazu passen auch halbierte Kirschtomaten.

Mediterraner Blumenkohlsalat
mit Oliven und getrockneten Tomaten

ZUTATEN FÜR 4 PERSONEN

1 Blumenkohl
1 Zwiebel
1 Bund Suppengemüse
3 Tomaten
2 EL Butter
Meersalz
2 Eier
2 Frühlingszwiebeln
1 scharfe Chilischote
3 Knoblauchzehen
abgeriebene Schale von 1 Bio-Zitrone
20 schwarze Oliven (ohne Stein)
6 getrocknete Tomaten (in Öl)
Olivenöl
Zitronensaft

ZUBEREITUNG

1. Den Blumenkohl putzen, waschen und in Röschen teilen. Die groben Strünke halbieren. Die Zwiebel halbieren und auf den Schnittflächen in einer Pfanne ohne Fett schwarz rösten.

2. Das Suppengemüse putzen, waschen bzw. schälen und in Stücke schneiden. Die Tomaten waschen und vierteln, dabei die Stielansätze entfernen.

3. Die Eier hart kochen, kalt abschrecken und pellen. Blumenkohlstrünke, Suppengemüse, Tomaten, Zwiebelhälften und Butter in 1 1/2 l Salzwasser aufkochen. Die Temperatur reduzieren und alles 1 Stunde ohne Deckel köcheln.

4. Den Sud durch ein Sieb gießen und die Hälfte davon einkochen lassen, bis etwa 1/4 l der Flüssigkeit übrig ist.

5. Die Blumenkohlröschen in kochendem Salzwasser etwa 5 Minuten bissfest garen. Herausnehmen und abtropfen lassen.

6. Die Frühlingszwiebeln putzen, waschen und in kleine Stücke schneiden. Die Chilischote längs halbieren, entkernen, waschen und in feine Würfel schneiden. Den Knoblauch schälen und ebenfalls in feine Würfel schneiden.

7. Frühlingszwiebeln, Chilischote, Knoblauch, abgeriebene Zitronenschale und Oliven in den Blumenkohlsud geben und alles 5 Minuten ziehen lassen.

8. Marinade über die Blumenkohlröschen gießen. Die eingelegten Tomaten abtropfen lassen und in Streifen schneiden. Die Eier achteln und mit den Tomatenstreifen zum Blumenkohl geben. Mit Meersalz, Olivenöl und etwas Zitronensaft würzen.

»Bauer Dehde heißt eigentlich Klaus-Heinrich, aber alle nennen ihn Brellow – und keiner weiß, warum. Ist ja auch egal, solange seine Äpfel wie Paradiesfrüchte schmecken.«

»Klaus-Heinrichs Frau Marion ist die Seele des Obstbauernhofs im schönen Alten Land, das gleich hinter meinem Garten in Stade beginnt.«

»Aus der Gärtnerei Stachel kommen die besten Kräuter auf dem Markt. Die Stachels züchten auch edle Tomatensorten wie Roma oder San Marzano, die ich gerne für meine Gerichte verwende.«

Jeder Mensch braucht eine Heimat. Ich habe gleich zwei davon. Meine kulinarische Heimat ist Hamburg, mein Zuhause aber ist Stade. Hier wurde ich geboren, hierher ziehe ich mich vom Stress der Dreharbeiten und meines Versicherungsgeschäftes zurück. Am liebsten gehe ich auf den Markt, frühmorgens, wenn noch wenig los ist und ich mit den Leuten schnacken kann, die hier teilweise seit Jahrzehnten ihre Stände aufbauen. Absolute Pflicht ist jedes Mal ein Besuch bei den Dehdes, die den größten Stand auf dem Stader Markt haben und die ganzen Schätze aus ihrem Obstbauernhof im Alten Land darbieten. Das ist das größte zusammenhängende Obstanbaugebiet Europas, ein Garten Eden für Äpfel, Kirschen, Aprikosen. Die Dehdes experimentieren sogar mit deutschen Pfirsichen und züchten eine uralte Butterbirnensorte namens „Conference", die sonst keiner mehr anbaut. Hier finde ich aber auch die besten Kartoffeln, die ausgefallensten Tomatenarten und alle Kräuter, die man sich nur wünschen kann. Und dann sage ich mir immer: Glücklich, wer eine solche Heimat hat!

»Multikulti in der stolzen Hansestadt Stade: Rolf Heinzel versorgt mich mit Kartoffeln und Erol Gezer mit türkischen Spezialitäten, wobei immer Zeit für einen Schnack bleibt.«

»Vierzig Brötchensorten backen Uwe Hintemann und seine Kinder Britta und Ingo für den Markt. Da kann man sich leicht vorstellen, wie es in ihrem Wagen duftet.«

Gemüse & Co.

Ratatouille
mit Melone

ZUTATEN FÜR 4–6 PERSONEN

1 mittelgroße Aubergine
je 1 rote, gelbe und orange Paprikaschote
1 Zucchino · 4 Tomaten
3 Schalotten · 2 Knoblauchzehen
5 EL Olivenöl
Salz · Pfeffer aus der Mühle
1 Galia-Melone
1/2 scharfe Chilischote
20 Blätter Basilikum
2 Zweige Rosmarin · 3 Zweige Thymian
Olivenöl zum Abschmecken

ZUBEREITUNG

1. Die Aubergine putzen, waschen und in Würfel schneiden. Die Paprikaschoten längs halbieren, entkernen, waschen, schälen und in Würfel schneiden. Den Zucchino putzen, waschen, längs halbieren, entkernen und in Würfel schneiden. Die Tomaten waschen, vierteln, dabei die Stielansätze entfernen und entkernen. Das Fruchtfleisch in Streifen schneiden. Die Schalotten und die Knoblauchzehen schälen und in feine Streifen schneiden.

2. In einer Pfanne 3 EL Olivenöl erhitzen und die Auberginen darin etwa 10 Minuten braten. Mit Salz und Pfeffer würzen. Das restliche Öl in einer zweiten Pfanne erhitzen. Paprika, Zucchini, Schalotten und Knoblauch hineingeben und etwa 5 Minuten braten. Mit Salz und Pfeffer würzen. Die fast garen Auberginen und die Tomaten dazugeben, gut vermischen und weitere 8 bis 10 Minuten schmoren.

3. Die Melone halbieren, die Kerne entfernen und das Fruchtfleisch mit einem Kugelausstecher herauslösen. Die Chilischote längs halbieren, entkernen, waschen und sehr fein hacken. Die Kräuter waschen, trocken tupfen und die Blättchen bzw. Nadeln fein hacken. Alles unter das Gemüse mischen. Mit etwas Olivenöl, Salz und Pfeffer abschmecken und auf geröstetem Brot, als Beilage zu gegrilltem Fisch oder solo servieren.

Schmorkartoffeln
mit Rucola-Erdbeer-Salat

ZUTATEN FÜR 4 PERSONEN

Für den Salat:
1 Bund Rucola · 10 Erdbeeren
2 EL Olivenöl · 1/2 EL Himbeeressig
2 EL Aceto balsamico · 1 EL grüner Pfeffer

Für die Schmorkartoffeln:
10 mittelgroße neue festkochende Kartoffeln
3 Zwiebeln
3 EL Butterschmalz
Salz · 1/2 Bund Thymian (oder Petersilie)
frisch geriebene Muskatnuss
je 10 zerstoßene Piment- und Pfefferkörner

ZUBEREITUNG

1. Für den Salat den Rucola verlesen, waschen und trocken schleudern, grobe Stiele entfernen. Den Rucola in mundgerechte Stücke zupfen. Die Erdbeeren waschen, putzen und in Scheiben schneiden. Olivenöl, Himbeeressig, Aceto balsamico und gehackten grünen Pfeffer verrühren.

2. Für die Schmorkartoffeln die Kartoffeln schälen, waschen und in feine Scheiben hobeln. Die Zwiebeln schälen und ebenfalls fein hobeln. Das Butterschmalz in einer Pfanne erhitzen, die Kartoffeln und die Zwiebeln 3 Minuten anbraten. Mit Salz würzen, wenden, die Temperatur herunterschalten und offen etwa 10 Minuten braten. Zwischendurch nach Belieben immer etwas lauwarmes Wasser angießen, sodass die Kartoffeln und Zwiebeln leicht schmoren und nicht bräunen.

3. Den Thymian waschen, trocken tupfen und die Blättchen abzupfen. Die Schmorkartoffeln mit Muskatnuss und der Piment-Pfeffer-Mischung würzen und mit Thymian bestreuen.

4. Die Marinade mit dem Rucola und den Erdbeeren mischen. Den Salat mit den Schmorkartoffeln servieren.

Steckrübe
mit Apfel und Birne

ZUTATEN FÜR 4 PERSONEN

1 Steckrübe (ca. 1,2 kg)
4 mittelgroße festkochende Kartoffeln
3 Möhren · 3 Schalotten
2 Knoblauchzehen
150 g Mettwurst (am Stück)
je 1 Zweig Lorbeer und Salbei
3 Zweige Rosmarin
1 EL Olivenöl
1 EL Butter
Salz · Pfeffer aus der Mühle · Zucker
je 1 Apfel und Birne
Olivenöl zum Beträufeln

ZUBEREITUNG

1. Die Steckrübe schälen und in feine Würfel schneiden. Die Kartoffeln schälen, waschen und in kleine Würfel schneiden. Die Möhren putzen, schälen und ebenfalls in Würfel schneiden. Die Schalotten und die Knoblauchzehen schälen und in Streifen schneiden. Die Mettwurst in mundgerechte Stücke schneiden. Die Kräuter waschen, trocken schütteln, 2 Zweige Rosmarin beiseitelegen, den Rest zusammenbinden.

2. Das Olivenöl und die Butter in einem Schmortopf erhitzen. Die Mettwurst, die Schalotten und den Knoblauch darin andünsten. Das Gemüse dazugeben und andünsten. Mit Salz, Pfeffer und 1 Prise Zucker würzen. Mit Wasser ablöschen, bis alles zu drei Vierteln bedeckt ist. Das Kräuterbund dazugeben und zugedeckt 20 bis 25 Minuten garen.

3. Den Apfel und die Birne schälen, vierteln, entkernen und in kleine Würfel schneiden. In den Topf geben, untermischen, nochmals abschmecken und 5 Minuten köcheln lassen.

4. Von den restlichen Rosmarinzweigen die Nadeln abzupfen und sehr fein hacken. Zum Anrichten das Gemüse auf Teller verteilen, gehackten Rosmarin und einen Strahl Olivenöl darübergeben.

Steckrübencurry
mit Basmati-Reis

ZUTATEN FÜR 4 PERSONEN

1 Steckrübe (1,3–1,5 kg)
4 Zwiebeln · 4 Möhren
2 rote Paprikaschoten
2 EL Butterschmalz
Salz · Zucker
1 gehäufter EL Currypulver (z. B. Anapurna)
ca. 1 l Gemüsebrühe
1 Bio-Zitrone
ca. 300 g Basmati-Reis
2 Mangos
2 Bund Petersilie
2 EL Olivenöl

ZUBEREITUNG

1. Die Steckrübe schälen und in Würfel schneiden. Die Zwiebeln schälen und in Streifen schneiden. Die Möhren putzen, schälen und in Streifen schneiden. Die Paprikaschoten längs halbieren, entkernen, waschen, schälen und in Stücke schneiden.

2. Das Butterschmalz erhitzen, das Gemüse dazugeben und andünsten. Mit Salz und 1 Prise Zucker würzen. Das Currypulver hineinstreuen, alles gut anrösten und mit der Brühe ablöschen. Die Zitrone heiß waschen, trocken reiben, halbieren, den Saft und beide Hälften dazugeben. Zugedeckt 30 Minuten köcheln lassen.

3. Den Reis in einem Sieb gründlich mit kaltem Wasser abspülen. In einen Topf mit der doppelten Menge Salzwasser zugedeckt bei schwacher Hitze etwa 20 Minuten garen.

4. Die Mangos schälen, das Fruchtfleisch auf den flachen Seiten vom Stein schneiden und in Würfel schneiden. Die Petersilie waschen, trocken schütteln und die Blätter abzupfen. Beides zum Steckrübencurry dazugeben und eventuell noch etwas mit Zucker und Salz würzen. Das Olivenöl hinzufügen. Mit dem Basmati-Reis servieren.

Brokkoliröschen
mit Curry-Gewürz-Reis

ZUTATEN FÜR 4 PERSONEN

Für den Curryreis:
3 Tassen Basmati-Reis
Salz
3 Schalotten
1 Chilischote
3 Tomaten
1/2 Bund Petersilie
2 EL Rapsöl
2 EL frischer Knoblauch (nur das Grüne)
1 EL Currypulver
1 TL Kurkuma
1/2 l Gemüsebrühe
abgeriebene Schale und Saft von 1/2 Bio-Zitrone

Für den Brokkoli:
500–600 g Brokkoli
Salz
etwas Rapsöl
frisch geriebene Muskatnuss

ZUBEREITUNG

1. Für den Curryreis den Reis in einem Sieb gründlich mit kaltem Wasser abspülen. In einen Topf mit 6 Tassen Salzwasser zugedeckt bei schwacher Hitze etwa 20 Minuten garen.

2. Inzwischen die Schalotten schälen und in Scheiben schneiden. Die Chilischote längs halbieren, entkernen, waschen und fein hacken.

3. Die Tomaten kreuzweise einritzen und mit kochendem Wasser überbrühen. Dann die Tomaten häuten, vierteln und entkernen. Die Petersilie waschen, trocken schütteln, die Blättchen abzupfen und fein hacken.

4. Für den Brokkoli den Brokkoli putzen, waschen und in Röschen teilen. In kochendem Salzwasser 4 Minuten garen. Abgießen, kalt abschrecken und abtropfen lassen.

5. Für den Curryreis das Rapsöl in einer Pfanne erhitzen, den Knoblauch, die Chilischote und die Schalotten darin andünsten. Das Currypulver und den Kurkuma dazugeben, alles gut vermengen und mit etwas Brühe ablöschen.

6. Anschließend den Basmati-Reis dazugeben und alles mit Zitronenschale und -saft würzen. Die gehackte Petersilie und das Tomatenfleisch hinzufügen und alles mit der restlichen Brühe aufgießen, sodass der Reis schön saftig wird. Eventuell noch mit Salz abschmecken.

7. Eine Grillpfanne mit etwas Rapsöl auspinseln und die Brokkoliröschen darin 2 bis 3 Minuten kräftig braten. Den Brokkoli mit Salz und Muskatnuss würzen.

8. Den Curryreis auf einer Platte anrichten, den Brokkoli dazugeben und servieren.

Gefüllte Tomaten
mit Kartoffel-Möhren-Stampf

ZUTATEN FÜR 4 PERSONEN

Für die Tomaten:
4 mittelgroße Tomaten (z. B. Vierländer Platte oder Fleischtomaten) oder 8 kleinere
100 ml Tomatensaft · 1 EL Tomatenmark
Salz · Zucker · 1 Dose Kichererbsen (400 g)
1 Knoblauchzehe · 3 Stiele Petersilie
1 EL Olivenöl · 1 EL geröstetes Sesamöl
Saft von 1/2 Zitrone
abgeriebene Schale von 1 Bio-Orange
4 EL Paniermehl · 1 EL gemahlener Cumin
Olivenöl zum Beträufeln

Für den Kartoffel-Möhren-Stampf:
3 Möhren · 3 mehligkochende Kartoffeln
Salz · 1–2 EL Olivenöl

ZUBEREITUNG

1. Tomaten waschen, jeweils einen Deckel abschneiden und Tomaten aushöhlen. Reste und Deckel mit Tomatensaft und -mark, Salz und 1 Prise Zucker pürieren und in eine Auflaufform geben.

2. Backofen auf 180 °C vorheizen. Kichererbsen in ein Sieb abgießen, kalt abbrausen und abtropfen lassen. Knoblauch schälen, Petersilie waschen, trocken tupfen und Blätter abzupfen, Stiele beiseitelegen. Die vorbereiteten Zutaten, Öle und Zitronensaft mit dem Stabmixer sämig pürieren. Mit Salz, 1 Prise Zucker und Orangenschale würzen und die Masse in die Tomaten füllen.

3. Tomaten in die Form stellen. Paniermehl mit Cumin über die Tomaten streuen, mit Olivenöl beträufeln und im heißen Ofen 15 Minuten garen.

4. Für den Stampf Möhren schälen und würfeln. Kartoffeln schälen, waschen und in Stücke schneiden. Beides in Salzwasser weich garen, abgießen, grob zerstampfen, mit Salz und Olivenöl abschmecken.

5. Zum Servieren den Stampf auf Teller verteilen, je 1 Tomate daraufsetzen, den Sud dazugeben und mit den Petersilienstielen bestreuen.

Schmorgurke
mit Melonenfüllung

ZUTATEN FÜR 6 PERSONEN

200 g Basmati-Reis · Salz
3 mittelgroße Schmorgurken
2 Schalotten · 2 Knoblauchzehen
1 scharfe Chilischote
1 Bund Frühlingszwiebeln
1 Stück Wassermelone (350–400 g; mit Schale)
2 EL Olivenöl · 1 EL gemahlene Kurkuma
1 EL Currypulver · Zucker
2 EL Tomatenmark · 1/2 l Tomatensaft
6 EL Paniermehl · Olivenöl zum Beträufeln

ZUBEREITUNG

1. Den Reis in einem Sieb mit kaltem Wasser spülen. In einen Topf mit 400 ml Salzwasser zugedeckt bei schwacher Hitze etwa 20 Minuten garen.

2. Die Schmorgurken schälen, längs halbieren und entkernen, dabei einen etwa 1/2 cm breiten Rand stehen lassen. Die Schalotten und den Knoblauch schälen und fein hacken. Die Chilischote längs halbieren, entkernen, waschen und fein hacken. Die Frühlingszwiebeln putzen, waschen und in Ringe schneiden. Die Wassermelone schälen und in kleine Stücke schneiden, dabei eventuell vorhandene Kerne entfernen.

3. Den Backofen auf 180 °C vorheizen. 2 EL Olivenöl erhitzen, die Schalotten, den Knoblauch und die Frühlingszwiebeln darin andünsten. Kurkuma und Curry dazugeben und andünsten. Den Chili und den Reis hinzufügen und untermischen. Zuletzt die Wassermelone dazugeben und alles mit Salz und 1 Prise Zucker abschmecken.

4. Das Tomatenmark mit Tomatensaft, 1 Prise Zucker und Salz in einer großen Bratpfanne mit hohem Rand verrühren. Die ausgehöhlten Gurken hineinlegen und mit der Basmati-Reismischung füllen. Zuletzt je 1 EL Paniermehl darauf verteilen und mit etwas Olivenöl beträufeln. Im heißen Ofen 40 Minuten garen. Herausnehmen und servieren. Auch kalt ein Genuss.

Paprikaschoten
mit Reisfüllung

ZUTATEN FÜR 6 PERSONEN

3 Tassen Basmati-Reis · Salz
6 rote Paprikaschoten · 2 Stangen Staudensellerie
2 Frühlingszwiebeln · 1/2 Salatgurke
2 Knoblauchzehen
1 rote, mittelscharfe Chilischote
1 walnussgroßes Stück Ingwer · 3 EL Rosinen
5 EL Olivenöl · 2 EL Currypulver
50 g Pinienkerne · Saft von 2 Limetten
Zucker · 700 ml Tomatensaft
500 g Naturjoghurt
abgeriebene Schale von 1 Bio-Limette

ZUBEREITUNG

1. Den Reis in einem Sieb mit kaltem Wasser abspülen. In einen Topf mit 6 Tassen Salzwasser zugedeckt bei schwacher Hitze etwa 20 Minuten garen.

2. Von den Paprikaschoten den Deckel abschneiden, Schoten putzen, waschen und beiseitestellen. Sellerie und Frühlingszwiebeln putzen, waschen und in Würfel bzw. Ringe schneiden. Gurke waschen, längs halbieren, entkernen und klein würfeln. Knoblauch schälen und fein würfeln. Chili längs halbieren, entkernen, waschen und hacken. Ingwer schälen und fein reiben. Rosinen in etwas Wasser einweichen.

3. Gemüse in einer Pfanne in 2 EL Olivenöl andünsten. Currypulver dazugeben und mit anrösten. Pinienkerne, Ingwer und Rosinen mit Einweichwasser hinzufügen und unter den gekochten Reis mischen. Mit dem Saft von 1 Limette, Salz und etwas Zucker abschmecken. Paprikaschoten füllen, Deckel aufsetzen. 2 EL Olivenöl und 1 EL Zucker darin karamellisieren. Mit Tomatensaft ablöschen, salzen. Paprika hineinstellen und zugedeckt bei mittlerer Hitze 25 Minuten köcheln lassen.

4. Für den Dip Joghurt mit restlichem Olivenöl, übrigem Limettensaft und -schale verrühren, salzen. Paprika mit Tomatensauce, Dip und Petersilie servieren. Dazu passt Fladenbrot.

Auberginen aus dem Ofen
mit Kartoffelpüree

ZUTATEN FÜR 4 PERSONEN

Für die Auberginen:
2 mittelgroße Auberginen
6 EL Sonnenblumenöl
Salz · Pfeffer aus der Mühle · Zucker
1 Chilischote · 2 Knoblauchzehen
1 Dose geschälte Tomaten (800 g Inhalt)
2 EL Tomatenmark · 1/4 l Tomatensaft
20 schwarze Oliven (ohne Stein)
ca. 2 EL Olivenöl · 4 EL Semmelbrösel
Öl zum Beträufeln

Für das Püree:
6 mittelgroße mehligkochende Kartoffeln
Salz · 2 EL Olivenöl · ca. 1/4 l Sojasahne
frisch geriebene Muskatnuss

ZUBEREITUNG

1. Die Auberginen putzen, waschen und in 1 1/2 cm dicke Scheiben schneiden. Das Sonnenblumenöl in einer Pfanne erhitzen und die Auberginen darin portionsweise etwa 3 Minuten braten. Mit Salz, Pfeffer und 1 Prise Zucker würzen. Herausnehmen und auf Küchenpapier entfetten.

2. Backofen auf 200 °C vorheizen. Chili längs halbieren, entkernen, waschen und fein hacken. Knoblauch schälen und fein hacken. Dosentomaten auf ein Backblech oder in eine große Auflaufform geben, leicht zerdrücken. Tomatenmark und -saft, Oliven, Chili, Knoblauch, 1 EL Olivenöl, Salz und 1 Prise Zucker untermischen. Auberginen hineinlegen, salzen und mit Semmelbröseln bestreuen. Mit etwas Olivenöl beträufeln, dann 30 Minuten im Ofen garen und überbacken.

3. Für das Püree Kartoffeln schälen und in Salzwasser weich garen. Abgießen, ausdampfen lassen und durch eine Kartoffelpresse drücken. Mit Olivenöl und Sojasahne zu einem lockeren Püree verarbeiten. Mit Salz und Muskatnuss würzen. Das Püree mit Auberginen und Tomatensud servieren.

Kohlrouladen
im Tomatensud

ZUTATEN FÜR 10–12 STÜCK

Salz · 2 mittelgroße Köpfe Weißkohl
2 altbackene Brötchen · ca. 3/4 l Brühe
2 Zwiebeln · 4 EL Butterschmalz
1 kg Rinderhackfleisch · 2 Eier
je 1 EL gehackter Thymian und Rosmarin
Pfeffer aus der Mühle · 1 scharfe Chilischote
20 g Zucker · 1 Dose Tomaten (800 g Inhalt)
2 Knoblauchzehen (angedrückt) · 1 EL Olivenöl

ZUBEREITUNG

1. In einem großen Topf reichlich Salzwasser aufkochen. Kohl putzen, Strunk entfernen und Kohl im Salzwasser einige Minuten köcheln lassen. Herausheben, äußere Blätter ablösen und kalt abschrecken. Kohl wieder einige Minuten köcheln und herausnehmen. Nochmals äußere Blätter ablösen und kalt abschrecken. Auf diese Art und Weise 10 bis 12 Blätter ablösen. Blätter trocken tupfen und die dicken Mittelrippen flach schneiden.

2. Brötchen in 1/4 l Brühe einweichen und pürieren. Zwiebel schälen, fein würfeln und in 1 EL heißem Butterschmalz andünsten. Rinderhack mit Eiern, eingeweichten Brötchen, Thymian, Rosmarin und Zwiebeln mischen, salzen und pfeffern.

3. Kohlblätter auf der Arbeitsfläche auslegen, Hackmasse darauf verteilen, dabei jeweils einen etwa 1/2 cm breiten Rand frei lassen. Längsseiten über der Füllung einschlagen und die Blätter aufrollen. Mit Holzspieß oder Küchengarn fixieren.

4. Chili längs halbieren, entkernen, waschen und fein hacken. Rouladen in einem breiten Topf im übrigen Schmalz anbraten, mit Zucker bestreuen und bräunen. Herausnehmen, Tomaten, restliche Brühe, Chili und Knoblauch in das Bratfett geben und Tomaten zerdrücken. Rouladen wieder hineinlegen und zugedeckt bei schwacher Hitze 1 1/2 Stunden schmoren. Mit Olivenöl, Salz, Pfeffer und nach Belieben mit Thymian und Rosmarin abschmecken. Ideale Begleiter sind Kartoffeln und Rotwein.

Ofenkürbis
mit Schafskäse

ZUTATEN FÜR 4 PERSONEN

Für den Kürbis:
1,2–1,5 kg Muskatkürbis
je 1 Zweig Rosmarin, Thymian und Salbei
2 Knoblauchzehen
abgeriebene Schale von 1 Bio-Orange
1 EL Butterschmalz
2 EL Olivenöl · Salz · Zucker

Für die Marinade:
5 Tomaten · 3 Orangen
1 EL Honig · 1 EL Olivenöl
2 EL fein geschnittene Thymianblättchen
Pfeffer aus der Mühle
200 g Feta (Schafskäse)
Kürbiskernöl zum Verfeinern

ZUBEREITUNG

1. Für den Kürbis den Backofen auf 200 °C vorheizen. Kürbis schälen und die Kerne mit einem Löffel entfernen. Fruchtfleisch in Spalten schneiden. Ein Backblech mit Backpapier auslegen und die Kürbisspalten darauf verteilen. Kräuter waschen, trocken schütteln, Blätter abzupfen. Knoblauch schälen und in Scheiben schneiden. Kräuter, Knoblauch, Orangenschale, Schmalz und Olivenöl über den Kürbis geben und mit Salz und Zucker würzen. Im Ofen 20 bis 30 Minuten garen, dabei einmal wenden und unbedingt eine Garprobe machen.

2. Für die Marinade die Tomaten waschen und vierteln, dabei die Stielansätze entfernen. Orangen mit der weißen Haut schälen, Filets zwischen den Trennwänden herausschneiden, dabei den Saft auffangen und in eine Schüssel geben. Tomaten, Honig, Olivenöl, Thymian und Pfeffer dazugeben und alles gut vermengen.

3. Den Kürbis aus dem Backofen nehmen, auf eine Platte geben und mit der Marinade beträufeln. Den zerbröselten Feta darüber verteilen und mit einem Schuss Kürbiskernöl verfeinern.

Gemüsegratin
mit Roter Bete und Kartoffeln

ZUTATEN FÜR 4 PERSONEN

4 mittelgroße Rote Beten
Salz · 1 TL Kümmel · Zucker
6 mittelgroße festkochende Kartoffeln
1 Knoblauchzehe
1 walnussgroßes Stück Ingwer
je 10 Pfeffer- und Pimentkörner
1 TL gemahlener Cumin
frisch geriebene Muskatnuss
1 TL Meersalz · Butter und Öl für die Form
1/2 l Gemüsebrühe · Olivenöl zum Beträufeln
300 g Feldsalat · 1 Birne · 1 EL Himbeeressig
2 EL Rapsöl · Pfeffer aus der Mühle
100 g geriebener Parmesan

ZUBEREITUNG

1. Die Roten Beten unter fließendem Wasser abbürsten und in Salzwasser mit Kümmel und 1 Prise Zucker etwa 30 Minuten garen. Abgießen, abschrecken und auskühlen lassen. Dann schälen (Einmalhandschuhe!) und in Scheiben scheiden.

2. Kartoffeln schälen, waschen und in feine Scheiben schneiden. Knoblauch schälen und fein hacken. Ingwer schälen und fein reiben. Gewürze im Mörser zerstoßen, Knoblauch und Ingwer untermischen.

3. Den Backofen auf 180 °C vorheizen. Eine Auflaufform mit Butter und Öl fetten. Zuerst 1 Schicht Kartoffeln hineinlegen und salzen, dann Rote Bete darauflegen und mit der Gewürzmischung bestreuen. Noch 1 Schicht Kartoffeln darauflegen, mit Brühe angießen, bis zur Rote-Bete-Schicht sollte alles bedeckt sein. Mit etwas Olivenöl beträufeln und im Ofen 35 bis 40 Minuten garen.

4. Feldsalat verlesen, waschen und trocken schleudern. Birne schälen, vierteln, entkernen und klein schneiden. Essig, Rapsöl, Salz, Pfeffer und 1 Prise Zucker verrühren, mit Birne durchziehen lassen.

5. Gratin herausnehmen, mit Parmesan bestreuen und nochmals 10 Minuten backen. Feldsalat zum Servieren mit den marinierten Birnen mischen.

Feine Gratins
in zwei Varianten

ZUTATEN FÜR 4 PERSONEN

Für die klassische Variante:
4 große neue festkochende Kartoffeln · Butter
1 Stange Lauch · 15 g durchwachsener Speck
je 5 Piment- und Pfefferkörner · Salz
125 ml Milch · 125 g Sahne
Olivenöl zum Beträufeln

Für die mediterrane Variante:
4 große neue festkochende Kartoffeln · Olivenöl
2 Knoblauchzehen · 1 Zweig Rosmarin
5 Zweige Thymian · Salz · 125 ml Milch
125 g Sahne · Butter · 4 Tomatenscheiben

ZUBEREITUNG

1. Backofen auf 200 °C vorheizen. Für beide Varianten Kartoffeln schälen und fein hobeln. Je eine ofenfeste Pfanne mit hohem Rand (26 cm Durchmesser) für die klassische Variante mit Butter und für die mediterrane Variante mit Olivenöl auspinseln.

2. Für die klassische Variante Lauch putzen, waschen und in feine Scheiben schneiden. Speck in feine Würfel schneiden. Piment- und Pfefferkörner mörsern. Die Hälfte der Kartoffeln in die Pfanne schichten. Lauch, Speck und Gewürze darübergeben, salzen. Restliche Kartoffeln darauflegen. Milch und Sahne verrühren, darübergießen. Etwas Olivenöl oder Butter daraufgeben.

3. Für die mediterrane Variante Knoblauch schälen und fein hacken. Kräuter waschen, trocken tupfen, die Blätter fein hacken. Die Hälfte der Kartoffeln in die Pfanne schichten. Knoblauch und Kräuter darauf verteilen, salzen. Restliche Kartoffeln darauflegen. Milch und Sahne verrühren, darübergießen. Etwas Olivenöl oder Butter daraufgeben.

4. Die Gratins im Ofen auf der mittleren Schiene 15 bis 20 Minuten garen. Bei der mediterranen Version 5 Minuten vor Garzeitende Tomaten auflegen. Die Gratins sollen eine leicht braune Kruste haben und das Milch-Sahne-Gemisch aufgesogen sein.

Pilzomelett
mit Feldsalat

ZUTATEN FÜR 4 PERSONEN

Für das Omelett:
250 g gemischte Pilze (Champignons, Austernpilze, Kräutersaitlinge, Shiitake)
2 Schalotten · 1 Bund Schnittlauch
1 EL Butter · 4 Eier · 100 ml Milch
Salz · Pfeffer aus der Mühle

Für den Salat:
200 g Feldsalat · 2 EL Apfelessig · 100 ml Brühe
Salz · Pfeffer aus der Mühle
2 EL Kürbiskernöl · 4 EL Rapsöl
10 geröstete Kürbiskerne

ZUBEREITUNG

1. Für das Omelett die Pilze putzen und, falls nötig, mit Küchenpapier trocken abreiben und in Streifen schneiden. Die Schalotten schälen und in feine Würfel schneiden. Den Schnittlauch waschen, trocken schütteln und fein schneiden.

2. Den Backofen auf 160 °C vorheizen. Die Butter in einer ofenfesten Pfanne erhitzen und die Hälfte vom Schnittlauch und die Schalotten darin andünsten. Die Pilze hinzufügen und bei mittlerer Hitze 3 bis 4 Minuten braten, bis sie gar sind. Die Eier, die Milch und den restlichen Schnittlauch mit einem Schneebesen verquirlen. Mit Salz und Pfeffer würzen. Die Eimasse über die Pilze gießen, die Pfanne in den Ofen stellen und das Omelett 10 Minuten backen.

3. Für den Salat den Feldsalat verlesen, waschen und gründlich trocken schleudern. Den Apfelessig, die Brühe, Salz und Pfeffer verrühren. Die Öle hinzufügen. Die gerösteten Kürbiskerne in einem Mörser zerstoßen und in die Vinaigrette geben.

4. Den Feldsalat auf Teller verteilen und mit der Vinaigrette beträufeln. Das Omelett aus dem Ofen nehmen, in Stücke schneiden und zum Salat auf die Teller legen und servieren.

Wirsing
mit Pastinakenpüree

ZUTATEN FÜR 4 PERSONEN

Für den Wirsing:
1 Wirsing (1,4–1,6 kg) · Salz · 50 g Pinienkerne
1 walnussgroßes Stück Ingwer · 100 g Butter
Saft von 2 Orangen · 1 TL zerstoßener Kümmel
abgeriebene Schale von 1 Bio-Orange
Salz · Zucker
grob zerstoßener schwarzer Pfeffer

Für das Pastinakenpüree:
4 mittelgroße Pastinaken
2 mittelgroße mehligkochende Kartoffeln
Salz · 200 ml Milch · 100 g Sahne
50 g Butter · frisch geriebene Muskatnuss

ZUBEREITUNG

1. Wirsing putzen, waschen und vierteln, den Strunk entfernen. Kohl in mundgerechte Stücke schneiden und in kochendem Salzwasser 3 Minuten blanchieren. Abschrecken und trocken schleudern. Pinienkerne in einer Pfanne ohne Fett rösten. Ingwer schälen und fein reiben.

2. Für das Püree Pastinaken und Kartoffeln schälen und in Würfel schneiden. Beides in Salzwasser etwa 15 Minuten kochen.

3. Die Butter erhitzen und den Wirsing darin andünsten. Mit 1/4 l Wasser und Orangensaft ablöschen. Pinienkerne, Ingwer, Kümmel und Orangenschale dazugeben. Mit Salz und Zucker würzen und offen bei mittlerer Hitze 10 Minuten köcheln. Nach dem Garen nochmals abschmecken.

4. Milch, Sahne und Butter erhitzen. Pastinaken und Kartoffeln abgießen, ausdampfen lassen und Milchmischung dazugießen, grob zerstampfen. Falls das Püree zu fest ist, noch etwas Milch und Sahne dazugießen. Mit Salz und Muskat würzen.

5. Je 1 Klecks Püree auf die Teller geben, den Wirsing dazusetzen und mit etwas Pfeffer und abgeriebener Orangenschale bestreuen.

Rösti
mit Linsen

ZUTATEN FÜR 4 PERSONEN

Für die Linsen:
3 Schalotten
1/2 Bund Petersilie
200 g Berg- oder Belugalinsen
1 Knoblauchzehe (angedrückt)
1 Scheibe Ingwer
1 EL Olivenöl
Salz · Pfeffer aus der Mühle
Zucker · 2 EL Aceto balsamico

Für die Rösti:
5 mittelgroße festkochende Kartoffeln
Salz · frisch geriebene Muskatnuss
4 EL Olivenöl
1 EL gehackte Thymianblättchen

Außerdem:
4 Stangen Staudensellerie
1 EL Olivenöl
Salz · Zucker
Olivenöl zum Beträufeln

ZUBEREITUNG

1. Für die Linsen die Schalotten schälen und in Scheiben schneiden. Die Petersilie waschen, trocken tupfen, die Blättchen abzupfen und grob hacken. Die Linsen mit der angedrückten Knoblauchzehe, dem Ingwer und die Hälfte der Schalottenscheiben in Wasser (ohne Salz) etwa 30 Minuten garen.

2. Für die Rösti die Kartoffeln schälen, waschen und grob in ein Geschirrtuch reiben. Das Geschirrtuch kräftig eindrehen und den Saft aus den Kartoffeln drücken. Die Kartoffeln mit Salz und frisch geriebener Muskatnuss würzen.

3. Das Olivenöl in einer Pfanne erhitzen, die Kartoffelspäne hineingeben, zu einer breiten Rösti verteilen und leicht andrücken. Die Rösti bei mittlerer Hitze 5 bis 6 Minuten braten, bis die eine Seite kross, goldbraun und fest ist. Wenden, mit dem Thymian bestreuen und weitere 5 bis 6 Minuten goldbraun braten.

4. Die Linsen in ein Sieb abgießen und abbrausen. Das Olivenöl erhitzen und die restlichen Schalotten darin andünsten. Dann die Linsen und die Petersilie dazugeben, alles mit Salz, Pfeffer und 1 Prise Zucker würzen und aufwärmen. Mit Aceto balsamico abschmecken.

5. Den Staudensellerie putzen, waschen und in feine Streifen schneiden. Das Olivenöl erhitzen und den Staudensellerie darin 1 Minute braten. Mit Salz und Zucker würzen.

6. Die Rösti in 4 Stücke teilen, auf Teller verteilen und die Linsen daraufgeben. Mit dem Staudensellerie belegen und mit Olivenöl beträufeln.

TIPP

Zusätzlich passt Tofu gut zu der Rösti. Dafür 200 g Tofu in Scheiben schneiden und bei mittlerer Hitze in 1 EL Olivenöl knusprig braun braten. Mit Salz und Pfeffer würzen und mit dem Staudensellerie auf die Linsen geben.

Kartoffeln
mit Stübbels

ZUTATEN FÜR 4 PERSONEN

8 neue festkochende Kartoffeln
2 Zweige Rosmarin
1 EL Olivenöl · Salz
2 Schalotten
150 g durchwachsener Speck
1 EL Butterschmalz · 1/4 l Hühnerbrühe
200 g Sahne
150 g Crème fraîche
1 Bund Schnittlauch · 30 g Mehl
50 g Butter · 6 Eigelb
Salz · Pfeffer aus der Mühle

ZUBEREITUNG

1. Die Kartoffeln mit der Schale gründlich waschen, längs halbieren und mit dem Rosmarin, dem Olivenöl in Salzwasser weich garen.

2. Die Schalotten schälen und längs in Streifen schneiden. Speck in Streifen schneiden. Butterschmalz in einem Topf erhitzen, Schalotten und Speck darin andünsten. Mit Brühe, Sahne und Crème fraîche ablöschen. Mindestens 10 Minuten köcheln lassen, damit Speck und Schalotten gar werden.

3. Schnittlauch waschen, trocken schütteln und fein schneiden. Mehl und Butter verkneten und die Flüssigkeit damit sämig andicken. Danach alles noch etwas köcheln lassen, damit der Mehlgeschmack verschwindet. Eigelbe verquirlen und mit dem Schnittlauch dazugeben, vom Herd nehmen. Das Eigelb stockt, kommt an die Oberfläche, und die Stübbels sind fertig. Gegebenenfalls mit Salz und Pfeffer würzen, meistens reicht der Speck als Würze.

4. Die Kartoffeln abgießen, ausdampfen lassen und mit Stübbels servieren.

TIPP

Als Alternative: Die Kartoffeln mit frischem Salbei, einer angedrückten Knoblauchzehe, Meersalz und Olivenöl garen.

Lauchgemüse
mit Kartoffel-Knoblauch-Püree

ZUTATEN FÜR 4 PERSONEN

Für das Lauchgemüse:
4 mitteldicke Stangen Lauch
200 g Champignons · 4 Tomaten
3 EL Rapsöl · 3 EL Butter · 1/4 l Gemüsebrühe
Salz · Pfeffer aus der Mühle · Zucker
abgeriebene Schale und Saft von
1/2 Bio-Zitrone

Für das Kartoffel-Knoblauch-Püree:
6 Knoblauchzehen
6 mittelgroße mehligkochende Kartoffeln
Salz · 250 g Sahne · 1/4 l Milch
2 EL Olivenöl · frisch geriebene Muskatnuss

ZUBEREITUNG

1. Für das Gemüse Lauch putzen, waschen und in Stücke schneiden. Pilze putzen und, falls nötig, trocken abreiben. Pilze in feine Scheiben schneiden. Tomaten waschen, vierteln, dabei Stielansätze entfernen, und würfeln.

2. Für das Püree Knoblauch schälen. Kartoffeln schälen, waschen, in Stücke schneiden und mit Knoblauch in Salzwasser etwa 20 Minuten weich garen.

3. In einer großen Pfanne je 2 EL Rapsöl und Butter erhitzen und den Lauch darin leicht anbraten. Mit Brühe ablöschen. Mit Salz, Pfeffer, 1 Prise Zucker und Zitronenschale würzen und zugedeckt bei mittlerer Hitze 15 Minuten garen.

4. Übriges Rapsöl und restliche Butter in einer Pfanne erhitzen, Pilze darin 4 bis 5 Minuten anbraten. Tomaten dazugeben und erhitzen. Mit Zitronensaft, Salz und 1 Prise Zucker würzen. Nach Belieben noch mit etwas Chili oder Pfeffer würzen.

5. Sahne und Milch erhitzen. Kartoffeln abgießen, ausdampfen lassen und durch eine Kartoffelpresse drücken. Milchmischung und Olivenöl unterrühren. Mit Salz und Muskatnuss würzen. Das Püree mit dem Lauchgemüse und den Pilzen servieren.

Blumenkohlpüree
mit Krabben

ZUTATEN FÜR 4 PERSONEN

1 kleiner Blumenkohl
2–3 mehligkochende Kartoffeln
1 Bund Petersilie
Salz · 200 g Sahne
50 g weiche Butter
frisch geriebene Muskatnuss
150 g Crème fraîche
2 EL Olivenöl · Zucker
200 g Nordseekrabben

ZUBEREITUNG

1. Den Blumenkohl putzen, waschen und in Röschen teilen. 2 bis 3 Blumenkohlröschen zum Braten beiseitelegen. Die Kartoffeln schälen, waschen und in Würfel scheiden. Die Petersilie waschen, trocken schütteln, die Blättchen abzupfen und fein hacken.

2. Den Blumenkohl und die Kartoffeln in Salzwasser 15 Minuten weich kochen, dann abgießen und etwas abdämpfen lassen. Das Gemüse zurück in den Topf geben und mit dem Kartoffelstampfer zerkleinern. Die Sahne erwärmen und mit der Butter in kleinen Portionen hinzufügen und mit einem Rührlöffel oder Schneebesen kräftig verrühren, bis das Püree eine cremige Konsistenz hat. Mit Salz und Muskatnuss würzen.

3. Die zurückgelegten Blumenkohlröschen hacken. Das Olivenöl in einer Pfanne erhitzen und den Blumenkohl darin etwa 1 Minute braten. Mit Salz und 1 Prise Zucker würzen.

4. Nun wie folgt anrichten: Zuerst das Püree auf Teller geben. Darauf die Krabben verteilen und einen Klecks Crème fraîche hinzufügen. Zuletzt mit etwas Petersilie bestreuen. Nach Belieben noch mit grob geschrotetem schwarzem Pfeffer würzen und mit einigen Tropfen Olivenöl beträufeln.

Blumenkohl
mit Garnelen und Tomaten

ZUTATEN FÜR 6 PERSONEN

Für den Kartoffelstampf:
1 kg mehligkochende Kartoffeln · Salz
1/4 l Milch · 250 g Sahne
2 EL Olivenöl · frisch geriebene Muskatnuss

Für den Blumenkohl:
500 g Garnelen (ohne Kopf, mit Schale)
2 Tomaten · 1/2 Bund Petersilie · 2 Schalotten
1 Knoblauchzehe · 1 mittelgroßer Blumenkohl
Salz · 1 Bio-Zitrone · 2 EL Olivenöl
1/4 l Brühe · 200 g Sahne
abgeriebene Schale und Saft von 1 Bio-Limette
Pfeffer aus der Mühle

ZUBEREITUNG

1. Für den Stampf Kartoffeln schälen, waschen, in Stücke schneiden und in Salzwasser etwa 20 Minuten garen.

2. Für den Blumenkohl Garnelen schälen, am Rücken entlang (nicht zu tief) einschneiden und den Darm entfernen. Garnelen waschen, trocken tupfen und klein schneiden. Tomaten kreuzweise einritzen, überbrühen, häuten, vierteln und entkernen. Fruchtfleisch würfeln. Petersilie waschen, trocken schütteln, die Blätter fein hacken. Schalotten und Knoblauch schälen und fein hacken. Blumenkohl putzen, waschen, in mittelgroße Röschen teilen. In Salzwasser mit Zitronensaft und ausgedrückter Zitrone 5 bis 10 Minuten bissfest garen.

3. Das Öl in einer Pfanne erhitzen und Garnelen, Schalotten und Knoblauch darin anbraten. Mit Brühe und Sahne ablöschen, 2 bis 3 Minuten köcheln. Tomaten, Petersilie, Limettenschale und -saft dazugeben, salzen und pfeffern.

4. Kartoffeln abgießen, ausdampfen lassen und zerstampfen. Milch und Sahne erhitzen, mit Öl und Kartoffelmasse zu einem lockeren Püree verarbeiten, mit Salz und Muskatnuss würzen. Sauce über Blumenkohl geben, mit Kartoffelstampf servieren.

Gefüllte Mairübchen
im Tomatenbett

ZUTATEN FÜR 4 PERSONEN

4 Mairübchen mit Grün · Salz
3 mittelgroße festkochende Kartoffeln
3 mittelgroße Tomaten · Zucker
Rapsöl · frisch geriebene Muskatnuss
abgeriebene Schale von 1 Bio-Zitrone
Pfeffer aus der Mühle
1 Tasse Panko (asiat. Paniermehl)
1 Dose geschälte Tomaten (400 g Inhalt)
1 scharfe Chilischote · 1 EL Tomatenmark
100 ml Tomatensaft
1 EL Himbeeressig oder -marmelade

ZUBEREITUNG

1. Stiele der Mairübchen bis auf 1 bis 2 cm abschneiden. Mairübchen schälen und jeweils einen Deckel mit Grün abschneiden. Rübchen aushöhlen, Deckel und Rübchen in kochendem Salzwasser 3 Minuten blanchieren.

2. Kartoffeln schälen, waschen und klein schneiden. Ausgehöhltes der Rübchen mit Kartoffeln in Salzwasser garen. Tomaten waschen, vierteln, Stielansätze und Kerne entfernen. Fruchtfleisch würfeln, mit 1 Prise Zucker, Salz und Öl abschmecken.

3. Backofen auf 200 °C (Umluft plus Grillstufe) vorheizen. Kartoffeln und das Ausgehöhlte der Rübchen abgießen, ausdampfen lassen und zerstampfen. Mit Öl, Muskatnuss Zitronenschale, Salz und Pfeffer kräftig würzen und Mairübchen damit füllen. Tomatenwürfel daraufsetzen, mit etwas Paniermehl bestreuen und mit Öl beträufeln.

4. Dosentomaten in eine Auflaufform geben und zerkleinern. Chilis längs halbieren, entkernen, waschen und fein hacken. Tomatenmark und -saft unterrühren, mit Salz, Pfeffer, Zucker, Himbeeressig oder -marmelade und Chili würzen. Mairübchen auf das Ragout setzen und im Ofen 15 Minuten überbacken. Die Deckel kurz vor Garzeitende im Ofen erwärmen. Tomatensauce auf Teller geben, darauf die Rüben setzen. Mit etwas Öl beträufeln.

Schmorgurken
in Dillsauce

ZUTATEN FÜR 4 PERSONEN

Für die Schmorgurken:
2 mittelgroße Schmorgurken (à 400–500 g)
2 Schalotten · 2 Knoblauchzehen
2 EL Butterschmalz · Salz · Zucker
200 ml trockener Weißwein (z. B. Riesling)
1 Bund Dill
1 Becher Crème fraîche (150 g)
frisch geriebene Muskatnuss
Zitronensaft

Für das Püree:
1 kg mehligkochende Kartoffeln · Salz
250 g Sahne · 2 EL Olivenöl
frisch geriebene Muskatnuss

ZUBEREITUNG

1. Für die Schmorgurken die Gurken schälen, längs halbieren, entkernen und in mundgerechte Stücke schneiden. Die Schalotten und den Knoblauch schälen und in sehr feine Würfel schneiden. Das Butterschmalz erhitzen, die Gurken, den Knoblauch und die Schalotten darin andünsten. Mit Salz und 1 Prise Zucker würzen und mit dem Weißwein und 200 ml Wasser ablöschen. Das Gemüse 20 bis 25 Minuten garen. Auf jeden Fall die Garprobe machen und ein Stück Gurke probieren, sie garen unterschiedlich.

2. Für das Püree Kartoffeln schälen, waschen, in Stücke schneiden und in Salzwasser etwa 20 Minuten garen. Sahne erhitzen. Die Kartoffeln abgießen, ausdampfen lassen und durch die Kartoffelpresse drücken. Sahne und Olivenöl dazugießen und unterrühren. Mit Salz und Muskatnuss würzen.

3. Den Dill waschen, trocken schütteln, die Spitzen abschneiden und fein hacken. Die Crème fraîche und den Dill unter die Gurken mischen und mit 1 Prise Muskatnuss und etwas Zitronensaft abschmecken. Die Schmorgurken mit dem Kartoffelpüree servieren.

Pochierte Eier
mit Rahmspinat und Kartoffelpüree

ZUTATEN FÜR 4 PERSONEN

Für das Kartoffelpüree:
1 kg mehligkochende Kartoffeln · Salz
125 ml Milch
125 g Sahne
1 EL Butter
2 EL Olivenöl
Pfeffer aus der Mühle
frisch geriebene Muskatnuss

Für den Rahmspinat:
1 kg junger Blattspinat
2 Schalotten
1 Knoblauchzehe
1 EL Butter
2 EL Olivenöl
150 g Sahne
Salz · Pfeffer aus der Mühle
frisch geriebene Muskatnuss

Für die pochierten Eier:
4 EL Weißweinessig
4 Eier
Meersalz · Pfeffer aus der Mühle
20 g geriebener Parmesan

ZUBEREITUNG

1. Für das Püree die Kartoffeln schälen, waschen und grob in Stücke schneiden. In Salzwasser etwa 20 Minuten weich garen.

2. Für den Rahmspinat den Spinat verlesen, gründlich waschen und gut abtropfen lassen. Die Schalotten und den Knoblauch schälen und in feine Würfel schneiden.

3. Die Butter und das Olivenöl in einem Topf erhitzen, die Schalotten und den Knoblauch darin andünsten. Nach und nach den Spinat hinzufügen, bis er zusammenfällt. Spinat bei schwacher Hitze 3 bis 4 Minuten garen, dabei immer wieder umrühren.

4. Dann die Sahne dazugießen und den Spinat mit dem Stabmixer pürieren. Mit Salz, Pfeffer und Muskatnuss abschmecken.

5. Für die pochierten Eier den Essig und 1 l Wasser in einen Topf geben und aufkochen. Die Eier einzeln zuerst in eine Tasse schlagen und dann in das leicht siedende Essigwasser gleiten lassen, dabei vorsichtig das Eiweiß mit zwei Löffeln über das Eigelb ziehen. Die Eier etwa 4 Minuten ziehen lassen. Mit dem Schaumlöffel vorsichtig herausheben und auf Küchenpapier abtropfen lassen.

6. Die Kartoffeln abgießen und ausdampfen lassen. Die Milch, die Sahne und die Butter in einem Topf erhitzen. Die Kartoffeln durch eine Katoffelpresse drücken und die Milch-Sahne-Mischung unterrühren. Das Püree mt Olivenöl, Salz, Pfeffer und Muskatnuss abschmecken.

7. Den Rahmspinat auf Teller verteilen, dann je 1 Portion Kartoffelpüree in die Mitte setzen. Jeweils 1 pochiertes Ei auf das Püree legen und mit Meersalz, Pfeffer und etwas Parmesan bestreuen.

TIPP

Sie können die pochierten Eier anstatt mit Kartoffelpüree auch einfach mit Salz- oder Pellkartoffeln servieren.

Senfeier
mit Roter Bete

ZUTATEN FÜR 6 PERSONEN

6 festkochende Kartoffeln · Salz
500 g Rote Beten (vorgegart und vakuumiert)
1 EL Olivenöl
Pfeffer aus der Mühle · Zucker
1 EL Thymianblättchen
200 g Naturjoghurt
2 EL scharfer Senf
50 g Butter
4 EL Weißweinessig
6 Eier
Olivenöl zum Verfeinern
4 Zweige Thymian

ZUBEREITUNG

1. Die Kartoffeln schälen, waschen, in Scheiben schneiden und in Salzwasser 10 bis 15 Minuten gar kochen. Abgießen, ausdampfen lassen und warm stellen.

2. Die Roten Beten in Scheiben schneiden. Das Olivenöl in einer Pfanne erhitzen, die Roten Beten dazugeben und erwärmen. Mit Salz, Pfeffer, 1 Prise Zucker und Thymian würzen.

3. Für die Sauce Joghurt, Senf und Butter in einem Stieltopf geben, mit Salz und 1 Prise Zucker würzen und unter ständigem Rühren erhitzen.

4. Essig mit 1 l Waser in einen Topf geben und aufkochen. Die Eier einzeln zuerst in eine Tasse schlagen und dann in das leicht siedende Essigwasser gleiten lassen, dabei vorsichtig das Eiweiß mit zwei Löffeln über das Eigelb ziehen. Die Eier etwa 4 Minuten ziehen lassen. Mit dem Schaumlöffel vorsichtig herausheben und auf Küchenpapier abtropfen lassen.

5. Zum Servieren die Kartoffelscheiben und Rote Bete auf Teller schichten. Die pochierten Eier daraufgeben und die Sauce hinzufügen. Mit Olivenöl verfeinern und mit dem Thymian garnieren. Dazu passt ein Riesling von Kesseler aus dem Rheingau.

Kartoffelgulasch
mit Ziegenfrischkäse

ZUTATEN FÜR 4 PERSONEN

1 kg festkochende Kartoffeln
je 2 rote und gelbe Paprikaschoten
2 Zucchini · 1 Bund Frühlingszwiebeln
1 Bund Petersilie · 1 Zweig Rosmarin
1/2 Bund Thymian · 1 kleine Chilischote
4 EL Olivenöl · 1 l Gemüse- oder Fleischbrühe
1 EL Tomatenmark
100 g getrocknete Tomaten (in Öl)
20 schwarze Oliven (ohne Stein)
2 Knoblauchzehen · Salz · Pfeffer aus der Mühle
4 Ziegenfrischkäsetaler

ZUBEREITUNG

1. Kartoffeln schälen, waschen und längs vierteln. Paprikaschoten längs halbieren, entkernen, waschen, schälen und in Stücke schneiden. Zucchini putzen, waschen, längs vierteln, entkernen und in mundgerechte Stücke teilen. Frühlingszwiebeln putzen, waschen und in Ringe schneiden.

2. Die Kräuter waschen, trocken schütteln, die Blätter abzupfen und hacken. Die Chilischote waschen und anschneiden.

3. Das Olivenöl in einem großen Schmortopf erhitzen und die Kartoffeln, die Paprikaschoten, die Zucchini und die Chilischote darin kurz anbraten. Die Brühe, das Tomatenmark und die Kräuter dazugeben und bei schwacher Hitze 25 Minuten köcheln lassen. Die Chilischote entfernen.

4. Die getrockneten Tomaten auf einem Sieb abtropfen lassen, gegebenenfalls zerkleinern. Die Frühlingszwiebeln, die getrockneten Tomaten und die Oliven in das Gulasch hineingeben. Den Knoblauch schälen und durch eine Presse dazudrücken.

5. Das Kartoffelgulasch noch 10 Minuten schmoren lassen. Mit Salz und Pfeffer abschmecken.

6. Das Kartoffelgulasch auf Teller verteilen und zum Servieren jeweils 1 kleinen Ziegenfrischkäsetaler daraufsetzen.

Gedämpfter Spargel
mit Buttersauce

ZUTATEN FÜR 4 PERSONEN

Für den Spargel:
1–1,5 kg weißer Spargel
Salz · Zucker
1 EL Butter

Für die Buttersauce:
1 Bund Estragon
4 Eigelb · 2 EL Weißwein
150 g flüssige Butter · Salz

ZUBEREITUNG

1. Den Spargel waschen, schälen und die holzigen Enden abschneiden. Die Schälreste mit etwas Salz, Zucker und Butter in einen Topf geben. Etwas Wasser hinzufügen, einen Dämpfeinsatz in den Topf stellen und den Spargel hineinlegen. Der Spargel darf das Wasser nicht berühren.

2. Alles einmal kräftig aufkochen lassen, dann den Topf verschließen und die Hitze um die Hälfte reduzieren. Je nach Dicke der Spargelstangen dauert das Dampfgaren 30 bis 35 Minuten.

3. Für die Buttersauce den Estragon waschen, trocken schütteln, die Blätter abzupfen und fein hacken. Eigelbe, 1 EL lauwarmes Wasser und Wein in einen Topf geben, mit einem Schneebesen kräftig verrühren und erwärmen. Die Masse aber nicht zu heiß werden lassen, da das Eigelb sonst stockt. Deshalb den Topf beim Rühren immer wieder von der Herdplatte ziehen.

4. Sobald die Masse eine cremige Konsistenz hat, nach und nach die flüssige Butter unterrühren. Die Sauce ist fertig, wenn sie schwer und cremig vom Löffel läuft. Den Estragon hineingeben und mit etwas Salz würzen. Die Sauce am besten frisch und lauwarm zum Spargel servieren.

Sahnespargel
mit Kräuterstampf

ZUTATEN FÜR 4 PERSONEN

Für den Spargel:
800 g weißer Spargel
(Bruch)
Salz · Zucker · 50 g Butter · 1 l Sahne
frisch geriebene Muskatnuss
30 g Mehl

Für den Stampf:
6 mittelgroße neue mehligkochende Kartoffeln
Salz · 2 Frühlingszwiebeln
5 EL gehackte Kräuter (z. B. Petersilie, Rosmarin, Rucola, Basilikum)
1 EL gehacktes Grün vom frischen Knoblauch
abgeriebene Schale von 1 Bio-Zitrone
3–4 EL Olivenöl

ZUBEREITUNG

1. Den Spargel schälen, die holzigen Enden abschneiden und die Stangen in Scheiben schneiden. Den Spargel in gesalzenem Wasser mit 1 Prise Zucker und etwas Butter 5 bis 10 Minuten garen. Abgießen und beiseitestellen.

2. Die Sahne in einem Topf bei mittlerer Hitze etwa 15 Minuten um die Hälfte einkochen lassen.

3. Für den Stampf die Kartoffeln schälen, waschen, in Scheiben schneiden und in Salzwasser etwa 10 Minuten weich garen. Die Frühlingszwiebeln putzen, waschen und in feine Ringe schneiden.

4. Nach dem Reduzieren den Spargel in die Sahne geben. Mit Salz und Muskatnuss würzen. Restliche Butter und Mehl verkneten und den Spargel mit der Mehlbutter zu einer sämigen Konsistenz andicken.

5. Die Kartoffeln abgießen, ausdampfen lassen und mit gehackten Kräutern, Frühlingszwiebeln, Knoblauchgrün, Zitronenschale und Olivenöl zu einem groben Stampf zerdrücken.

6. Den Kräuterstampf mit dem Sahnespargel und einem Weißwein von der Mosel servieren.

Kartoffelgulasch
mit Kräuterpesto

ZUTATEN FÜR 4 PERSONEN

Für das Kartoffelgulasch:
1 kg festkochende Kartoffeln
3 Möhren
1 große Fenchelknolle
3–4 Stangen Staudensellerie (am besten aus der Mitte)
1 rote Paprikaschote
2 Zucchini
2 Knoblauchzehen
3 Schalotten
4 EL Olivenöl
1 Tasse schwarze Oliven (ohne Stein)
1 1/2–2 l Gemüsebrühe
Salz · Pfeffer aus der Mühle
1/2 TL Chiliflocken oder Cayennepfeffer
2 Ziegenfrischkäsetaler

Für das Kräuterpesto:
50 g blanchierte Mandeln
1 Knoblauchzehe
2 Bund Petersilie
ca. 40 g gemischte Kräuter (z. B. gezupfte Zitronenthymian- und Oreganoblätter, Sauerampfer, Kerbel, Schnittknoblauch, Basilikum)
4–5 EL Olivenöl
Salz · Pfeffer aus der Mühle · Zucker

ZUBEREITUNG

1. Für das Kartoffelgulasch die Kartoffeln schälen, waschen und in mundgerechte Stücke schneiden. Die Möhren, den Fenchel und den Staudensellerie putzen, waschen bzw. schälen. Die Paprikaschote und die Zucchini längs halbieren, entkernen und waschen. Das Gemüse in mundgerechte Stücke schneiden. Den Knoblauch schälen und in feine Würfel schneiden. Die Schalotten ebenfalls schälen und längs in Streifen schneiden.

2. Das Olivenöl in einem großen Topf erhitzen und die Kartoffelstücke darin leicht anbraten. Möhren, Fenchel, Schalotten und Knoblauch hinzufügen und ebenfalls leicht rösten. Das restliche Gemüse und die Oliven hinzufügen. Die Brühe angießen, bis alle Zutaten knapp bedeckt sind. Mit Salz, Pfeffer und Chiliflocken oder 1 Prise Cayennepfeffer würzen. Das Kartoffelgulasch bei mittlerer Hitze etwa 30 Minuten köcheln lassen.

3. Für das Kräuterpesto die Mandeln grob hacken und in einer Pfanne ohne Fett goldbraun rösten. Den Knoblauch schälen. Die Kräuter waschen, trocken schütteln, die Blätter abzupfen und mit dem Olivenöl in einem Mixer oder mit dem Stabmixer zerkleinern. Die Mandeln und den Knoblauch hinzufügen und alles zu einer geschmeidigen Masse verarbeiten. Gegebenenfalls etwas mehr Olivenöl hinzufügen. Mit Salz, Pfeffer und 1 Prise Zucker abschmecken.

4. Die Ziegenfrischkäsetaler zerstampfen, mit etwas Brühe auflösen und zum Kartoffelgulasch geben. Alles nochmals 5 Minuten köcheln lassen.

5. Das vegetarische Gulasch in tiefen Tellern servieren und mit je 1 Klecks Kräuterpesto garnieren.

TIPP

Sie können mit den unterschiedlichen Aromen der Kräuter ruhig nach Belieben experimentieren. Im Gegensatz zum klassischen Basilikumpesto soll das Kräuterpesto kräftig und grasig schmecken. Das Pesto passt auch als Dip zu panierten Koteletts oder Grillfleisch.

SPARGELQUICHE
mit Schinken

ZUTATEN FÜR 4 PERSONEN

je 500 g weißer und grüner Spargel
Salz · Zucker
200 g gekochter Schinken (in Scheiben)
1 EL Butter
450 g Blätterteig (aus dem Kühlregal)
3 Eier
200 g Sahne
je 2 EL gehackter Dill, gehackte Petersilie und Schnittlauchröllchen
Pfeffer aus der Mühle
frisch geriebene Muskatnuss

ZUBEREITUNG

1. Den weißen Spargel schälen, die holzigen Enden abschneiden und die Stangen in Stücke schneiden. Den grünen Spargel waschen, im unteren Drittel schälen und die holzigen Enden abschneiden. Die Stangen in Stücke schneiden. Den weißen Spargel in kochendem Salzwasser mit 1 Prise Zucker etwa 5 Minuten garen, den grünen Spargel 3 Minuten mitgaren. Den Spargel abtropfen lassen.

2. Den Backofen auf 200 °C Umluft vorheizen. Den Schinken in Streifen schneiden. Ein tiefes Backblech mit der Butter bestreichen oder mit Backpapier auslegen. Den Blätterteig ausrollen und in das Backblech legen, dabei einen Rand hochdrücken.

3. Den Spargel auf dem Teig verteilen, entweder gemischt oder geteilt nach Farben. Die Schinkenstreifen darüberstreuen. Die Eier mit der Sahne verquirlen und die gehackten Kräuter hinzufügen. Mit Salz, Pfeffer und Muskatnuss würzen.

4. Die Eiersahne gleichmäßig über den Spargel gießen. Nach Belieben aus dem restlichen Teig Streifen schneiden und als Gitter auf die Quiche legen. Im Ofen auf der mittleren Schiene etwa 20 Minuten backen. Herausnehmen und vor dem Servieren etwas abkühlen lassen.

SPARGELQUICHE
mit Salat

ZUTATEN FÜR 1 SPRINGFORM (26 CM Ø)

Für den Teig:
250 g Mehl · 1 Ei · 125 g Butter
2 EL Magerquark · 1 EL Weißweinessig

Für den Belag:
20 weiße Spargelstangen · Salz
50 g durchwachsener Speck (in Streifen)
3 Eier · 1/4 l Milch · 125 g Speisequark
Pfeffer aus der Mühle
125 g geriebener Parmesan

Für den Salat:
1 Kopf Römersalat · 250 g Kirschtomaten
1 Zwiebel · Saft von 1 Zitrone · 3 EL Olivenöl
Salz · Pfeffer aus der Mühle · Zucker

ZUBEREITUNG

1. Für den Teig die Zutaten mit 1 EL kaltem Wasser zu einem glatten Teig kneten. Zu einer Kugel formen und etwa 30 Minuten kühl stellen.

2. Für den Belag Spargel schälen, holzige Enden abschneiden, Stangen in Stücke schneiden und 3 Minuten in Salzwasser vorgaren. Herausnehmen, abschrecken und trocken tupfen. Speck in einer Pfanne anbraten, auf Küchenpapier abtropfen lassen. Eier, Milch und Quark verrühren, salzen und pfeffern.

3. Backofen auf 200 °C vorheizen, Form mit Backpapier auslegen. Zwei Drittel des Teiges rund ausrollen, Form damit auskleiden, aus übrigem Teig einen Rand formen. Spargel und Speck einschichten, mit Guss begießen und mit Käse bestreuen. Im Ofen auf der mittleren Schiene 30 Minuten backen.

4. Salat putzen, waschen, trocken schleudern und klein schneiden. Tomaten waschen und halbieren. Zwiebel schälen und in Scheiben hobeln. Zitronensaft, Olivenöl, Salz, Pfeffer und 1 Prise Zucker verrühren und mit den Salatzutaten mischen.

5. Die Quiche herausnehmen, etwas abkühlen lassen und mit dem Salat servieren.

Gnocchi

mit Garnelen-Sahne-Sauce und Tomaten

ZUTATEN FÜR 4 PERSONEN

Für die Gnocchi:
600 g mehligkochende Kartoffeln
Salz
50 g Butter
50 g Kartoffelmehl
3 Eigelb
frisch geriebene Muskatnuss

Für die Sauce:
500 g mittelgroße Garnelen (mit Schale)
2 Frühlingszwiebeln
4 Tomaten
2 EL Olivenöl
2 EL gehackter junger Knoblauch
200 ml Fisch-, Krebs- oder Garnelenfond
300–400 g Sahne
Salz · Pfeffer aus der Mühle · Chilipulver

ZUBEREITUNG

1. Für die Gnocchi die Kartoffeln mit der Schale gründlich waschen und in Salzwasser weich garen. Die Kartoffeln abgießen, ausdampfen lassen, möglichst heiß pellen und durch die Kartoffelpresse drücken.

2. Die Butter erwärmen und zur Kartoffelmasse geben. Das Kartoffelmehl und die Eigelbe hinzufügen und alles gut verkneten. Die Masse mit Muskatnuss und etwas Salz würzen und 20 Minuten ruhen lassen.

3. Anschließend aus dem Kartoffelteig auf der bemehlten Arbeitsfläche 2 bis 3 cm dicke Rollen formen. In etwa 2 cm dicke Stücke schneiden und jedes Stück mit einer Gabel etwas flach drücken.

4. Für die Sauce die Garnelen schälen, am Rücken entlang (nicht zu tief) einschneiden und den Darm vorsichtig herausziehen. Die Garnelen waschen, trocken tupfen und in Stücke schneiden.

5. Die Frühlingszwiebeln putzen, waschen und in Ringe schneiden. Die Tomaten waschen, vierteln, dabei die Stielansätze entfernen und entkernen. Das Tomatenfleisch in Streifen schneiden.

6. Das Olivenöl in einer Pfanne erhitzen, das Garnelenfleisch und den Knoblauch hinzufügen und kurz anbraten. Die Frühlingszwiebeln und die Tomaten dazugeben und untermischen. Den Fond und so viel Sahne hinzufügen, bis die Zutaten bedeckt sind. Mit Salz, Pfeffer und etwas Chili abschmecken und nochmals 2 Minuten köcheln lassen. Die Garnelen, die Tomaten und die Frühlingszwiebeln dürfen ruhig noch etwas Biss haben.

7. In einem großen Topf reichlich Salzwasser zum Kochen bringen und die Gnocchi darin garen, bis sie an der Oberfläche schwimmen. Die Gnocchi mit dem Schaumlöffel herausheben und in der Sauce kurz ziehen lassen.

8. Die Gnocchi mit Garnelen-Sahne-Sauce auf Teller verteilen und nach Belieben mit frischen Kräutern bestreuen.

Pizza
mit Pilzen und Salami

ZUTATEN FÜR 5–6 PIZZEN

Für den Teig:
500 g Mehl (Type 405)
1 Würfel frische Hefe (42 g)
Zucker · 1 EL Olivenöl · Salz

Für die Tomatensauce und den Belag:
1 große Dose Tomaten (800 g Inhalt)
1 TL Tomatenmark
1 TL getrockneter Oregano · Salz · Zucker
500 g Champignons · 250 g Edamer (am Stück)
2 Kugeln Büffelmozzarella (à 125 g)
10–12 dünne Scheiben Mailänder Salami
5–6 dünne Scheiben gekochter Schinken
5–6 dünne Scheiben ital. Mortadella

ZUBEREITUNG

1. Für den Teig das Mehl in eine Schüssel geben. Die Hefe zerbröckeln und mit etwas Zucker und 200 ml lauwarmem Wasser verrühren, kurz quellen lassen. Hefeansatz, Olivenöl und Salz zum Mehl geben und alles zu einem geschmeidigen Teig kneten, ggf. noch etwas Wasser oder Mehl hinzufügen. Zugedeckt 30 Minuten gehen lassen, dann durchkneten und weitere 30 Minuten gehen lassen.

2. Für die Sauce Tomaten mit dem Saft grob zerdrücken. Mit Tomatenmark, Oregano, Salz und Zucker würzen. Backofen auf 250 bis 280 °C vorheizen. Pilze putzen, falls nötig, trocken abreiben und in feine Scheiben schneiden. Edamer hobeln, Mozzarella in Stücke zupfen oder in Scheiben schneiden.

3. Teig in 5 bis 6 Portionen teilen, jeweils auf der bemehlten Arbeitsfläche ausrollen. 2 bis 3 Pizzen auf ein mit Backpapier belegtes Backblech legen. Mit Sauce bestreichen, mit Pilzen, Salami und Schinken belegen, mit Oregano würzen und mit Käse bestreuen. Im Ofen auf der mittleren Schiene 8 bis 10 Minuten backen. Kurz vor Ende der Backzeit die Mortadella daraufgeben. Inzwischen restliche Pizzen belegen und anschließend backen.

Pizza vom Grill
mit Ziegenkäse und Feigen

ZUTATEN FÜR 3–4 PIZZEN

Für den Pizzateig:
250 g Mehl (Type 405)
1/2 Würfel frische Hefe (21 g)
Zucker · 1 EL Olivenöl · Salz

Für den Belag:
4 Feigen · 150 g Ziegenfrischkäse
50 g Pinienkerne · 50 g schwarze Oliven
2 EL Honig · 1 EL getrockneter Oregano

ZUBEREITUNG

1. Für das Pizzabacken auf dem Grill benötigen Sie einen Grill mit Deckel. Alternativ die Pizzen beim Grillen mit einem Topf abdecken. Durch die starke Hitze von unten wird der Teig schnell knusprig, gleichzeitig gelangt durch den geschlossenen Raum etwas weniger Hitze von oben an die Zutaten, sodass der Belag bei schwacher Hitze ebenfalls schön garen und der Käse schmelzen kann.

2. Für den Teig das Mehl in eine Schüssel geben. Die Hefe zerbröckeln und mit etwas Zucker und 100 ml lauwarmem Wasser verrühren, kurz quellen lassen. Hefeansatz, Olivenöl und Salz zum Mehl geben und alles zu einem geschmeidigen Teig kneten, ggf. noch etwas Wasser oder Mehl hinzufügen. Zugedeckt 30 Minuten gehen lassen, dann durchkneten und weitere 30 Minuten gehen lassen.

3. Den Teig in 4 Portionen teilen, jeweils auf der bemehlten Arbeitsfläche ausrollen. Die Feigen waschen und in dünne Scheiben schneiden. Die Teigkreise auf den Grill legen (ggf. auf einen vorgeheizten Pizzastein) und bei geschlossenem Deckel 1 bis 2 Minuten vorbacken.

4. Sobald die Teigkreise ausreichend fest sind, wenden und mit Ziegenkäse bestreichen. Mit Feigen, Pinienkernen und Oliven belegen, mit etwas Honig beträufeln und mit Oregano würzen. Dann den Deckel schließen und die Pizzen 2 bis 3 Minuten weiterbacken. (Alternativ im Backofen backen.)

Frühlingspizza
mit Fenchel und Sellerie

ZUTATEN FÜR 1 BACKBLECH

Für den Teig:
500 g Mehl (Type 405)
1/2 Päckchen Trockenhefe
Zucker · Salz
Öl für das Blech

Für die Tomatensauce:
1 große Dose Tomaten (800 g Inhalt)
1 scharfe Chilischote
2 EL Tomatenmark
Zucker · Salz

Für den Belag:
1 kleine Fenchelknolle
1 Zucchino · 2 rote Zwiebeln
2 Knoblauchzehen
3 Stangen Staudensellerie
1–2 Kugeln Büffelmozzarella (à 125 g)
getrockneter Oregano
ca. 50 g geriebener Parmesan
ca. 100 g geriebener Hartkäse
(z. B. Husumer Deichkäse oder Appenzeller)
Olivenöl zum Beträufeln · Meersalz

ZUBEREITUNG

1. Für den Teig das Mehl in eine Schüssel sieben und in die Mitte eine Mulde drücken. Die Hefe in etwas lauwarmem Wasser mit 1 Prise Zucker und Salz auflösen und in die Mulde geben. Alles mit den Knethaken des Handrührgeräts zu einem glatten Teig verkneten, dabei knapp 1/4 l lauwarmes Wasser dazugießen und unterkneten. Den Teig zugedeckt an einem warmen Ort 15 Minuten gehen lassen.

2. Für die Sauce die Tomaten mit dem Saft in einem Topf zerdrücken. Die Chilischote längs halbieren, entkernen, waschen und fein hacken. Die Tomaten mit Tomatenmark, Chili, 1 Prise Zucker und Salz verrühren und 10 Minuten köcheln lassen. Vom Herd nehmen und abkühlen lassen.

3. Für den Belag die Fenchelknolle und den Zucchino putzen, waschen und in dünne Scheiben hobeln. Die Zwiebeln und den Knoblauch schälen und fein hobeln. Den Staudensellerie putzen, waschen und in feine Scheiben schneiden. Mozzarella abtropfen lassen und in Stücke zupfen oder in Scheiben schneiden.

4. Den Backofen auf 250 bis 280 °C vorheizen. Den Teig nochmals durchkneten und auf einem gefetteten Backblech ausrollen. Mit der abgekühlten Tomatensauce bestreichen. Das Gemüse darauf verteilen und alles mit Oregano würzen.

5. Zuletzt Mozzarella und geriebenen Käse auf der Pizza verteilen. Im Ofen etwa 15 Minuten backen, bis die Pizza kross und goldbraun ist.

6. Die Pizza aus dem Ofen nehmen und auf ein großes Brett ziehen. Etwas Olivenöl und Meersalz daraufgeben und in rechteckige Stücke schneiden. Dazu einen Chianti servieren.

»Für mich eindeutig der beste Käse des hohen Nordens: Was die Familie Metzger-Petersen auf ihrem Backensholzer Hof in dritter Generation produziert, ist phänomenal.«

»Seit 1991 stellen sie Käse her, und das Geheimnis ihres Erfolges ist ganz einfach: Sie machen nur das, was ihnen auch selbst gefällt.«

»Alles, was mein Herz begehrt, gibt es bei Backensholz: den klassischen Hofkäse und den leicht säuerlichen Husumer, den nussigen Deichkäse und den Blauschimmelkäse Friesisch Blue.«

Wenn ich eine Kuh wäre, dann wüsste ich ganz genau, wo ich leben wollte: auf dem Backensholzer Hof in Nordfriesland. Denn dort werden noch Ackerbau und Viehzucht betrieben, wie wir sie sonst nur aus dem Bilderbuch kennen. Dreihundert Kühe hat die Familie Metzger-Petersen, die alle einen eigenen Namen tragen, gestreichelt und auch sonst so gut behandelt werden, wie es sich die armen Viecher in der konventionellen Landwirtschaft nur erträumen können. Wenn man weiß, dass 92 Prozent der deutschen Schweine nicht wissen, ob es Tag oder Nacht ist, weil sie lebenslang im künstlichen Licht stehen, dann ahnt man, wie gut es diesen Kühen geht. Sie sind fast das ganze Jahr an der frischen Nordseeluft, fressen würziges, friesisches Gras und geben deswegen eine fantastische Milch, aus der die Metzger-Petersens absoluten Spitzenkäse nach strengsten biologischen Regeln machen. Sie verkaufen ihn in Mailand oder New York und sind sich nicht zu schade, mit ihrem Stand auch über die Dörfer zu ziehen. Am schönsten aber ist es, den Käse direkt beim Backensholzer Bilderbuchhof zu kaufen.

»Das sympathischste Multitalent in Friesland: Martina Metzger-Petersen ist nicht nur eine wunderbare Frau und glänzende Käsemacherin, sondern auch noch eine exzellente Köchin.«

»Vater Ernst, Sohn Jasper und Hund Gero beweisen, dass die Kunst des Käsemachens nebenbei auch gute Laune macht. Und ich teile sie jedes Mal, wenn ich bei ihnen bin.«

Pasta & Co.

Gemüsenudeln
mit grünem Spargel

ZUTATEN FÜR 6–8 PERSONEN

6 Stangen grüner Spargel
3 Möhren mit Grün
3 Stangen Staudensellerie mit Grün
4 Radieschen · 1 mittelgroße Mairübe
1 junger feiner Rettich · 20 Erbsenschoten
3 Knoblauchzehen · 1 Zwiebel
1 scharfe Chilischote · 1 Bund Petersilie
3–4 EL Olivenöl · 300 ml Mineralwasser
100 ml Weißwein (z. B. deutscher Riesling)
500 g Rigatoni · Salz
4 große Tomaten · Zucker
6–8 EL geriebener Pecorino

ZUBEREITUNG

1. Spargel waschen, im unteren Drittel schälen und holzige Enden entfernen. Stangen in feine Streifen schneiden. Möhren, Sellerie, Radieschen, Mairübe und Rettich putzen, schälen bzw. waschen und in feine Streifen schneiden. Etwas Grün von Möhren und Sellerie schneiden. Erbsen palen.

2. Knoblauch und Zwiebel schälen und fein würfeln. Chili längs halbieren, entkernen, waschen und sehr fein hacken. Petersilie waschen, trocken schütteln, Blätter abzupfen und fein hacken.

3. Olivenöl in einer großen Pfanne erhitzen und Knoblauch, Zwiebel, Chili und die Hälfte der Petersilie darin andünsten. Mit Mineralwasser und Wein ablöschen und alles etwa 2 Minuten leicht köcheln lassen. Das vorbereitete Gemüse dazugeben und 5 bis 10 Minuten bissfest garen.

4. Die Nudeln in reichlich kochendem Salzwasser nach Packungsanweisung bissfest garen.

5. Tomaten waschen, vierteln und entkernen, dabei die Stielansätze entfernen, Fruchtfleisch klein schneiden. Nudeln abgießen und tropfnass unter das Gemüse mischen. Mit Salz und 1 Prise Zucker würzen. Nudeln auf einer Platte anrichten, mit Tomaten, Pecorino und restlicher Petersilie bestreuen. Mit Chianti Classico (z. B. von Nittardi) servieren.

Spaghetti Carbonara
mit Orangen-Endivien-Salat

ZUTATEN FÜR 4–6 PERSONEN

Für den Salat:
3 Orangen · 1 Endiviensalat
Saft von je 1 Orange und Zitrone · 2 EL Olivenöl
Salz · Pfeffer aus der Mühle

Für die Spaghetti:
200 g italienischer Speck (Lardo) · 3 EL Butter
1 Knoblauchzehe · 200 ml Brühe
2 EL Olivenöl · 500 g Spaghetti · Salz
2 Frühlingszwiebeln · 1/2 Bund Petersilie
3 Eier · 150 g geriebener Parmesan
Olivenöl zum Beträufeln
grob geschroteter schwarzer Pfeffer

ZUBEREITUNG

1. Für den Salat die Orangen so schälen, dass auch die weiße Haut mit entfernt wird, dann in Stücke schneiden. Salat putzen, waschen, trocken schleudern und in mundgerechte Stücke zupfen. Zitrussaft, Öl, etwas Salz und Pfeffer verrühren und über Salat und Orangen geben.

2. Für die Spaghetti den Speck in feine Streifen schneiden und in 1 EL Butter andünsten. Knoblauch schälen, andrücken und dazugeben. Brühe, Öl und restliche Butter hinzufügen und leicht köcheln lassen, beiseitestellen. Knoblauch entfernen.

3. Die Spaghetti in reichlich kochendem Salzwasser nach Packungsanweisung bissfest garen.

4. Die Frühlingszwiebeln putzen, waschen und in feine Ringe schneiden. Petersilie waschen, trocken schütteln, Blätter abzupfen und fein hacken. Eier und Parmesan verquirlen.

5. Pfanne mit Speck wieder erwärmen. Spaghetti abgießen, tropfnass mit Petersilie und Frühlingszwiebeln in die Pfanne geben. Eiermischung darübergießen und sofort verrühren, das Ei soll nur leicht stocken. Auf Teller verteilen, mit etwas Olivenöl beträufeln, mit Pfeffer würzen und mit Salat servieren. Dazu passt ein Chianti.

1918
BENEDETTO CAVALIE
BEPPINO OCCELLI
BUTTER
AUS ITALIENISCHEM RAHM

Spiralnudeln
mit Auberginen-Tomaten-Ragout

ZUTATEN FÜR 4 PERSONEN

2 mittelgroße Auberginen
6–8 mittelgroße Tomaten
2–3 Stangen Staudensellerie
(am besten aus der Mitte)
2 Schalotten · 1 Stück junger Knoblauch
1 Chilischote · 4 EL Olivenöl
1/4 l Gemüse- oder Hühnerbrühe
3 eingelegte Anchovis · Pfeffer aus der Mühle
250–300 g Spiralnudeln (z. B. Fusilloni) · Salz
ca. 100 g würziger Hartkäse (z. B. Pecorino
oder Appenzeller)
Zitronensaft
etwas gehackter Thymian und Rosmarin

ZUBEREITUNG

1. Die Auberginen putzen, waschen und in Würfel schneiden. Tomaten waschen, vierteln und entkernen, dabei die Stielansätze entfernen. Sellerie putzen, waschen und in kleine Stücke schneiden. Schalotten und Knoblauch schälen und in feine Streifen schneiden oder würfeln. Chilischote längs halbieren, entkernen, waschen und fein hacken.

2. Das Olivenöl in einer hohen Pfanne erhitzen und die Auberginenwürfel darin scharf anbraten. Staudensellerie, Schalotten und Knoblauch hinzufügen und ebenfalls kurz rösten. Tomaten dazugeben und etwas andrücken. Etwas Brühe angießen, sodass die Zutaten schmoren können. Die Anchovis und die Chilischote in den Sud geben und gegebenenfalls noch mit etwas Pfeffer würzen. Das Ragout 20 Minuten köcheln lassen. Dabei immer wieder etwas Brühe angießen.

3. Die Nudeln in reichlich kochendem Salzwasser nach Packungsanweisung bissfest garen.

4. Den Käse reiben und etwas davon unter das Ragout rühren. Mit Salz, Pfeffer und Zitronensaft abschmecken. Die Nudeln abgießen und tropfnass unter das Ragout mischen. Mit dem restlichen Käse und den Kräutern bestreuen.

Spaghetti
mit buntem Gemüse

ZUTATEN FÜR 4–6 PERSONEN

je 1 kleiner gelber und grüner Zucchino
je 1 rote und gelbe Paprikaschote
1 kleine Fenchelknolle · 1 Mairübe
1/2 mittelgroßer Kohlrabi · 2 Möhren
1/4 Sellerieknolle
500 g Spaghetti · Salz
2 Frühlingszwiebeln · 3 Knoblauchzehen
1 scharfe rote Chilischote · 4 EL Olivenöl
Zucker · 200 ml Weißwein
2 mittelgroße Blumenkohlröschen
100 g geriebener Parmesan

ZUBEREITUNG

1. Zucchini waschen, längs halbieren und entkernen. Paprika längs halbieren, entkernen, waschen und schälen. Das restliche Gemüse putzen, waschen bzw. schälen, dabei das Grün der Mairübe zum Garnieren verwenden. Alles in feine Streifen oder Würfel schneiden.

2. Die Spaghetti in reichlich kochendem Salzwasser nach Packungsanweisung bissfest garen.

3. Frühlingszwiebeln putzen, waschen und in feine Ringe schneiden. Knoblauch schälen. Chilischote längs halbieren, entkernen und waschen. Beides in feine Würfel schneiden.

4. Olivenöl in einer großen Pfanne erhitzen und Frühlingszwiebeln, Knoblauch und Chili darin andünsten. Das vorbereitete Gemüse dazugeben und alles gut mischen. Mit Salz und Zucker würzen. Wein und 1/4 l Wasser dazugießen und alles 4 bis 5 Minuten bissfest köcheln.

5. Blumenkohlröschen waschen und reiben. Spaghetti abgießen und tropfnass unter das Gemüse mischen. Auf eine große Platte geben und mit geriebenem Blumenkohl, Parmesan und Mairübengrün bestreuen. Dazu passen Brot und Chianti.

Bami Goreng
vegetarisch

ZUTATEN FÜR 4–6 PERSONEN

4 Stangen Staudensellerie
2 Stangen Lauch · 2 Möhren
1/2 Chinakohl · 1 rote Paprikaschote
10 Shiitake-Pilze
10 Brokkoliröschen
2 Knoblauchzehen oder das Grüne vom frischen Knoblauch
1 walnussgroßes Stück Ingwer
1/2 scharfe Chilischote
500 g schmale Bandnudeln (z. B. Linguine)
2 l Gemüsebrühe
je 3 EL Traubenkern- und Sonnenblumenöl
Zucker · Sojasauce
süße Sojasauce · Sambal Oelek

ZUBEREITUNG

1. Sellerie und Lauch putzen, waschen und in feine Streifen schneiden. Möhren putzen, schälen und in dünne Streifen schneiden. Chinakohl putzen, waschen und vierteln, den harten Strunk entfernen und den Kohl in Streifen schneiden. Paprika längs halbieren, entkernen, waschen, schälen und in Streifen schneiden. Pilze putzen, falls nötig, trocken abreiben und in feine Streifen schneiden. Die Brokkoliröschen waschen und halbieren.

2. Knoblauch und Ingwer schälen. Chili entkernen und waschen. Alles fein würfeln. Nudeln nach Packungsanweisung in der kochenden Brühe bissfest garen. Abgießen, dabei etwas Brühe auffangen, und Nudeln tropfnass in eine Schüssel geben.

3. Je 1 EL Traubenkern- und Sonnenblumenöl erhitzen, das Gemüse darin 2 bis 3 Minuten anbraten und mit etwas Zucker bestreuen. Shiitake-Pilze, Knoblauch, Ingwer und Chili dazugeben und alles verrühren. Mit beiden Sojasaucen und wenig Sambal Oelek würzen. Etwas Brühe dazugeben.

4. Nudeln im restlichen Öl kräftig braten, dabei mit etwas Zucker würzen. Gemüse untermischen und alles in einer großen Schüssel servieren.

Kräuternudeln
mit Zucchini

ZUTATEN FÜR 4 PERSONEN

500 g Fusilli · Salz
1 mittelgroßer Zucchino
2 EL Olivenöl
Zucker
1 Bund Petersilie
1 Topf Basilikum
1 Bund Rucola
2 EL Thymianblüten
1 rote Zwiebel
125 g Butter
3 EL Semmelbrösel
100 g geriebener Parmesan
Pfeffer aus der Mühle

ZUBEREITUNG

1. Die Nudeln in reichlich kochendem Salzwasser nach Packungsanweisung bissfest garen.

2. Den Zucchino putzen, waschen und in feine Scheiben hobeln. Das Olivenöl, Salz und 1 Prise Zucker dazugeben und alles mit den Händen geschmeidig kneten. Die Kräuter waschen, trocken schütteln und die Blätter abzupfen. Den Rucola verlesen, waschen und trocken schleudern, grobe Stiele entfernen, die Blätter klein schneiden. Mit den Zucchinischeiben in einer großen Schüssel mischen. Die Thymianblüten dazugeben.

3. Die Zwiebel schälen und fein hobeln. Die Butter in einer großen Pfanne erhitzen und die Zwiebel darin 3 Minuten dünsten. Die Semmelbrösel in einer Pfanne leicht anrösten.

4. Die Nudeln abgießen und tropfnass zur Zwiebel geben. Alles bei starker Hitze durchschwenken und zur Zucchini-Kräuter-Mischung geben. Die Brösel und den Parmesan dazugeben und mischen. Mit Pfeffer abschmecken.

Penne mit Basilikumpesto
und Tomatenwürfeln

ZUTATEN FÜR 4–6 PERSONEN

Für das Pesto:
2 Bund Basilikum · 1/2 Bund Petersilie
4 Knoblauchzehen · 50 g Parmesan (am Stück)
30 g Pinienkerne · 4 EL Olivenöl
Salz · 1 TL Zitronensaft

Außerdem:
500 g Penne rigate · Salz
4 Tomaten · 1/2 Knoblauchzehe
1 EL Olivenöl · 1/2 TL Zucker

ZUBEREITUNG

1. Für das Pesto das Basilikum und die Petersilie waschen, trocken schütteln, die Blätter abzupfen und grob hacken. Die Knoblauchzehen schälen und in feine Würfel schneiden. Den Parmesan fein hobeln. Die Pinienkerne in einer beschichteten Pfanne ohne Fett leicht rösten.

2. Zunächst den Knoblauch und die Pinienkerne im Mörser zerstoßen. Dann nach und nach die Kräuter und das Olivenöl dazugeben und mit dem Stößel zerreiben, bis eine cremige Paste entsteht. (Oder die Zutaten in einen Rührbecher geben und mit dem Stabmixer pürieren.) Das Pesto mit wenig Salz und mit 1 Spritzer Zitronensaft würzen.

3. Die Nudeln in reichlich kochendem Salzwasser nach Packungsanweisung bissfest garen. Inzwischen die Tomaten waschen, vierteln und entkernen, dabei die Stielansätze entfernen. Fruchtfleisch in Würfel schneiden. Knoblauch schälen und durch die Knoblauchpresse dazudrücken. Olivenöl untermischen und mit 1 Prise Salz und dem Zucker abschmecken.

4. Die Penne abgießen, tropfnass in eine große Schüssel geben und mit dem Pesto mischen. Die Nudeln mit den marinierten Tomaten servieren. Übriges Pesto in ein Schraubglas füllen, mit Olivenöl bedecken und im Kühlschrank aufbewahren. So ist es einige Wochen haltbar.

Penne
mit Tomatensugo

ZUTATEN FÜR 4 PERSONEN

2,5 kg Tomaten (z. B. Vierländer)
1 weiße große Zwiebel · 2 Knoblauchzehen
je 1 Zweig Thymian und Rosmarin
1 Lorbeerblatt · 1 Chilischote
2 EL Olivenöl · 1 TL Zucker · Salz
500 g Penne rigate
Olivenöl zum Aufmixen
ca. 4 EL geriebener Parmesan

ZUBEREITUNG

1. Die Tomaten waschen, vierteln und entkernen, dabei die Stielansätze entfernen. Das Fruchtfleisch in Stücke schneiden. Die Tomaten in einem Topf mit dem Kartoffelstampfer zerdrücken.

2. Zwiebel und Knoblauch schälen. Kräuter waschen, trocken schütteln und mit Lorbeer zusammenbinden. Chili, Zwiebel, Knoblauch, Öl, Zucker und Salz zu den Tomaten geben. Kräuterstrauß hineinlegen und alles ohne Deckel 20 Minuten köcheln lassen.

3. Die Nudeln in reichlich kochendem Salzwasser nach Packungsanweisung bissfest garen.

4. Den Kräuterstrauß und die Chili entfernen und die Tomaten durch ein Sieb oder die Flotte Lotte in einen Topf passieren. Das Olivenöl dazugeben und mit dem Stabmixer unterrühren. Den Sugo erhitzen.

5. Nudeln abgießen und tropfnass mit etwa einem Viertel der Sauce mischen. Nach Belieben die Sauce mit Chili, Kapern oder Knoblauch verfeinern. Auf eine Platte geben und mit Parmesan bestreuen. Nach Belieben 1 Schuss Olivenöl und etwas scharfen Pfeffer dazugeben. Mit Chianti Classico servieren. Diese Nudeln isst man übrigens mit Gabel und Weißbrot.

TIPP

Die Saucenmenge reicht für 4 x 500 g Nudeln. Die durchgedrückten Saucenreste schmecken köstlich auf gerösteten Brotscheiben.

Kürbis-Ravioli
mit Spinat

ZUTATEN FÜR 4–6 PERSONEN

Für den Teig (für ca. 20 große Ravioli):
300 g Mehl · 200 g feiner Hartweizengrieß
(z. B. Semola di grano duro)
3 Eier · 2 Eigelb · Salz · Mehl zum Verarbeiten
1–2 Eiweiß zum Bestreichen

Für die Füllung:
500 g Hokkaido-Kürbis · 1 EL Olivenöl
Salz · Zucker
1 walnussgroßes Stück Ingwer (gerieben)
frisch geriebene Muskatnuss
50 g geriebener Parmesan
6 Amarettini (ital. Mandelmakronen)

Außerdem:
1 kg Spinat · 2 Schalotten
2 Knoblauchzehen · 5 EL Olivenöl
abgeriebene Schale und Saft von 1/2 Bio-Zitrone
frisch geriebene Muskatnuss · Salz · Zucker
20 Kirschtomaten
200 ml Gemüsebrühe · 50 g Pinienkerne
40 g Butter · einige Salbeiblätter

ZUBEREITUNG

1. Für den Teig Mehl und Grieß auf ein großes Küchenbrett oder die Arbeitsfläche häufen, mischen und eine Mulde hineindrücken. Die Eier, Eigelbe und etwas Salz dazugeben und alles mit den Händen 8 bis 10 Minuten zu einem glatten Teig verkneten. Sollte der Teig zu fest und trocken sein, etwas Wasser und Olivenöl hinzufügen. Den Teig zu einer Kugel formen, in Frischhaltefolie wickeln und im Kühlschrank etwa 1 Stunde ruhen lassen.

2. Für die Füllung den Backofen auf 200 °C vorheizen. Den Kürbis waschen, entkernen und in Spalten schneiden. Die Spalten auf ein Backblech legen und mit dem Öl beträufeln. Im Ofen auf der mittleren Schiene 15 Minuten garen. Herausnehmen und abkühlen lassen. Kürbis mit dem Kartoffelstampfer fein zermusen. Mit Salz, Zucker, Ingwer und Muskatnuss würzen. Zuletzt Parmesan und zerbröselte Amarettini unterrühren.

3. Den Teig in etwa faustgroße Portionen teilen und jeweils zu einem flachen Rechteck ausrollen. Die Walzen der Nudelmaschine auf den größten Rollenabstand stellen, mit Mehl bestäuben, dann den Teig mehrmals möglichst dünn durchdrehen. Dabei die Walzen immer enger stellen. (Alternativ den Teig mit dem Nudelholz ausrollen, dabei immer etwas Mehl auf die Arbeitsfläche geben.) Die Teigbahnen gegebenenfalls teilen, auf eine bemehlte Fläche legen und mit Küchentüchern abdecken.

4. Auf die Hälfte der Teigbahnen im Abstand von 5 bis 6 cm kleine Portionen Kürbisfüllung setzen. Den Teig außenherum mit Eiweiß bestreichen, restliche Teigbahnen daraufsetzen und andrücken. Es sollte keine Luft mehr dazwischen sein, sonst können die Ravioli aufplatzen. Ravioli ausschneiden oder mit einem Ausstecher ausstechen.

5. Spinat verlesen, waschen und grobe Stiele entfernen. Schalotten und Knoblauch schälen und in sehr feine Würfel schneiden. Beides in 2 EL Öl farblos anbraten. Spinat portionsweise und tropfnass hinzufügen und bei schwacher Hitze 1 bis 2 Minuten dünsten, bis er zusammenfällt. Mit Zitronenschale und -saft, Muskatnuss, Salz und Zucker würzen.

6. Ravioli in reichlich Salzwasser etwa 2 Minuten garen. Sobald sie nach oben steigen, noch 1 Minute ziehen lassen. Mit dem Schaumlöffel herausheben, auf einem Küchentuch abtropfen lassen.

7. Tomaten waschen und in 1 EL Öl kurz anbraten, bis die Haut aufplatzt. Brühe erhitzen. Pinienkerne in einer Pfanne ohne Fett goldbraun rösten.

8. Butter und übriges Olivenöl in einer Pfanne erhitzen und die Ravioli darin kurz farblos anbraten, dabei Salbeiblätter dazugeben. Ravioli auf Teller geben, Salbei und Tomaten dazusetzen. Alles mit etwas Brühe begießen und mit Pinienkernen bestreuen. Dazu den Spinat servieren.

Linguine
mit Garnelen und Tomaten

ZUTATEN FÜR 4 PERSONEN

500 g mittelgroße Garnelen
(ohne Kopf, mit Schale)
1 kg Tomaten · 1 Zwiebel · 2 Knoblauchzehen
1 Chilischote · 3 Frühlingszwiebeln
400 g Linguine · Salz · 3 EL Olivenöl
200 ml trockener Weißwein
(Weiß- oder Grauburgunder)
1 TL Tomatenmark · 1 EL Butter
ca. 20 schwarze Oliven (ohne Stein) · 2 EL eingelegte kleine Kapern · Pfeffer aus der Mühle
Zucker · 1 Zweig Rosmarin
6 Salbeiblätter · 1/2 Bund Thymian

ZUBEREITUNG

1. Die Garnelen schälen, am Rücken entlang (nicht zu tief) einschneiden und den Darm vorsichtig herausziehen. Die Garnelen waschen und trocken tupfen. Tomaten waschen, vierteln und entkernen, dabei die Stielansätze entfernen, Fruchtfleisch in grobe Stücke scheiden. Zwiebel und Knoblauch schälen und in feine Würfel schneiden. Chilischote längs halbieren, entkernen, waschen und ebenfalls würfeln oder in Ringe schneiden. Frühlingszwiebeln putzen, waschen und in Ringe schneiden.

2. Die Nudeln in reichlich kochendem Salzwasser nach Packungsanweisung bissfest garen.

3. Das Öl in einer großen Pfanne erhitzen und Zwiebel, Knoblauch und Chili darin farblos anbraten. Frühlingzwiebeln und Tomaten dazugeben und untermischen. Wein und Tomatenmark unterrühren, anschließend Butter, Oliven und Kapern hinzufügen. Den Sud mit Salz, Pfeffer, Zucker und etwas Kaperneinlegeflüssigkeit würzen. Alles 5 Minuten leicht köcheln lassen. Dann die Garnelen in den Sud legen und 7 bis 8 Minuten ziehen lassen.

4. Die Kräuter waschen, trocken schütteln, Nadeln bzw. Blätter fein hacken. Die Nudeln abgießen und tropfnass in die Sauce geben, alles gut mischen. Zuletzt die gehackten Kräuter hinzufügen.

Tagliatelle
mit Pfifferlingen

ZUTATEN FÜR 4–6 PERSONEN

250 g Pfifferlinge
3 Frühlingszwiebeln
3 mittelgroße festkochende Kartoffeln
Salz · 3 Tomaten · 2 EL Olivenöl
Pfeffer aus der Mühle · Zucker
1 Zweig Rosmarin · 500 g Tagliatelle
3 EL Öl · 2 Knoblauchzehen (angedrückt)
100 ml trockener Weißwein · 300 g Sahne
abgeriebene Schale von 1/2 Bio-Zitrone
Olivenöl zum Beträufeln

ZUBEREITUNG

1. Die Pfifferlinge putzen, falls nötig, mit Küchenpapier trocken abreiben, große Pilze halbieren. Die Frühlingszwiebeln putzen, waschen und in feine Streifen schneiden. Kartoffeln schälen, waschen, in Würfel schneiden und in Salzwasser etwa 10 Minuten weich garen. Abgießen und beiseitestellen.

2. Die Tomaten kreuzweise einritzen, überbrühen, häuten, vierteln und entkernen. Fruchtfleisch in Würfel schneiden und mit Olivenöl mischen. Mit Salz, Pfeffer und Zucker würzen. Rosmarin waschen, trocken tupfen, Nadeln abzupfen und fein hacken.

3. Die Nudeln in reichlich kochendem Salzwasser nach Packungsanweisung bissfest garen.

4. In einer beschichteten Pfanne 2 EL Öl erhitzen und die Pilze darin kräftig anbraten. Die Frühlingszwiebeln, die Knoblauchzehen und den Rosmarin, bis auf 1 EL, dazugeben, andünsten und mit dem Weißwein ablöschen. Mit Salz und Pfeffer würzen. Die Sahne dazugeben, die Temperatur reduzieren und alles 5 Minuten köcheln lassen.

5. Die Kartoffelwürfel im restlichen Öl knusprig braten. Die Nudeln abgießen und tropfnass unter die Pfifferlinge mischen. Das Tomatenfruchtfleisch und die Kartoffelwürfel dazugeben. Mit der Zitronenschale und dem restlichen Rosmarin würzen. Mit etwas Olivenöl beträufeln.

Fenchel-Penne
mit Champignons

ZUTATEN FÜR 4 PERSONEN

1 große Fenchelknolle
6 mittelgroße Champignons
1 Schalotte · 1 kleine Chilischote
50 g Pinienkerne
500 g Penne rigate · Salz
4 EL Olivenöl · Zucker
1 Knoblauchzehe (angedrückt)
1/4 l Gemüsebrühe
abgeriebene Schale und Saft
von 1/2 Bio-Zitrone
1 EL zerstoßene Fenchelsamen
150 g geriebener Pecorino
Olivenöl zum Beträufeln

ZUBEREITUNG

1. Die Fenchelknolle putzen (das Grün nicht entfernen), waschen, halbieren und den harten Strunk entfernen. Die Hälften in feine Scheiben schneiden. Pilze putzen, falls nötig, trocken abreiben und in Scheiben schneiden. Schalotte schälen und in Scheiben schneiden. Chili längs halbieren, entkernen, waschen und in feine Würfel schneiden. Pinienkerne in einer Pfanne ohne Fett rösten, herausnehmen und hacken.

2. Die Penne in reichlich kochendem Salzwasser nach Packungsanweisung bissfest garen.

3. Das Olivenöl in einer Pfanne erhitzen, Fenchel dazugeben und andünsten. Mit Salz und Zucker würzen. Pilze, Schalotte, Chili und Knoblauch dazugeben und andünsten. Mit Brühe ablöschen. Zitronenschale und -saft und Fenchelsamen dazugeben, 3 bis 4 Minuten köcheln lassen.

4. Die Nudeln abgießen und tropfnass in den Fenchelsud geben. Alles gut vermengen. In eine große Schüssel geben, die gerösteten Pinienkerne und den geriebenen Pecorino untermischen und mit Olivenöl beträufeln. Nach Belieben noch mit schwarzem Pfeffer und fein gehackter Petersilie bestreuen.

Conchiglioni
mit Grünkohl

ZUTATEN FÜR 6–8 PERSONEN

1 kg Grünkohl · Salz
1 Packung Conchiglioni (große Muschelnudeln; ca. 25 Stück) · 3 EL Olivenöl
2 Schalotten · 1 Knoblauchzehe
300 g Crème fraîche
2 Eigelb · Pfeffer aus der Mühle
frisch geriebene Muskatnuss
100 g geriebener Parmesan
Olivenöl zum Beträufeln
6 große Tomaten · Zucker

ZUBEREITUNG

1. Den Grünkohl putzen, waschen und in Salzwasser 3 bis 4 Minuten blanchieren. Kalt abschrecken, ausdrücken und fein hacken.

2. Die Conchiglioni in reichlich kochendem Salzwasser nach Packungsweisung bissfest garen.

3. Den Grünkohl in 1 EL Olivenöl andünsten. Schalotten und Knoblauch schälen, in feine Würfel schneiden und im restlichen Olivenöl andünsten. Crème fraîche unterrühren. Vom Herd nehmen und die Eigelbe unterrühren. Mit Salz, Pfeffer und Muskatnuss abschmecken.

4. Den Backofen auf 180 °C vorheizen. Die Nudeln abgießen und abtropfen lassen. Mit dem Grünkohl füllen und in eine Auflaufform setzen. Mit der Eigelbcreme übergießen, sodass die Conchiglioni schön voll Sauce laufen. Mit Parmesan bestreuen und mit etwas Olivenöl beträufeln. Im Ofen auf der mittleren Schiene 8 bis 12 Minuten überbacken, bis die Eigelbcreme stockt und alles etwas bräunt.

5. Die Tomaten waschen, vierteln und entkernen. dabei Stielansätze entfernen, das Fruchtfleisch in mundgerechte Stücke schneiden. Das restliche Olivenöl in einer Pfanne erhitzen und die Tomaten darin scharf anbraten. Mit Salz, Pfeffer und Zucker würzen und mit den Conchiglioni servieren.

Pappardelle
mit Wildschweinragout

ZUTATEN FÜR 4–6 PERSONEN

1 Wildschweinschulter (ca. 1,3 kg)
1 Suppengemüse
1/2 frische Knoblauchknolle
1 Zwiebel
1 walnussgroßes Stück Ingwer
1 Zweig Rosmarin
3 Zweige Thymian
3 EL Öl
Salz · Pfeffer aus der Mühle
2 Lorbeerblätter
10 schwarze Pfefferkörner
5 Wacholderbeeren
1 EL Tomatenmark
1 1/2 l Fleisch- oder Gemüsebrühe
200 ml Rotwein
1 EL Olivenöl

Außerdem:
500 g Pappardelle · Salz
1 EL gehackter Rosmarin
100 g geriebener Parmesan
Olivenöl zum Beträufeln

ZUBEREITUNG

1. Den Backofen auf 200 °C vorheizen. Die Wildschweinschulter waschen, trocken tupfen, vom Fett befreien und am Gelenk einmal durchteilen.

2. Das Suppengemüse putzen, waschen bzw. schälen und in kleine Würfel schneiden. Den Knoblauch, die Zwiebel und den Ingwer schälen und in kleine Würfel schneiden. Die Kräuterzweige waschen und trocken schütteln.

3. Das Öl in einem großen Bräter erhitzen und das Fleisch darin von allen Seiten anbraten. Mit Salz und Pfeffer würzen. Suppengemüse, Knoblauch, Zwiebel, Ingwer, Kräuter, Lorbeerblätter, Pfefferkörner und Wacholderbeeren dazugeben und andünsten. Das Tomatenmark untermischen und kurz anbraten.

4. Alles mit der Hälfte der Brühe, dem Rotwein und dem Olivenöl ablöschen. Die Wildschweinschulter mit geschlossenem Deckel im Ofen auf der mittleren Schiene 30 Minuten schmoren. Dann die Backofentemperatur auf 180 °C herunterschalten und noch etwa 1 1/2 Stunden garen. Zwischendurch die restliche Brühe dazugießen.

5. Den Bräter aus dem Ofen nehmen, das Fleisch herausnehmen und beiseitestellen. Die Sauce durch ein Sieb passieren. Das Fleisch von den Knochen lösen, in mundgerechte Stücke schneiden und mit der Sauce wieder in den Bräter geben.

6. Die Pappardelle in reichlich kochendem Salzwasser nach Packungsanweisung bissfest garen. Abgießen und tropfnass unter das Wildschweinragout mischen. Mit Salz würzen.

7. Alles auf einer Platte verteilen, mit Rosmarin und Parmesan bestreuen und mit Olivenöl beträufeln. Dazu einen Rotwein servieren.

Cannelloni
mit Hähnchenfüllung

ZUTATEN FÜR 4 PERSONEN

Für die Sauce:
6 große Tomaten
2 EL Olivenöl · Salz · Zucker

Für die Füllung:
400 g Hähnchenbrustfilet · 2 Knoblauchzehen
200 g Sahne · 1/2 TL Cayennepfeffer
Salz · Zucker · Zitronensaft
2 EL gehackte gemischte Kräuter (z. B. Bohnenkraut, Petersilie, Rosmarin, Thymian)

Außerdem:
12–16 Cannelloni (Fertigprodukt)
je 50 g geriebener Parmesan und Bergkäse
1 Ei · 200 g Sahne · Olivenöl zum Beträufeln
grob zerstoßener schwarzer Pfeffer

ZUBEREITUNG

1. Für die Sauce die Tomaten kreuzweise einritzen, überbrühen, kalt abschrecken, häuten und vierteln. Das Fruchtfleisch in Stücke schneiden und mit dem Olivenöl zerstampfen. Mit Salz und 1 Prise Zucker würzen und in eine Auflaufform geben.

2. Den Backofen auf 180 °C vorheizen. Für die Füllung das Hähnchenfilet waschen und trocken tupfen. Knoblauch schälen und mit dem Fleisch in den Küchenmixer geben. Sahne, Cayennepfeffer, Salz, 1 Prise Zucker und etwas Zitronensaft dazugeben und alles zu einer feinen Farce zerkleinern. Dann mit den gehackten Kräutern mischen. Die Farce in einen Spritzbeutel geben und die Cannelloni damit füllen. Cannelloni auf die Tomatensauce setzen.

3. Parmesan, Bergkäse, Ei und restliche Sahne verrühren und über die Cannelloni gießen. Mit etwas Olivenöl beträufeln und im Ofen auf der mittleren Schiene 40 Minuten überbacken.

4. Vor dem Servieren etwas abkühlen lassen, dann auf Teller verteilen und mit Pfeffer bestreuen. Dazu passt ein Chianti Classico vom Weingut Nittardi.

Penne
mit Pilzen

ZUTATEN FÜR 4 PERSONEN

500 g Pfifferlinge oder Steinpilze
3 Frühlingszwiebeln
2 Stangen Staudensellerie
(am besten aus der Mitte)
1 rote Zwiebel
1 Knoblauchzehe
400 g Penne rigate · Salz
1 EL Butterschmalz
1 EL Olivenöl
100 ml trockener Weißwein
200 ml Hühner- oder Gemüsebrühe
1 EL Butter · Pfeffer aus der Mühle
1 Bund Petersilie
200 g geriebener Parmesan

ZUBEREITUNG

1. Die Pfifferlinge putzen und, falls nötig, mit Küchenpapier trocken abreiben. Die Frühlingszwiebeln und den Staudensellerie putzen, waschen und in feine Ringe bzw. in Stücke schneiden. Die rote Zwiebel und den Knoblauch schälen und in sehr feine Würfel schneiden.

2. Die Nudeln in reichlich kochendem Salzwasser nach Packungsanweisung bissfest garen.

3. Das Butterschmalz und das Olivenöl in einer Pfanne erhitzen und die Pfifferlinge darin 1 bis 2 Minuten anbraten. Die Zwiebel und den Knoblauch hinzufügen und andünsten. Den Wein, die Brühe und die Butter dazugeben und etwa 10 Minuten leicht köcheln lassen, dabei mit Salz und Pfeffer würzen.

4. Die Petersilie waschen, trocken schütteln, die Blätter abzupfen und fein hacken. Die Nudeln abgießen und tropfnass mit der Pilzsauce mischen. Die Petersilie untermischen. Penne in tiefen Tellern anrichten und mit Parmesan bestreuen.

Paella
mit Meeresfrüchten, Fisch und Kaninchen

ZUTATEN FÜR 6–8 PERSONEN

250 g mittelgroße Garnelen
(ohne Kopf, mit Schale)
200 g kleine Tintenfische
200 g Seeteufelfilet
(ersatzweise Dorade oder Wolfsbarsch)
500 g Miesmuscheln
4 Hähnchenkeulen
250 g Kaninchenrückenfilet
2 Zwiebeln · 2 Knoblauchzehen
2–3 Stangen Staudensellerie
je 1 rote und gelbe Paprikaschote
1 kleine Chilischote
100 g frische Erbsenschoten
(ersatzweise 50 g tiefgekühlte Erbsen)
1 Bund Petersilie · 1 Bio-Zitrone
4–5 EL Olivenöl
Salz · Pfeffer aus der Mühle
200 ml Weißwein
500 g Paella-Reis (z. B. Arroz Bomba)
1 l Hühnerbrühe
1 Döschen Safranfäden (0,1 g)

ZUBEREITUNG

1. Die Garnelen schälen, am Rücken entlang einschneiden und den Darm entfernen. Die Garnelen waschen und trocken tupfen. Die Tintenfische säubern, waschen, trocken tupfen und in Ringe oder Stücke scheiden. Das Fischfilet waschen, trocken tupfen und in mundgerechte Stücke schneiden. Muscheln unter fließendem kaltem Wasser gründlich säubern, dabei bereits geöffnete Exemplare aussortieren.

2. Die Hähnchenkeulen waschen, trocken tupfen, am Gelenk einschneiden und teilen. Das Kaninchenfleisch in mundgerechte Stücke schneiden. Die Zwiebeln und die Knoblauchzehen schälen und in feine Würfel schneiden. Den Staudensellerie putzen, waschen und in Würfel schneiden. Die Paprikaschoten und die Chilischote längs halbieren, entkernen, waschen und in Würfel schneiden bzw. fein hacken. Die frischen Erbsen palen. Die Petersilie waschen, trocken schütteln, die Blätter abzupfen und fein hacken. Die Zitrone heiß waschen, trocken reiben und mit Schale in kleine Stücke schneiden.

3. In einer Pfanne 1 EL Olivenöl erhitzen und die Hähnchenkeulen darin etwa 5 Minuten kräftig anbraten. Mit Salz und Pfeffer würzen, herausnehmen. Das Kaninchenfleisch in einer Pfanne 2 bis 3 Minuten braten, herausnehmen. Den Bratensatz mit dem Wein ablöschen.

4. In einer großen Pfanne mit hohem Rand 3 bis 4 EL Olivenöl erhitzen und die Zwiebel und den Sellerie darin kurz andünsten. Den Reis, den Knoblauch und die Chili dazugeben und andünsten. Zwei Drittel der Brühe und den Bratensatz angießen. Die Hähnchenteile hinzufügen, mit dem Reis vermengen und 5 Minuten garen.

5. Den Safran mit 2 EL warmem Wasser oder Brühe verrühren. Diese Mischung, die Paprikaschoten, die Erbsen und die Zitrone zum Reis geben, weitere 5 Minuten garen. Sobald die Flüssigkeit fast verdampft ist, wieder neue Brühe angießen.

6. Garnelen, Tintenfische, Fisch, Muscheln und Kaninchen dazugeben und die Flüssigkeit einköcheln lassen. Die Flüssigkeitszugabe während der Garzeit ständig wiederholen. Die Paella ist fertig, wenn der Reis schön cremig ist, aber auch noch etwas „Biss" hat (das dauert 30 bis 35 Minuten).

TIPP

Paella ist ein Pfannengericht und gart 30 bis 35 Minuten. Dieses spanische Traditionsgericht lebt von einer Vielzahl an Aromen. Selbstverständlich können die Zutaten ergänzt, reduziert oder manche Dinge sogar weggelassen werden. Auf Hühnerfleisch, Garnelen, Muscheln, Knoblauch und Safran sollte man allerdings nicht verzichten.

Risotto
mit Radicchio

ZUTATEN FÜR 4 PERSONEN

ca. 2 l Fleisch- oder Hühnerbrühe
2 Schalotten
2 Knoblauchzehen
70 g Butter
400 g Risotto-Reis
100 ml Weißwein
2 mittelgroße Radicchio
3 EL Olivenöl
Salz · Zucker
50 g Pinienkerne
1 Ziegenfrischkäsetaler (ca. 50 g)
2 EL Thymianblättchen
Olivenöl zum Beträufeln

ZUBEREITUNG

1. Die Brühe erhitzen. Die Schalotten und den Knoblauch schälen und in sehr feine Würfel schneiden. Die Butter in einem Topf erhitzen und die Schalotten und den Knoblauch darin andünsten. Den Reis dazugeben und glasig dünsten. Mit dem Wein ablöschen und einköcheln lassen. So viel heiße Brühe angießen, dass der Reis bedeckt ist, und unter häufigem Rühren einköcheln lassen. Den Vorgang wiederholen, bis der Reis nach etwa 25 Minuten bissfest ist.

2. Inzwischen den Radicchio putzen, waschen, vierteln und den Strunk herausschneiden. 2 EL Olivenöl erhitzen und den Radicchio darin etwa 4 Minuten braten. Mit Salz und 1 Prise Zucker würzen. Die Pinienkerne in einer Pfanne ohne Fett rösten.

3. Den Käse in Stücke schneiden und unter den Risotto rühren. Mit dem restlichen Olivenöl, Salz und dem Thymian abschmecken. Den Risotto auf Teller geben, den Radicchio darauf anrichten und mit den Pinienkernen bestreuen. Mit etwas Olivenöl beträufeln. Dazu einen Rotwein aus dem Norden Italiens, also Barolo oder Barbaresco, servieren.

Rotelle
mit Reh-Bolognese

ZUTATEN FÜR 4–6 PERSONEN

1 Rehschulter (ca. 1 kg) · Salz
2 Möhren · 1/4 Knollensellerie
2 Stangen Lauch · 1 Zwiebel
2 Stangen Staudensellerie · 1 Knoblauchknolle
1 Stück fetter Speck (30 g)
2 EL Butterschmalz · 1 Chilischote
je 2 Zweige Thymian und Rosmarin
1 EL Tomatenmark · Pfeffer aus der Mühle
Zucker · 200 ml trockener Weißwein
ca. 1 EL Olivenöl
1 Dose Tomaten (400 g Inhalt)
500 g Rotelle oder breite Bandnudeln

ZUBEREITUNG

1. Rehschulter waschen, trocken tupfen und mit Salz würzen. Gemüse putzen, waschen bzw. schälen und in Würfel oder Streifen schneiden. Zwiebel schälen und in Würfel schneiden. Sellerie putzen, waschen und in Würfel schneiden. Knoblauchknolle halbieren. Speck in Streifen schneiden.

2. Das Butterschmalz in einem großen Bräter erhitzen und die Rehschulter darin rundherum anbraten. Suppengemüse, Speck, Knoblauch, Chili, Kräuterzweige und Tomatenmark dazugeben und kurz andünsten. Mit Salz, Pfeffer und Zucker würzen. Mit Wein und 1 l Wasser ablöschen, das Olivenöl hinzufügen und alles zugedeckt bei mittlerer Hitze 1 1/2 Stunden schmoren lassen.

3. Den Bräter aus dem Ofen nehmen, das Fleisch, Kräuter, Knoblauch und Chili herausnehmen. Das Fleisch von den Knochen lösen, in Würfel schneiden und zurück in den Bräter geben. Sellerie und die Tomaten ohne Saft hinzufügen und alles erhitzen. Mit Salz und Pfeffer abschmecken.

4. Die Nudeln in reichlich kochendem Salzwasser nach Packungsanweisung bissfest garen. Abgießen und tropfnass mit der Bolognese mischen. Auf einer großen Platte servieren. Nach Belieben Parmesan und Olivenöl dazu reichen. Dazu passt Chianti.

Gnocchi
mit Pfifferlingen

ZUTATEN FÜR 4 PERSONEN

300 g Pfifferlinge (außerhalb der Saison z. B. Kräuterseitlinge, Austern- oder Shiitake-Pilze)
1 Bund Petersilie
2 Schalotten
1 Knoblauchzehe
2 EL Butterschmalz
Salz · Pfeffer aus der Mühle
100 ml Weißwein
200 ml Hühner- oder Gemüsebrühe
400 g frische Gnocchi
2 EL Orangensaft
1 EL geriebene Bio-Orangenschale
2 EL Crème fraîche
ca. 4 EL geriebener Parmesan

ZUBEREITUNG

1. Die Pfifferlinge putzen und, falls nötig, mit Küchenpapier trocken abreiben. Die Petersilie waschen, trocken tupfen, die Blätter abzupfen und fein hacken. Die Schalotten und die Knoblauchzehe schälen und in feine Würfel schneiden.

2. Das Butterschmalz in einer beschichteten Pfanne erhitzen und die Schalotten und den Knoblauch darin andünsten. Die Pfifferlinge hinzufügen und 1 bis 3 Minuten anbraten. Mit Salz und Pfeffer würzen. Den Weißwein und die Brühe hinzufügen und noch 4 bis 5 Minuten schmoren.

3. Die Gnocchi in reichlich kochendem Salzwasser nach Packungsanweisung garen. Wenn sie an die Oberfläche steigen, sind sie fertig.

4. Den Orangensaft und die -schale sowie die Crème fraîche zu den Pfifferlingen geben. Zuletzt die Petersilie unterrühren.

5. Gnocchi mit dem Schaumlöffel aus dem Kochwasser heben und vorsichtig mit den Pilzen vermengen. Auf Teller verteilen und mit Parmesan bestreuen.

Gemüsereis
mit Crevetten

ZUTATEN FÜR 4–6 PERSONEN

je 2 rote und gelbe Paprikaschoten
1/2 mittelgroßer Spitzkohl
1 mittelgroßer Zucchino · 2 Knoblauchzehen
2 Zwiebeln · 1 scharfe Chilischote
500 g Basmati-Reis · Salz · 500 g tiefgekühlte Alaska-Crevetten · 80 ml Olivenöl
350 g tiefgekühlte Erbsen · 1/2 l Gemüsebrühe
1 Bund Dill (gehackt) · 1 EL geriebener Ingwer
abgeriebene Schale und Saft von 1 Bio-Zitrone
Pfeffer aus der Mühle

ZUBEREITUNG

1. Backofengrill vorheizen. Paprika halbieren, entkernen und waschen. Auf ein Backblech legen und unter dem Grill auf höchster Stufe etwa 8 Minuten garen, bis die Haut dunkel wird und Blasen wirft. Herausnehmen, mit einem feuchten Tuch bedecken, abkühlen lassen. Dann häuten und würfeln.

2. Spitzkohl putzen, waschen, den harten Strunk entfernen, Kohl in Streifen schneiden. Zucchino putzen, waschen und in Streifen schneiden. Knoblauch schälen und fein hacken. Zwiebeln schälen und in Spalten schneiden. Die Chilischote längs halbieren, entkernen, waschen und fein hacken.

3. Reis in einem Sieb gründlich mit kaltem Wasser abspülen. In einem Topf mit 1 l Salzwasser zugedeckt bei schwacher Hitze etwa 20 Minuten garen.

4. Die Crevetten gefroren mit kochendem Wasser übergießen. In ein Sieb abgießen und abtropfen lassen. 3 EL Olivenöl in einer beschichteten Pfanne erhitzen und Zwiebeln, Knoblauch, Kohl und Chili darin anbraten. Paprika, Zucchino und Erbsen dazugeben, andünsten, mit Brühe ablöschen und etwa 10 Minuten garen. Dill waschen, trocken schütteln, Spitzen abzupfen und fein hacken.

5. Übriges Olivenöl, Ingwer, Zitronenschale und -saft verrühren. Reis und Crevetten unter das Gemüse mischen und mit Ingwermarinade, Dill, Salz und Pfeffer würzen.

Frühlingsrisotto
mit Tomaten und Knoblauch

ZUTATEN FÜR 4–6 PERSONEN

Für den Risotto:
mind. 1 1/2 l Fleisch- oder Hühnerbrühe
2 Frühlingszwiebeln
2 frische Knoblauchzehen (oder 2 EL vom Stiel des frischen Knoblauchs, in Scheiben)
2 EL Olivenöl · 500 g Risotto-Reis
100 ml Weißwein (z. B. Pinot grigio)
1 EL Butter · 50 g geriebener Pecorino
abgeriebene Schale und Saft von 1 Bio-Limette · Salz

Außerdem:
6 Tomaten · 4 EL Olivenöl · Salz · Zucker
3 Bund Frühlingszwiebeln

ZUBEREITUNG

1. Für den Risotto die Brühe erhitzen. Die Frühlingszwiebeln putzen, waschen und sehr fein schneiden. Den Knoblauch schälen und in feine Scheiben schneiden.

2. Das Olivenöl in einem Topf erhitzen. Das Weiße der Frühlingszwiebeln und den Knoblauch darin andünsten. Den Reis dazugeben und glasig dünsten. Mit dem Wein ablöschen und einköcheln lassen. So viel heiße Brühe angießen, dass der Reis bedeckt ist, und unter häufigem Rühren einköcheln lassen. Den Vorgang wiederholen, bis der Reis nach etwa 25 Minuten bissfest ist.

3. Die Tomaten waschen, vierteln und entkernen, dabei die Stielansätze entfernen. Fruchtfleisch in Würfel schneiden. 2 EL Öl dazugeben und mit Salz und Zucker würzen. Frühlingszwiebeln putzen, waschen und im Ganzen im restlichen Öl etwa 6 Minuten braten. Mit Salz und Zucker würzen.

4. Das Grüne der Frühlingszwiebeln, Butter, Pecorino, Limettenschale und -saft unter den Risotto rühren. Mit Salz abschmecken. Die Tomaten und die Frühlingszwiebeln auf dem Risotto anrichten.

Risotto
mit Hähnchenbrust

ZUTATEN FÜR 4 PERSONEN

ca. 1 1/2 l Fleisch- oder Hühnerbrühe
2 Schalotten
2 EL Olivenöl
400 g Risotto-Reis
4 Hähnchenbrustfilets (à ca. 150 g)
Salz · Pfeffer aus der Mühle
2 EL Butterschmalz
Zitronensaft
1/2 Bund Petersilie
2 Döschen Safranfäden (à 0,1 g)
1 EL Butter
50 g geriebener Parmesan

ZUBEREITUNG

1. Die Brühe erhitzen. Die Schalotten schälen und in sehr feine Würfel schneiden.

2. Das Olivenöl in einem Topf erhitzen und die Schalotten darin andünsten. Den Reis dazugeben und glasig dünsten. So viel heiße Brühe dazugießen, dass der Reis bedeckt ist, dann unter häufigem Rühren einköcheln lassen. Den Vorgang wiederholen, bis der Reis nach etwa 25 Minuten bissfest gegart ist.

3. Inzwischen die Hähnchenbrustfilets waschen, trocken tupfen und mit Salz und Pfeffer würzen. Das Butterschmalz in einer Pfanne erhitzen und das Fleisch darin auf jeder Seite 3 bis 4 Minuten braten. Mit etwas Zitronensaft beträufeln.

4. Die Petersilie waschen, trocken schütteln, die Blätter abzupfen und fein hacken. Den Safran mit etwas Brühe verrühren und unter den Risotto mischen. Butter, Petersilie und Parmesan unterrühren. Mit Salz abschmecken. Den Risotto mit Hähnchenbrust auf Tellern anrichten.

Pici-Nudeln
mit Wildschweinsauce

ZUTATEN FÜR 4 PERSONEN

350 g Mehl · 1 Ei · 4 EL Olivenöl · Salz
150 g Wildschweinsalami (oder andere Salami)
1 Bund Frühlingszwiebeln · 2 Knoblauchzehen
1 Chilischote · 1 Dose Tomaten (800 g Inhalt)
100 ml Tomatensaft · 1 EL Tomatenmark
Pfeffer aus der Mühle · Zucker
150 g geraspelter Parmesan

ZUBEREITUNG

1. Für den Teig das Mehl auf ein großes Küchenbrett oder die Arbeitsfläche häufen und eine Mulde hineindrücken. Das Ei, 2 EL Olivenöl, Salz und nach und nach vorsichtig maximal 200 ml Wasser dazugeben und alles zu einem glatten Teig verkneten. Den Teig zu einer Kugel formen, in Frischhaltefolie wickeln und 30 Minuten ruhen lassen.

2. Den Teig nochmals durchkneten, halbieren und jeweils zu einer langen Rolle formen. In 1 cm dicke Scheiben schneiden und jeweils auf bemehlter Arbeitsfläche mit angefeuchteten Händen zu Pici-Nudeln (dicke Spaghetti, toskanische Nudeln) formen und bis zur weiteren Verwendung auf einer bemehlten Fläche aufbewahren.

3. Für den Sugo die Salami in Würfel schneiden. Frühlingszwiebeln putzen, waschen und in Streifen schneiden. Knoblauch schälen und in feine Würfel schneiden. Chilischote längs halbieren, entkernen, waschen und fein hacken.

4. Das restliche Olivenöl erhitzen, Salami und Frühlingszwiebeln darin anbraten. Knoblauch und Chili dazugeben und andünsten. Tomaten mit der Flüssigkeit, Tomatensaft und -mark hinzufügen, mit Salz, Pfeffer und Zucker würzen. Alles 15 Minuten köcheln, dann mit dem Kartoffelstampfer zerdrücken.

5. Die Pici-Nudeln in reichlich kochendem Salzwasser 15 Minuten garen. In ein Sieb abgießen und tropfnass unter die Tomatensauce mischen. In tiefen Tellern anrichten und mit Parmesan bestreuen.

Graupenrisotto
mit Rehschnitzeln

ZUTATEN FÜR 4 PERSONEN

Für den Risotto:
2 Schalotten · 2 Knoblauchzehen · 30 g Butter
150 g Graupen · 2 EL trockener Weißwein
ca. 1 l heiße Fleisch- oder Hühnerbrühe
2 Stangen Staudensellerie
80 g geriebener Parmesan
Olivenöl zum Beträufeln · Salz

Für die Rehschnitzel:
4 Scheiben ausgelöste Rehkeule
(ohne Sehnen und Haut)
Salz · Pfeffer aus der Mühle · 2 EL Pinienkerne
1 Tasse Paniermehl · 1 EL getrockneter Oregano
10 zerstoßene Pfefferkörner
Mehl zum Wenden · 2 Eier · 3 EL Butterschmalz
je 1 Zweig Rosmarin und Thymian
1 kleines Stück Staudensellerie

ZUBEREITUNG

1. Für den Risotto Schalotten und Knoblauch schälen und in feine Würfel schneiden. In der Butter andünsten. Graupen dazugeben und andünsten. Mit Wein ablöschen. So viel Brühe angießen, dass die Graupen bedeckt sind, unter häufigem Rühren einköcheln lassen. Vorgang wiederholen, bis die Graupen nach etwa 25 Minuten bissfest sind.

2. Für die Schnitzel das Fleisch zwischen zwei Lagen Folie flach klopfen. Die Schnitzel mit Salz und Pfeffer würzen. Pinienkernen hacken, mit Paniermehl, Oregano und Pfeffer mischen. Das Fleisch zuerst in Mehl wenden, dann durch die verquirlten Eier ziehen, zuletzt im Paniermehl wenden. Butterschmalz in einer Pfanne erhitzen und die Rehscheiben mit Rosmarin, Thymian und Sellerie darin bei mittlerer Hitze 4 bis 6 Minuten braten.

3. Für den Risotto Sellerie putzen, waschen und in feine Scheiben schneiden. Mit Parmesan und etwas Öl unter den Risotto mischen, mit Salz würzen. Risotto mit den Rehschnitzeln servieren.

»Gute Weine mit guten Freunden verkosten – etwas Schöneres gibt es kaum. In unserem Weinclub machen wir das regelmäßig und treffen uns dafür immer in einem Restaurant.«

»Wir zahlen ein Korkgeld, und ich genieße es, einmal nicht am Herd zu stehen, sondern Gast zu sein. Das ist für mich totale Entspannung.«

»Heute treffen wir uns bei meinem Stammitaliener ›Mamma Mia‹, raffinierte bodenständige Küche, wie ich sie am liebsten mag. Und dass nicht nur Wein Laune macht, ist nicht zu übersehen.«

Sieben Freunde müsst ihr sein, nicht elf, das reicht vollkommen fürs Glück. Der beste Beweis dafür ist mein Weinclub. Er besteht aus sieben Mitgliedern, ein Koch, ein Anwalt, ein Reeder, ein Manager, ein Restaurantbesitzer, zwei Weinhändler, alles Herren desselben Alters, alles Weinliebhaber, keiner ein Angeber oder Prestigetrinker, der mit blödsinnig teuren Flaschen protzt. Wir machen kein Gedöns um unseren Club, haben noch nicht einmal einen richtigen Namen, sondern kommen einfach alle zwei Monate zusammen, um zwanglos Weine zu verkosten. Jeder bringt eine Flasche mit, oft gibt es Themenabende, dann trinken wir nur Italien, nur Bordeaux oder nur Kalifornisches. Und ab und zu leisten wir uns etwas ganz Besonderes, einen alten Jahrgang oder Wunderwein aus der Toskana. Das sind unvergessliche Erlebnisse, weil es etwas ganz anderes ist, Wein mit Freunden statt alleine zu trinken. Zu Orgien werden unsere Abende aber nie. Dass einer betrunken umfällt, das ist noch nie vorgekommen. So jung sind wir nun auch wieder nicht mehr.

»Geteilte Freude ist doppelte Freude. Das gilt beim Wein ganz besonders. In unserer Runde tauschen wir unsere Erfahrungen aus, lernen voneinander, schärfen gegenseitig unsere Sinne.«

»So wird jeder Abend und jeder Wein zu etwas Außergewöhnlichem. Ich habe in meinem Keller viele Flaschen, die ich in unserem Club zum ersten Mal kennengelernt habe.«

Fisch & Meeresfrüchte

Scharfe Garnelen
mit Zuckerschoten

ZUTATEN FÜR 4 PERSONEN

1 kg Garnelen (ohne Kopf, mit Schale)
1 Bund Frühlingszwiebeln
2 scharfe, kleine Chilischoten
1 walnussgroßes Stück Ingwer
3 Knoblauchzehen
100 g Zuckerschoten
je 2 EL Erdnuss- und Sonnenblumenöl
1 EL Zucker
abgeriebene Schale von 1/2 Bio-Zitrone
2 EL Sojasauce
1 EL Reiswein
1 EL geröstetes Sesamöl
100 ml Gemüsebrühe
Zitronensaft

ZUBEREITUNG

1. Die Garnelen bis auf den Schwanzfächer schälen. Den Darm entfernen, die Garnelen waschen und trocken tupfen. Der Länge nach bis zum Schwanzansatz durchschneiden. So hängt die Garnele noch zusammen und wird optimal gegart.

2. Die Frühlingszwiebeln putzen, waschen und in feine Ringe schneiden. Die Chilischoten waschen und mit Kernen sehr fein hacken. Den Ingwer und den Knoblauch schälen und fein reiben. Die Zuckerschoten putzen, waschen und halbieren.

3. Die Öle in einem Wok oder einer Pfanne mit hohem Rand erhitzen. Garnelen, Frühlingszwiebeln, Chilischoten und Zuckerschoten dazugeben und unter Rühren braten. Mit Zucker würzen. Den Ingwer, den Knoblauch und die Zitronenschale hinzufügen und mit der Sojasauce, dem Reiswein, Sesamöl und Brühe ablöschen. Nochmals alles gut durchrühren und mit etwas Zitronensaft abschmecken. Als Beilage schmeckt Basmati-Reis. Dazu passt ein Bier oder ein Riesling aus dem Rheingau.

Gegrillter Loup de Mer
mit Schinkenfüllung

ZUTATEN FÜR 4 PERSONEN

1 küchenfertiger Loup de Mer
(Wolfsbarsch; 800–900 g)
3 Stiele Fenchelkraut
4 Scheiben luftgetrockneter Schinken
(z. B. Parmaschinken oder Pata Negra)
Olivenöl zum Bepinseln

ZUBEREITUNG

1. Den Grill anheizen. Den Loup de Mer innen und außen waschen und trocken tupfen. Das Fenchelkraut waschen und trocken tupfen. Den Fisch mit dem Fenchelkraut und dem Schinken füllen, von beiden Seiten mit Olivenöl einpinseln und in eine Grillspange geben.

2. Den Fisch auf dem Grill 20 bis 30 Minuten garen. Zwischendurch mehrmals wenden. Den Fisch nicht salzen, denn er nimmt den salzigen Geschmack des Schinkens an. Einfach mit etwas frischem Olivenöl genießen.

TIPP

Dazu passt Spinat-Tomaten-Salat (S. 79), Möhren-Orangen-Salat (S. 80) oder einfach frisches Weißbrot.

Lachs
in drei Variationen

ZUTATEN FÜR 4 PERSONEN

Für den gebeizten Lachs:
1 kg frisches Lachsfilet (mit Haut)
300 g Meersalz
200 g Zucker
60 g Fenchelsamen
60 g Senfkörner
40 g Korianderkörner
1 Bio-Zitrone
4 frische Lorbeerblätter
4 große Stängel Bronzefenchel oder Fenchelkraut
4 EL Sonnenblumenöl

Für das Lachstatar:
250 g sehr frisches Lachsfilet
Eiswürfel
50 g Salatgurke
1 Schalotte
Salz · Pfeffer aus der Mühle
1 TL Zitronensaft

Für das Lachscarpaccio:
200 g sehr frisches Lachsfilet
1 TL Zitronensaft
Zucker · Meersalz
Pfeffer aus der Mühle
1 TL Traubenkernöl
1 TL Sonnenblumenöl

ZUBEREITUNG

1. Für den gebeizten Lachs das Lachsfilet waschen, trocken tupfen und die Gräten herausziehen. Das Salz, den Zucker, die Fenchelsamen, die Senf- und Korianderkörner vermischen. Das Lachsfilet in eine tiefe Schüssel legen und großzügig mit der Gewürzmischung bedecken.

2. Die Zitrone heiß waschen, trocken abreiben und bis zur weißen Haut Schale abschälen. Die Schale in Streifen schneiden, etwas andrücken und drehen – so wird das Aroma freigesetzt. Die Lorbeerblätter zerteilen. Die Zitronenstreifen, die Lorbeerblätter und Bronzefenchel oder Fenchelkraut auf den Lachs legen. Alles mit Frischhaltefolie abdecken und im Kühlschrank mindestens 16 Stunden ziehen lassen.

3. Dann die Gewürzschicht vorsichtig mit dem Messerrücken abschaben. Den gebeizten Lachs mit dem Sonnenblumenöl einpinseln, damit er nicht austrocknet. Das Filet in hauchdünnen Scheiben von der Haut abschneiden. Den Lachs zu Pellkartoffeln, Rösti, auf Weißbrot oder mit Salat servieren. In Folie eingeschlagen, hält sich das gebeizte Lachsfilet mehrere Tage im Kühlschrank.

4. Für das Lachstatar das Lachsfilet erst in etwa 3 mm dicke Scheiben schneiden und diese dann sehr fein würfeln. Sofort in eine Metallschüssel auf Eis geben.

5. Die Gurke schälen, längs halbieren, entkernen und ebenfalls in kleine Würfel schneiden. Schalotte schälen und in sehr feine Würfel schneiden. In einer Schüssel mit kochendem Wasser überbrühen, damit der scharfe Zwiebelgeschmack den Lachs nicht übertönt, dann abgießen.

6. Gurke, Schalotte, etwas Salz, Pfeffer und Zitronensaft zu den Lachswürfeln geben und vorsichtig vermischen. Das Tatar im Kühlschrank 1 Stunde ziehen lassen und nochmals mit Salz oder Zitrone abschmecken.

7. Für das Lachscarpaccio das Lachsfilet in feine Scheiben schneiden. Den Zitronensaft, 1 Prise Zucker, Meersalz und Pfeffer sowie beide Öle verrühren. Vier Teller mit etwas Marinade bepinseln. Die Lachsscheiben darauf verteilen und mit der Marinade nochmals leicht bepinseln. Das Carpaccio zuletzt noch mit 1 Prise Meersalz bestreuen.

Matjesfilets
mit Bohnen und Speck

ZUTATEN FÜR 4 PERSONEN

1 kg neue festkochende Kartoffeln
Salz · 1 TL ganzer Kümmel
400 g grüne Bohnen
1/2 Bund Bohnenkraut
2 Schalotten
4 EL Butter
Meersalz · Pfeffer aus der Mühle
100 g durchwachsener Speck
4 Doppelmatjesfilets oder 8 Matjesfilets

ZUBEREITUNG

1. Die Kartoffeln mit der Schale gründlich waschen und in Salzwasser mit dem Kümmel weich garen.

2. Die Bohnen putzen, waschen und in kochendem Salzwasser 5 Minuten garen. Abgießen, kalt abschrecken und abtropfen lassen.

3. Das Bohnenkraut waschen, trocken schütteln, die Blätter abzupfen und sehr fein hacken. Die Schalotten schälen, in Streifen schneiden und in 1 EL Butter andünsten. Die Bohnen dazugeben und mit Meersalz und Pfeffer würzen. Das Bohnenkraut untermischen.

4. Den Speck in feine Streifen schneiden und in der restlichen Butter in einer Pfanne anrösten. Sobald sich am Pfannenboden etwas Röstaroma gesammelt hat, 100 ml Wasser dazugießen und den Speck 2 Minuten ziehen lassen.

5. Die Kartoffeln abgießen und ausdampfen lassen. Die Matjesfilets mit der Speckstippe, Bohnen und den neuen Kartoffeln servieren.

Eingelegte Bratheringe
im Zwiebelsud

ZUTATEN FÜR 4 PERSONEN

Für den Sud:
3 Zwiebeln · 1/4 l Weißwein
100 ml Weißweinessig
10 Lorbeerblätter
10 Pimentkörner
20 schwarze Pfefferkörner
1 EL Senfkörner
1 EL Salz · 1 EL Zucker
einige Stiele Petersilie

Für die Heringe:
12 frische Heringe (ohne Kopf, küchenfertig)
Mehl zum Wenden · Salz
3 EL Butterschmalz

ZUBEREITUNG

1. Zwei Tage zuvor für den Sud die Zwiebeln schälen und in dünne Scheiben schneiden. Die Zwiebeln mit 1/2 l Wasser, Wein, Essig, Lorbeerblättern, Piment-, Pfeffer- und Senfkörnern, Salz, Zucker und Petersilie in einem Topf aufkochen. Bei schwacher Hitze 15 Minuten ziehen lassen, dann vom Herd nehmen und lauwarm abkühlen lassen.

2. Inzwischen die Heringe innen und außen waschen und trocken tupfen. Etwas Mehl auf einen Teller geben. Die Heringe mit Salz würzen und im Mehl wenden. Das überschüssige Mehl abklopfen. Das Butterschmalz in einer Pfanne erhitzen und die Heringe auf jeder Seite 3 bis 4 Minuten goldbraun braten. Die Heringe auf Küchenpapier abtropfen lassen.

3. Die gebratenen Heringe in eine große Auflaufform oder Schale legen, mit dem lauwarmen Sud übergießen und auskühlen lassen. Zugedeckt im Kühlschrank 2 Tage durchziehen lassen. Zwischendurch einmal wenden.

4. Die eingelegten Heringe mit Zwiebeln und etwas Sud auf Tellern anrichten. Dazu passen Bratkartoffeln oder Brot.

Schollenfilets
aus dem Kochbeutel

ZUTATEN FÜR 4 PERSONEN

Für die Scholle:
je 1 gelbe und rote Möhre
1/2 mittelgroße Fenchelknolle
2 Frühlingszwiebeln
2 Schalotten
2 EL Olivenöl
Salz · Zucker
8 Schollenfilets (à 80 g; ohne Haut)
4 EL Butter
4 EL trockener Weißwein
1/2 Bund Petersilie

Außerdem:
4 Bratbeutel (ca. 25 x 20 cm)

ZUBEREITUNG

1. Die Möhren putzen, schälen und in Scheiben schneiden. Fenchel putzen, waschen und den harten Strunk herausschneiden. Fenchel in Scheiben schneiden. Die Frühlingszwiebeln putzen, waschen und in Ringe schneiden. Die Schalotten schälen und in gleichmäßige, feine Scheiben schneiden. Das Olivenöl in einer Pfanne erhitzen und das Gemüse darin unter Rühren kräftig anbraten. Mit Salz und Zucker würzen.

2. Die Gemüse noch warm auf die Bratbeutel verteilen. Die Schollenfilets waschen, trocken tupfen, mit Salz würzen und auf das Gemüse legen. Je 1 EL Butter, Wein und Wasser darauf verteilen und die Beutel mit einem Bindfaden verschließen. Wasser in einem flachen Topf erhitzen, sodass es leicht köchelt. Die Beutel hineingeben und den Fisch 10 Minuten ziehen lassen.

3. Die Petersilie waschen, trocken schütteln, die Blätter abzupfen und fein hacken. Die Beutel aufschneiden, jeweils auf einen Teller geben und mit der Petersilie bestreut servieren. Dazu passen Petersilienkartoffeln.

Schellfischfilets
mit Senfsauce

ZUTATEN FÜR 4 PERSONEN

Für die Petersilienkartoffeln:
1 kg festkochende Kartoffeln
Salz · 1 Bund Petersilie

Für den Schellfisch:
4 Schellfischfilets (à ca. 150 g; mit Haut)
Salz · 1 Bio-Zitrone
2 Zwiebeln · 1 Bund Petersilie
200 ml trockener Weißwein
100 ml trockener Wermut (z. B. Noilly Prat)
10 schwarze Pfefferkörner · 4 Lorbeerblätter

Für die Senfsauce:
200 g Naturjoghurt · 2 EL Dijon-Senf
1 EL weiche Butter · Salz · Zucker
Zitronensaft

ZUBEREITUNG

1. Für die Petersilienkartoffeln Kartoffeln schälen und in Salzwasser weich garen. Petersilie waschen, trocken schütteln, Blätter abzupfen und hacken.

2. Für den Fisch die Filets waschen, trocken tupfen und etwas salzen. Zitrone waschen, trocken reiben und in Scheiben schneiden. Zwiebeln schälen und in Scheiben schneiden. Die Petersilie waschen, trocken schütteln, Blätter abzupfen und hacken.

3. In einem Topf 1 1/2 l Wasser mit Wein, Wermut, Zitrone, Zwiebeln, Petersilie, Pfefferkörner, Lorbeerblätter und Salz etwa 10 Minuten kochen, dann die Hitze reduzieren. Die Schellfischfilets mit der Haut nach oben in den Sud legen und darin etwa 5 Minuten garen lassen.

4. Für die Senfsauce Joghurt bei schwacher Hitze erwärmen, Senf und Butter unterrühren. Mit Salz, 1 Prise Zucker und 1 Spritzer Zitronensaft würzen. Die Sauce darf nicht kochen, sonst flockt sie aus.

5. Kartoffeln abgießen, ausdampfen lassen. Fisch aus dem Sud heben und mit Senfsauce und Salzkartoffeln anrichten. Mit der Petersilie bestreuen.

Karpfen blau
mit Römersalat und Kartoffeln

ZUTATEN FÜR 4 PERSONEN

Für den Karpfen:
2 mittelgroße Karpfen (à 1 kg; küchenfertig, vom Fischhändler längs halbiert)
2 große Zwiebeln · 3 Stiele Petersilie
1 Bio-Zitrone · 4 Lorbeerblätter
10 schwarze Pfefferkörner · 5 EL Weißwein
2–3 EL Essig · 2 EL Salz

Außerdem:
800 g kleine festkochende Kartoffeln · Salz
1 Bund Petersilie
1 Römersalat · 500 g Sahne
Saft von 1 Zitrone
4 EL frisch geriebener Meerrettich
3 EL Butter

ZUBEREITUNG

1. Karpfen waschen und trocken tupfen. Zwiebeln schälen und in Ringe schneiden. Petersilie waschen und trocken tupfen. Zitrone heiß waschen, trocken reiben und in Scheiben schneiden. Zwiebeln, Zitrone, Petersilie, Lorbeerblätter, Pfefferkörner, Weißwein, Essig und Salz mit 2 l Wasser in einem großen Topf aufkochen. Die Hitze reduzieren, die Karpfenhälften hineinsetzen und bei mittlerer Hitze 15 Minuten köcheln lassen.

2. Die Kartoffeln schälen und in Salzwasser weich garen. Die Petersilie waschen, trocken schütteln, Blätter abzupfen und fein hacken.

3. Salat putzen, waschen, trocken schleudern und grob schneiden. 200 g Sahne mit Zitronensaft leicht aufschlagen, Salat dazugeben, leicht salzen.

4. Übrige Sahne steif schlagen und den Meerrettich unterheben. Kartoffeln abgießen und ausdampfen lassen, Butter zerlassen, Kartoffeln darin schwenken. Petersilie untermischen.

5. Karpfen aus dem Sud heben, abtropfen lassen und auf Tellern anrichten. Mit den Kartoffeln, dem Salat und der Meerrettichsahne servieren.

Gedämpfter Rotbarsch
mit buntem Gemüse

ZUTATEN FÜR 4 PERSONEN

je 1 rote und gelbe Paprikaschote
2 Möhren · 3 Stangen Lauch
3 Stangen Staudensellerie
1/2 Salatgurke · 1/4 l Hühnerbrühe
1 EL Reiswein · 1 EL Sojasauce
1 EL geröstetes Sesamöl
1 Knoblauchzehe
1 walnussgroßes Stück Ingwer
abgeriebene Schale und Saft von 1/2 Bio-Zitrone
4 Rotbarschfilets (à ca. 150 g; ohne Haut) · Salz

ZUBEREITUNG

1. Die Paprikaschoten längs halbieren, entkernen, waschen und mit dem Sparschäler schälen. Die Möhren putzen und schälen. Den Lauch und Sellerie putzen und waschen. Alles in feine Streifen schneiden. Die Gurke waschen, längs halbieren und entkernen.

2. Die Brühe in einem Topf bis auf 4 EL einkochen lassen, dann Reiswein, Sojasauce und Sesamöl dazugeben.

3. Den Knoblauch und den Ingwer schälen, fein reiben und den Sud damit würzen. Zitronenschale und -saft dazugeben.

4. Das Gemüse in einen passenden Dämpfeinsatz geben. Die Rotbarschfilets waschen, trocken tupfen, mit Salz würzen und auf das Gemüse legen. Den Dämpfeinsatz über den Sud stellen, das Gemüse und den Fisch zugedeckt 10 Minuten dämpfen.

5. Die Rotbarschfilets mit dem Gemüse anrichten und mit etwas Sud beträufeln.

Heilbuttfilets
auf Safrangemüse

ZUTATEN FÜR 4 PERSONEN

Für den Fischfond:
1,5 kg Fischgräten bzw. Karkassen von Weißfischen (z. B. Seezunge, Steinbutt, Zander, Wolfsbarsch, Dorade etc.; ohne Köpfe)
1 Bund Suppengemüse · 2 Schalotten
1 Knoblauchzehe
50 g Champignons
1/2 Bund Petersilie
3 frische Lorbeerblätter
10 weiße Pfefferkörner
200 ml Weißwein (Grau- oder Weißburgunder)
100 ml trockener Wermut (z. B. Noilly Prat)
Salz

Für den Fisch:
4 weiße Heilbuttfilets (à ca. 150 g; ersatzweise Kabeljau, Rotbarsch, Wolfsbarsch oder andere weißfleischige Meeresfische)
2 Fenchelknollen
1 Bund Frühlingszwiebeln
100 g Champignons · 1 rote Paprikaschote
2 EL Olivenöl · 1/2 l Fischfond (Glas)
3–4 Safranfäden
2 Lorbeerblätter
1 TL Fenchelsamen
Salz · Pfeffer aus der Mühle
1 EL Butter
2 EL trockener Wermut (z. B. Noilly Prat)
1 Bund Fenchelkraut
1 Bund Petersilie
Saft von 1/2 Zitrone

ZUBEREITUNG

1. Für den Fond die Fischgräten bzw. Karkassen in kaltes Wasser legen. Das Wasser mehrmals wechseln, bis es klar bleibt. Das Suppengemüse putzen, waschen bzw. schälen und in Stücke schneiden. Die Schalotten und den Knoblauch schälen und in kleine Stücke schneiden. Die Champignons putzen und klein schneiden. Fischkarkassen, Gemüse, Kräuter und Gewürze (kein Salz!) in einen großen Topf geben. 2 l Wasser, den Weißwein und Wermut hinzufügen, aufkochen lassen und bei schwacher Hitze etwa 30 Minuten leicht köcheln lassen. Zwischendurch immer wieder den Schaum abschöpfen, so bleibt der Fond klar.

2. Den Fond durch ein feines Sieb gießen und die Zutaten auffangen. Anschließend den Fond durch ein Küchentuch passieren, damit alle Trübstoffe entfernt werden. Den Fischfond wieder erhitzen und auf 1/2 l einkochen. Mit Salz abschmecken.

3. Für den Fisch Heilbuttfilets waschen, trocken tupfen und eventuell vorhandene Gräten entfernen. Die Fenchelknollen putzen, waschen, halbieren und den harten Strunk entfernen. Die Frühlingszwiebeln putzen und waschen. Die Champignons putzen und, falls nötig, trocken abreiben. Die Paprikaschote längs halbieren, entkernen und waschen. Das Gemüse und die Pilze in Streifen oder Scheiben schneiden.

4. Das Olivenöl in einem flachen Topf erhitzen und das Gemüse darin farblos anbraten. Den Fischfond angießen, bis alle Zutaten knapp bedeckt sind. Den Safran, die Lorbeerblätter und Fenchelsamen hinzufügen, zugedeckt bei schwacher Hitze etwa 10 Minuten ziehen lassen.

5. Den Sud mit Salz und Pfeffer abschmecken. Butter, Wermut, grob gezupftes Fenchelkraut und Petersilienblätter hinzufügen. Die Heilbuttfilets auf das Gemüse legen, mit Salz bestreuen und mit etwas Zitronensaft beträufeln. Zugedeckt bei schwacher Hitze etwa 5 Minuten garen. Der Fisch ist saftig und perfekt gegart, wenn das Fleisch im Kern noch ganz leicht glasig ist.

6. Das Gemüse mit etwas Fond in tiefe Teller geben, darauf die Fischfilets legen. Nach Belieben mit etwas Fenchelkraut oder gehackter Petersilie garnieren. Dazu passt frisches Baguette und ein kräftiger Weißwein.

Gebratene Heringe
mit Bratkartoffeln

ZUTATEN FÜR 4 PERSONEN

Für die Bratkartoffeln:
1 kg festkochende Kartoffeln
Salz · 1 TL ganzer Kümmel
4 EL Butterschmalz · Pfeffer

Für die Heringe:
8 frische Heringe (ohne Kopf, küchenfertig)
Salz · Mehl zum Wenden
2 EL Butterschmalz
einige Petersilienblätter

ZUBEREITUNG

1. Am Vortag für die Bratkartoffeln die Kartoffeln mit Schale gründlich waschen und in Salzwasser mit dem Kümmel etwa 20 Minuten weich garen. Die Kartoffeln abgießen, etwas ausdampfen lassen, möglichst heiß pellen und zugedeckt über Nacht vollständig auskühlen lassen.

2. Am nächsten Tag die Kartoffeln in Scheiben schneiden. Das Butterschmalz in einer Pfanne erhitzen und die Kartoffeln darin auf beiden Seiten bei mittlerer Hitze goldbraun braten. Nicht zu oft wenden, damit sich eine schöne Kruste bilden kann. Gegebenenfalls noch etwas Butterschmalz hinzufügen. Mit Salz und Pfeffer würzen und nach Belieben mit gehackter Petersilie bestreuen.

3. Die Heringe innen und außen waschen, trocken tupfen und mit Salz würzen. Etwas Mehl auf einen Teller geben und die Heringe darin wenden. Das überschüssige Mehl abklopfen. Das Butterschmalz in einer Pfanne erhitzen und die Heringe auf jeder Seite 3 bis 4 Minuten goldbraun braten. Die Heringe auf Küchenpapier abtropfen lassen.

4. Die Heringe mit Petersilie garnieren und mit den Bratkartoffeln servieren.

Zanderfilets
mit Linsen

ZUTATEN FÜR 4 PERSONEN

250 g Berglinsen (Du Puy; grüne Linsen)
1 Mangold (ca. 400 g)
1 Möhre
1/4 Sellerieknolle
1 Bio-Orange
4 EL Olivenöl
Salz · Pfeffer aus der Mühle
4 Zanderfilets (à 120 g; mit Haut)

ZUBEREITUNG

1. Die Linsen in kochendem Wasser (ohne Salz) etwa 30 Minuten garen. Den Mangold putzen, waschen, abtropfen lassen und in Stücke schneiden. Die Möhre und den Sellerie putzen, schälen und in kleine Würfel schneiden. Die Orange heiß waschen und trocken reiben. Die Schale dünn abschälen und in feine Streifen schneiden. Die Orange halbieren und den Saft auspressen.

2. Den Mangold in 2 EL Olivenöl andünsten. Die Möhre und den Sellerie dazugeben und weitere 5 Minuten dünsten. Mit Salz, Pfeffer und Orangenschale würzen.

3. Die Zanderfilets waschen und trocken tupfen. Die Haut mehrmals einritzen und die Filets mit Salz und Pfeffer würzen. Das restliche Olivenöl in einer Pfanne erhitzen und die Zanderfilets darin auf der Hautseite 2 Minuten braten. Wenden und weitere 2 Minuten braten.

4. Die Linsen abgießen, abtropfen lassen und unter das Gemüse mischen. Mit Orangensaft abschmecken. Das Linsengemüse auf Teller verteilen und den Zander darauf anrichten.

Panierte Stinte
auf Blattsalat

ZUTATEN FÜR 4 PERSONEN

Für den Blattsalat:
250 g gemischte Salatsorten mit Blüten
1 Bund Rucola · 2 EL Balsamico bianco
4 EL Olivenöl · 200 g Sahne
1 EL Senf · Saft von 1/2 Zitrone
Salz · Pfeffer aus der Mühle

Für die Stinte:
20 Stinte (ohne Kopf, küchenfertig)
2 Eier · Mehl zum Wenden
ca. 100 g Panko (asiat. Paniermehl)
Salz · 4 EL Butterschmalz
frisch geriebene Muskatnuss

Außerdem:
Land- oder Bauernbrot

ZUBEREITUNG

1. Für den Blattsalat die Salate und den Rucola verlesen, waschen und trocken schleudern. Balsamico bianco und 1 EL Olivenöl verrühren und den Salat damit beträufeln. Sahne, Senf, Zitronensaft und übriges Olivenöl verrühren. Mit Salz und Pfeffer würzen.

2. Für die Stinte die Fische innen und außen waschen und trocken tupfen. Die Eier in einem tiefen Teller verquirlen. Das Mehl und das Paniermehl jeweils in einen tiefen Teller geben. Die Fische mit Salz würzen und zunächst im Mehl wenden, überschüssiges Mehl abklopfen. Dann durch die Eier ziehen und zuletzt im Paniermehl wenden.

3. Das Butterschmalz in einer Pfanne erhitzen und die Stinte darin etwa 5 Minuten knusprig ausbacken. Mit Muskatnuss würzen und auf Küchenpapier abtropfen lassen.

4. Das Bauernbrot ohne Fett in einer Pfanne rösten. Das Brot auf Teller geben, die Stinte und den Salat dazugeben und mit der Vinaigrette beträufeln. Dazu passt Weißwein.

Hamburger Pannfisch
mit Senfsauce

ZUTATEN FÜR 4 PERSONEN

1 kg neue festkochende Kartoffeln · Salz
2 Bund Frühlingszwiebeln
1 Bund Petersilie
750 g Kabeljau-, Rotbarsch- oder Seelachsfilet (ohne Haut)
5 EL Butterschmalz
Pfeffer aus der Mühle
500 g Naturjoghurt
70–80 g Butter
2–3 EL Senf

ZUBEREITUNG

1. Die Kartoffeln mit Schale gründlich waschen und in Salzwasser weich garen. Abgießen, ausdampfen lassen und möglichst heiß pellen. Auskühlen lassen.

2. Die Frühlingszwiebeln putzen, waschen und klein schneiden. Die Petersilie waschen, trocken tupfen, die Blätter abzupfen und fein hacken. Das Fischfilet waschen, trocken tupfen und in 2 bis 3 cm große Würfel schneiden.

3. Die Kartoffeln in Scheiben schneiden oder vierteln. 3 EL Butterschmalz in einer Pfanne erhitzen und die Kartoffeln darin anbraten, dabei mit Salz und Pfeffer würzen. Frühlingszwiebeln dazugeben und 2 bis 3 Minuten braten.

4. Für die Sauce den Joghurt vorsichtig in einem Topf erhitzen. Nach und nach die Butter in Würfeln hinzufügen und unter ständigem Rühren im Topf auflösen. Den Senf unterrühren. Eventuell noch etwas Salz hinzufügen. Die Sauce darf bei der Zubereitung nicht kochen, sondern nur erwärmt werden, da sie sonst gerinnen kann.

5. Das restliche Butterschmalz in einer Pfanne erhitzen und die Fischwürfel darin etwa 2 Minuten braten. Mit Salz und Pfeffer würzen. Die Fischwürfel mit den Kartoffelscheiben und den Frühlingszwiebeln auf Teller verteilen und die Senfsauce darübergießen. Mit der Petersilie bestreuen.

Lachsfilets
mit Kräutercouscous

ZUTATEN FÜR 4 PERSONEN

400 ml heiße Gemüsebrühe · 200 g Couscous
3 EL Butter · Salz · Pfeffer aus der Mühle
1 TL Ras-el-Hanout
1/2 Bund Rucola · 5 Salbeiblätter
20 Basilikumblätter · 3 Stiele Dill
je 2 Zweige Rosmarin und Minze
4 Stiele Bohnenkraut · 3 Frühlingszwiebeln
2 Schalotten · 20 Kirschtomaten
4 Lachsfilets (à ca. 100 g) · 4 EL Olivenöl
abgeriebene Schale und Saft von 1 Bio-Zitrone
Zucker · Olivenöl zum Beträufeln

ZUBEREITUNG

1. Brühe aufkochen, Couscous damit übergießen und zugedeckt 5 Minuten quellen lassen. Dann mit einer Gabel mehrmals auflockern, mit 1 EL Butter, Salz, Pfeffer und Ras-el-Hanout würzen.

2. Rucola verlesen, waschen und trocken schütteln, grobe Stiele entfernen. Kräuter waschen, trocken schütteln, Blätter abzupfen. Frühlingszwiebeln putzen, waschen und in Ringe schneiden. Schalotten schälen und ebenfalls in Scheiben schneiden. Tomaten waschen und halbieren.

3. Lachs waschen, trocken tupfen und mit Salz und Pfeffer würzen. 1 EL Olivenöl und restliche Butter in einer Pfanne erhitzen und den Lachs darin auf jeder Seite 2 Minuten braten. Dabei etwas Thymian und Rosmarin mitbraten.

4. In einer zweiten Pfanne 2 EL Olivenöl erhitzen und übrigen Rosmarin anbraten. Frühlingszwiebeln, Schalotten und Couscous dazugeben und 3 bis 4 Minuten braten. Übrige Kräuter und den Rucola hinzufügen. Mit Zitronenschale und etwas -saft und Salz würzen.

5. Die Tomaten im restlichen Olivenöl knapp 1 Minute scharf anbraten. Mit Salz und Zucker würzen. Den Kräutercouscous auf Teller verteilen, Lachs und gebratene Tomaten dazugeben und alles mit Zitronensaft und Olivenöl beträufeln.

Lachs
mit Spinat-Pilz-Gemüse

ZUTATEN FÜR 4 PERSONEN

1 kg Spinat
ca. 300 g Crème fraîche
100 ml trockener Wermut (z. B. Noilly Prat)
Salz · frisch geriebene Muskatnuss
2 EL Butter
4 Lachsfilets (à 100–120 g; ohne Haut)
2 EL Butterschmalz
10 mittelgroße Champignons
Pfeffer aus der Mühle
Zitronensaft

ZUBEREITUNG

1. Den Spinat verlesen und waschen, grobe Stiele entfernen. Die Crème fraîche und den Wermut in einer großen Pfanne erhitzen. Den Spinat tropfnass dazugeben, mit Salz und 1 Prise Muskatnuss würzen. Wenn der Spinat zusammengefallen ist, die Butter dazugeben und die Pfanne warm stellen.

2. Die Lachsfilets waschen und trocken tupfen. In einer Pfanne 1 EL Butterschmalz erhitzen und den Lachs darin bei mittlerer Hitze auf jeder Seite 2 Minuten braten. Mit Salz würzen. Der Lachs sollte im Kern immer noch glasig sein.

3. Die Champignons putzen, falls nötig, mit Küchenpapier trocken abreiben und in Scheiben schneiden. Im restlichen Butterschmalz etwa 2 Minuten kräftig braten. Mit Salz, Pfeffer und etwas Zitronensaft würzen und zum Spinat geben. Das Spinat-Pilz-Gemüse auf Teller verteilen und den gebratenen Lachs dazugeben. Dazu ein Glas Riesling reichen.

TIPP

Wer auf Olivenölaroma nicht verzichten möchte, brät die Champignons darin.

Gegrillte Fischpäckchen
mit Kartoffeln

ZUTATEN FÜR 4 PERSONEN

4 Loup-de-Mer-Filets (Wolfsbarsch, à ca. 120 g; ohne Haut;)
2 mittelgroße Kartoffeln
2 Knoblauchzehen
1 Zweig Rosmarin
etwas Olivenöl
2 EL Butter
Meersalz

ZUBEREITUNG

1. Den Grill anheizen. Die Fischfilets waschen und trocken tupfen. Die Kartoffeln schälen, waschen und in sehr feine Würfel schneiden. Den Knoblauch schälen und in Scheiben schneiden. Den Rosmarin waschen, trocken tupfen und die Nadeln abzupfen.

2. Pro Päckchen ein großes Stück Alufolie mit Olivenöl einpinseln und die Fischfilets darauflegen. Die Kartoffeln, den Knoblauch und Rosmarin darauf verteilen. Die Butter in kleinen Flöckchen daraufgeben. Mit Meersalz würzen und mit Olivenöl beträufeln.

3. Alles zu lockeren Päckchen verpacken und auf den sehr heißen Grill legen, kurz angrillen und dann 5 bis 6 Minuten in einem nicht so heißen Bereich weitergrillen.

Gegrillte Fischpäckchen
mit Ananas

ZUTATEN FÜR 4 PERSONEN

4 Loup-de-Mer-Filets (Wolfsbarsch, à ca. 120 g; ohne Haut)
1/4 frische Ananas
2 scharfe Chilischoten
1 walnussgroßes Stück Ingwer
4 Kirschtomaten
Olivenöl
4 Stängel Fenchelkraut
2 TL Currypulver
Meersalz

ZUBEREITUNG

1. Den Grill anheizen. Die Fischfilets waschen und trocken tupfen. Die Ananas schälen und in feine Scheiben schneiden. Die Chilischoten längs halbieren, entkernen, waschen und fein hacken. Den Ingwer schälen und fein reiben. Die Kirschtomaten waschen und vierteln.

2. Pro Päckchen ein großes Stück Alufolie mit Olivenöl einpinseln und die Fischfilets darauflegen. Die vorbereiteten Zutaten und das Fenchelkraut darauf verteilen. Mit jeweils 1/2 TL Currypulver bestreuen, mit Meersalz würzen und mit Olivenöl beträufeln.

3. Alles zu lockeren Päckchen verpacken und auf den sehr heißen Grill legen, kurz angrillen und dann 5 bis 6 Minuten in einem nicht so heißen Bereich weitergrillen.

Saiblingsfilet
mit Bohnenpüree

ZUTATEN FÜR 4 PERSONEN

Für das Bohnenpüree:
250 g getrocknete weiße Bohnen
Salz · 1 walnussgroßes Stück Ingwer
2 EL Sahne · 2 EL Olivenöl
Saft von 1/2 Zitrone

Für das Petersilienpesto:
1 Bund Petersilie
3–4 EL Olivenöl
Salz · Zucker

Für den Fisch:
4 Saiblingsfilets (80–100 g; mit Haut)
2 EL Butterschmalz
Salz · Pfeffer aus der Mühle

ZUBEREITUNG

1. Für das Bohnenpüree am Vortag die Bohnen in kaltem Wasser einweichen. Am nächsten Tag das Wasser abgießen und die Bohnen in Salzwasser etwa 1 Stunde garen.

2. Für das Pesto die Petersilie waschen, trocken schütteln und die Blätter abzupfen. Die Petersilie und das Olivenöl mit dem Stabmixer fein pürieren. Mit Salz und 1 Prise Zucker abschmecken.

3. Die Bohnen in ein Sieb abgießen, abtropfen lassen und in eine Schüssel geben. Den Ingwer schälen und dazureiben. Die Sahne, das Olivenöl und den Zitronensaft zu den Bohnen dazugeben und alles mit dem Stabmixer pürieren. Eventuell noch etwas mehr Olivenöl oder Sahne untermischen. Das Bohnenpüree mit Salz abschmecken.

4. Die Saiblingsfilets waschen, trocken tupfen und die Haut mehrmals einritzen. Das Butterschmalz in einer Pfanne erhitzen und die Filets auf der Hautseite etwa 2 Minuten anbraten. Wenden und weitere 1 bis 2 Minuten braten. Mit Salz und Pfeffer würzen. Die Saiblingfilets mit dem Bohnenpüree und dem Pesto auf Tellern servieren.

Kabeljaufilets
mit frittierten Kartoffeln

ZUTATEN FÜR 4 PERSONEN

30 Kirschtomaten
1 frische Knoblauchknolle
1 Bund Frühlingszwiebeln
2 mittelgroße festkochende Kartoffeln
4 Kabeljaufilets (à 120–140 g; ohne Haut)
3 EL Olivenöl · 1 EL Butter
Salz · Pfeffer aus der Mühle
Öl zum Frittieren
abgeriebene Schale und Saft
von 1/2 Bio-Zitrone · Zucker

ZUBEREITUNG

1. Die Kirschtomaten waschen und halbieren. Den Knoblauch mit dem grünen Ansatz in feine Streifen schneiden. Die Frühlingszwiebeln putzen, waschen und in Ringe schneiden. Die Kartoffeln schälen, waschen und in sehr kleine Würfel schneiden.

2. Die Kabeljaufilets waschen und trocken tupfen. 1 EL Olivenöl und die Butter in einer Pfanne erhitzen und die Filets darin auf jeder Seite 4 Minuten braten. Mit Salz und Pfeffer würzen.

3. Die Kartoffelwürfel im Olivenöl 3 bis 4 Minuten knusprig frittieren.

4. Die Tomaten im restlichen Olivenöl ganz kurz anbraten. Den Knoblauch und die Frühlingszwiebeln hinzufügen und kurz mitbraten. Mit etwas abgeriebener Zitronenschale, Zitronensaft, Salz, Pfeffer und 1 Prise Zucker würzen.

5. Die Kabeljaufilets mit den Tomaten auf Tellern anrichten und mit den Kartoffelwürfeln bestreuen.

Zander
mit Kartoffelsalat

ZUTATEN FÜR 4 PERSONEN

4 mittelgroße festkochende Kartoffeln
2 Schalotten · Meersalz
1 EL Olivenöl
2 Frühlingszwiebeln
2 Stangen Staudensellerie
(am besten aus der Mitte)
1/2 Bund Petersilie · 1 EL Kapern
Salz · Zitronensaft
2 EL Naturjoghurt
4 Zanderfilets (à ca. 120 g; mit Haut)
Pfeffer aus der Mühle · 2 EL Butter
Bio-Zitrone und Petersilie zum Anrichten

ZUBEREITUNG

1. Die Kartoffeln schälen, waschen und in Scheiben schneiden. Die Schalotten schälen und in Scheiben schneiden. Beides mit Meersalz und dem Olivenöl in einen Topf geben, bis zur Hälfte mit Wasser aufgießen und ohne Deckel 15 Minuten köcheln lassen, sodass das Wasser fast eingekocht ist.

2. Frühlingszwiebeln putzen, waschen und in feine Ringe schneiden. Staudensellerie putzen, waschen und grob hacken. Petersilie waschen, trocken schütteln und die Blätter abzupfen.

3. Topf vom Herd nehmen. Frühlingszwiebeln, Sellerie, Petersilie und Kapern zu den Kartoffeln geben. Mit Salz und etwas Zitronensaft abschmecken und den Joghurt unterrühren.

4. Die Zanderfilets waschen, trocken tupfen und die Haut mehrmals einschneiden. Mit Salz und Pfeffer würzen. Die Butter in einer Pfanne erhitzen und die Zanderfilets darin mit der Hautseite etwa 2 Minuten braten. Wenden und weitere 2 Minuten braten.

5. Zum Anrichten den Fisch auf Teller geben und mit Petersilie und Zitronenspalten garnieren. Den Kartoffelsalat dazu reichen.

Lachsfilet
mit Tomatengemüse

ZUTATEN FÜR 4 PERSONEN

4 Lachsfilets (à 125 g; ohne Haut)
4–5 Tomaten
2 Sardellenfilets (in Öl)
2 EL Kapern
20 schwarze Oliven (ohne Stein)
2 Stiele Basilikum
Salz · Pfeffer aus der Mühle
Zucker · Zitronensaft
4–5 EL Olivenöl

ZUBEREITUNG

1. Die Lachsfilets waschen und trocken tupfen. Die Tomaten waschen, vierteln und entkernen, dabei die Stielansätze entfernen. Das Fruchtfleisch in Streifen schneiden. Die Sardellenfilets abtropfen lassen, abspülen, trocken tupfen und mit den Kapern und den Oliven grob hacken. Das Basilikum waschen, trocken tupfen, die Blätter abzupfen und in Stücke zupfen.

2. Die Tomatenstreifen in eine Schüssel geben und mit Salz, Pfeffer, Zucker, etwas Zitronensaft und 2 bis 3 EL Olivenöl würzen. Die gehackten Zutaten und das Basilikum hinzufügen und alles gut vermischen.

3. Die Lachsfilets mit Salz und Pfeffer würzen. Das restliche Olivenöl in einer Pfanne erhitzen und die Filets darin auf jeder Seite 2 Minuten braten. Im Kern sollte der Lachs noch etwas glasig sein.

4. In der Zwischenzeit die marinierten Tomaten in einer zweiten Pfanne kurz erhitzen. Das Tomatengemüse auf Teller verteilen, darauf die Lachsfilets platzieren. Nach Belieben den Fisch noch mit etwas frisch gemörsertem Pfeffer bestreuen und mit Olivenöl beträufeln.

Lachsfilet
mit geschmortem Scheerkohl

ZUTATEN FÜR 4 PERSONEN

1 kg Scheerkohl (ersatzweise Spinat oder Mangold)
3 EL Olivenöl
Salz · Pfeffer aus der Mühle
1 Knoblauchzehe
1 EL Zitronensaft
4 Lachsfilets oder Rotbarschfilets (à 150–200 g; ohne Haut)
1 EL Butterschmalz
grob geschroteter schwarzer Pfeffer

ZUBEREITUNG

1. Den Scheerkohl putzen, gründlich waschen, trocken schleudern, grobe Stiele entfernen. In einer hohen Pfanne 2 EL Olivenöl erhitzen und den Scheerkohl nach und nach hinzufügen. Sobald er zusammengefallen ist, mit Salz und Pfeffer würzen und 2 bis 3 Minuten schmoren.

2. Den Knoblauch schälen und durch die Presse dazudrücken. Den Scheerkohl mit dem Zitronensaft abschmecken.

3. Die Lachsfilets waschen, trocken tupfen und mit Salz würzen. Das restliche Olivenöl und das Butterschmalz in einer Pfanne erhitzen und die Fischfilets darin auf jeder Seite etwa 2 Minuten braten. Im Kern sollte der Lachs noch etwas glasig sein. Die Filets zuletzt mit Pfeffer bestreuen und mit dem Scheerkohl servieren.

KABELJAU
im Pergamentpäckchen

ZUTATEN FÜR 4 PERSONEN

4 Kabeljaufilets (à ca. 200 g; mit Haut) · Salz
10 Champignons · 3 Stangen Lauch
200 g Rucola
1 walnussgroßes Stück Ingwer
3 Knoblauchzehen · 6 EL Olivenöl
abgeriebene Schale von 1 Bio-Zitrone
Chilipulver oder Cayennepfeffer
4 TL Butter · 500 g Kirschtomaten
3 EL Aceto balsamico

ZUBEREITUNG

1. Den Backofen auf 200 °C vorheizen. Die Kabeljaufilets waschen, trocken tupfen, die Haut mehrmals einschneiden und die Filets mit Salz würzen.

2. Die Pilze putzen, falls nötig, trocken abreiben und in Scheiben schneiden. Lauch putzen, waschen und in Streifen schneiden. Rucola verlesen, waschen und trocken schleudern, grobe Stiele entfernen und Blätter zerzupfen. Ingwer und Knoblauch schälen und in feine Würfel schneiden.

3. In einer Pfanne 2 EL Öl erhitzen und Lauch, Pilze und Rucola darin kurz andünsten. Ingwer und Knoblauch dazugeben und kurz mitdünsten. Mit Zitronenschale und Salz würzen.

4. Pro Päckchen zwei große Stücke Pergamentpapier übereinanderlegen. Die Hälfte des Gemüses darauf verteilen und je 1 Kabeljaufilet darauflegen. Mit restlichem Gemüse bedecken und mit Chilipulver würzen. Butter und 1 EL Olivenöl darauf verteilen und alles zu nicht zu festen Päckchen verschließen, dabei an den Enden zusammenfalten. Auf ein Backblech legen und im Ofen auf der mittleren Schiene etwa 10 Minuten garen.

5. Die Tomaten waschen und halbieren. Übriges Olivenöl, Essig und Salz verrühren und mit den Tomaten mischen. Kabeljaupäckchen aus dem Ofen nehmen und das Papier aufschneiden, mit dem Tomatensalat servieren. Dazu passt Kartoffelpüree.

DORSCHFILET
aus der Folie

ZUTATEN FÜR 6 PERSONEN

6 Dorsch- oder Kabeljaufilets (à 120–140 g;
ohne Haut) · Salz
2 Bund Frühlingszwiebeln
150 g Champignons
Saft von 2 Limetten
3 EL gehackte gemischte Kräuter (z. B. Thymian,
Petersilie, Rosmarin und Salbei)
6 EL Butter
Olivenöl zum Beträufeln

ZUBEREITUNG

1. Den Backofen auf 200 °C vorheizen. Die Dorsch- oder Kabeljaufilets waschen, trocken tupfen und mit Salz würzen. Jeweils auf 1 Stück Alufolie legen.

2. Die Frühlingszwiebeln putzen, waschen und in Streifen oder Ringe schneiden. Die Champignons putzen, falls nötig, mit Küchenpapier trocken abreiben und in Scheiben schneiden.

3. Die Frühlingszwiebeln und die Champignons auf die Fischfilets verteilen. Mit dem Limettensaft beträufeln. Die Kräuter und die Butter darübergeben und mit Salz würzen. Mit Olivenöl beträufeln.

4. Die Folie jeweils verschließen, dabei an den Ecken zusammenfalten. Die Päckchen auf ein Backblech legen und im Ofen auf der mittleren Schiene etwa 15 Minuten garen. Aus dem Ofen nehmen und die Folie aufschneiden.

Saiblingsfilet
mit Kartoffel-Senf-Kruste

ZUTATEN FÜR 4 PERSONEN

Für die Saiblingsfilets:
4 Saiblingsfilets (à 120–150 g; ohne Haut)
4–6 festkochende Kartoffeln
frisch geriebene Muskatnuss
Salz · Pfeffer aus der Mühle
50 g Mehl · 2 EL mittelscharfer Senf
2 EL Butterschmalz · grobes Meersalz

Außerdem:
500 g Brokkoli · Salz
1/4 l Orangensaft · 150 g Crème fraîche
1 EL Thymianblättchen
Saft von 1/2 Zitrone
2 EL Olivenöl mit Chiliaroma
feines Meersalz (Fleur de Sel)

ZUBEREITUNG

1. Fisch waschen und trocken tupfen. Kartoffeln schälen, in kleine Streifen raspeln und in einem Küchenhandtuch gut ausdrücken. Raspel mit Muskat würzen. Fisch mit Salz und Pfeffer würzen, in Mehl wenden, dabei überschüssiges Mehl abklopfen. Filets dünn mit Senf bestreichen und in den Kartoffelraspeln wenden, diese gut andrücken.

2. Butterschmalz in einer Pfanne erhitzen und die Filets darin bei mittlerer Hitze auf jeder Seite etwa 3 Minuten goldbraun ausbacken. Dabei mit Meersalz würzen.

3. Brokkoli putzen, waschen, in kleine Röschen teilen und in Salzwasser 1 1/2 bis 2 Minuten kochen. Abgießen, kalt abschrecken und trocken tupfen. Orangensaft in einem Topf bei starker Hitze um die Hälfte reduzieren, etwas abkühlen lassen, dann Crème fraîche unterrühren. Thymian hinzufügen, mit Zitronensaft und Salz abschmecken.

4. Das Chiliöl in einer Pfanne erhitzen, Brokkoli darin etwa 2 Minuten braten und mit Meersalz bestreuen. Herausnehmen und mit den Fischfilets und der Orangensauce servieren.

Dorade
aus dem Ofen

ZUTATEN FÜR 4 PERSONEN

6 mittelgroße festkochende Kartoffeln
2 Zweige Rosmarin
Meersalz · 2 EL Olivenöl
1 Knoblauchzehe (angedrückt)
4 Doradenfilets (à ca. 150 g; mit Haut)
8 Kirschtomaten am Strunk
abgeriebene Schale von 1 Bio-Zitrone

ZUBEREITUNG

1. Den Backofen auf 160 °C vorheizen. Die Kartoffeln schälen, waschen und in Scheiben schneiden. Den Rosmarin waschen, trocken tupfen und die Nadeln abzupfen.

2. Ein Backblech mit Pergamentpapier auslegen, die Kartoffeln darauf verteilen und mit Salz würzen. Rosmarin, Olivenöl und Knoblauch dazugeben. Im Ofen auf der mittleren Schiene etwa 15 Minuten garen.

3. Die Doradenfilets waschen, trocken tupfen, die Haut jeweils zweimal einschneiden und mit Salz würzen. Die Tomaten waschen und mit dem Fisch auf die vorgebackenen Kartoffeln legen. Alles im Ofen noch weitere 5 Minuten garen.

4. Fisch und Kartoffelbett aus dem Ofen nehmen und mit dem Pergamentpapier auf eine große Platte ziehen. Mit der Zitronenschale bestreuen und servieren.

Saibling in Salzteig
mit Kräutermayonnaise

ZUTATEN FÜR 4 PERSONEN

Für die Kräutermayonnaise:
2 Schalotten · 1 Knoblauchzehe
3 Eigelb · 250 g Sahne
1 EL Dijon-Senf · 4 EL Olivenöl
Salz · Pfeffer aus der Mühle
Zitronensaft · 1/2 Bund Thymian
1 Zweig Rosmarin · 2 mittelgroße Tomaten

Für den Saibling:
1 Saibling (oder Lachs, Lachsforelle, Wolfsbarsch oder Zander; küchenfertig, 1,2–1,5 kg)
1 Bio-Zitrone · 1 junge Knoblauchknolle
je 1 Bund Petersilie und Dill
3 Lorbeerblätter · 6 Eiweiß
3 kg einfaches grobes Meersalz

Für die Stampfkartoffeln:
1 kg neue festkochende Kartoffeln · Salz
3 EL Olivenöl · 100 ml heiße Milch
Pfeffer aus der Mühle
frisch geriebene Muskatnuss

Für den Salat:
3–4 Sorten Blattsalat (ca. 300 g; z. B. Römer-, Eichblattsalat, Radicchio, Rucola)
4 Tomaten (möglichst verschiedene Sorten und Farben)
1–2 EL Zitronensaft · 4–5 EL Olivenöl
Salz · Zucker

ZUBEREITUNG

1. Für die Mayonnaise Schalotten und Knoblauch schälen und in einen hohen Rührbecher geben. Eigelbe, Sahne, Senf und Olivenöl dazugeben und alles mit dem Stabmixer pürieren. Mit Salz, Pfeffer und 1 Spritzer Zitronensaft abschmecken.

2. Die Kräuter waschen, trocken schütteln und Blätter bzw. Nadeln von den Stielen zupfen. Tomaten waschen, vierteln, entkernen und das Fruchtfleisch sehr fein würfeln. Die Kräuter und Tomatenwürfel unter die Mayonnaise mischen. Bis zum Servieren kühl stellen.

3. Für den Saibling den Backofen auf 200 °C vorheizen. Den Fisch innen und außen waschen und trocken tupfen. Zitrone heiß waschen, trocken reiben und in Scheiben schneiden. Knoblauchknolle schälen und in Scheiben schneiden. Petersilie und Dill waschen, trocken schütteln, Blätter abzupfen. Den Fisch mit den vorbereiteten Zutaten und den Lorbeerblättern füllen.

4. Die Eiweiße und das Salz in einer großen Schüssel gründlich vermengen. Ein Backblech mit Backpapier auslegen und eine etwa 1 cm dicke Salzteigschicht darauf verteilen. Den Saibling darauflegen, mit dem restlichen Salzteig gut und luftdicht verpacken. Im Ofen etwa 30 Minuten garen.

5. Inzwischen für die Stampfkartoffeln die Kartoffeln schälen, in gleich große Stücke schneiden und in Salzwasser 15 bis 20 Minuten weich garen.

6. Für den Salat die Salate putzen, waschen, trocken schleudern und in mundgerechte Stücke zupfen. Tomaten waschen, vierteln, entkernen und das Fruchtfleisch in Würfel schneiden. Zitronensaft und Olivenöl verrühren, mit Salz und Zucker würzen. Marinade zu den Tomatenwürfeln geben und etwas ziehen lassen.

7. Die Kartoffeln abgießen, ausdampfen lassen und grob zerstampfen. Mit Öl und heißer Milch mischen. Mit Salz, Pfeffer und Muskatnuss würzen.

8. Fisch aus dem Ofen nehmen und die Salzkruste mit einem schweren Gegenstand vorsichtig aufklopfen. Die Kruste vollständig entfernen, anschließend die Haut abziehen und die Filets auslösen. Zum Auslösen der unteren Filets die Mittelgräte entfernen.

9. Den Salat mit den Tomaten und der Vinaigrette vermischen. Die Saiblingfilets mit der Kräutermayonnaise, dem Kartoffelstampf und dem Salat servieren.

Lachsfilet
mit Lachstatar, Püree und Spinat

ZUTATEN FÜR 4 PERSONEN

Für das Lachstatar:
200 g sehr frisches Lachsfilet · 2 Schalotten
2 Frühlingszwiebeln
je 1 EL gehackter Dill und Petersilie
Salz · Pfeffer aus der Mühle
Olivenöl · Limettensaft

Für das Kartoffelpüree:
1 kg mehligkochende Kartoffeln · Salz
200 g Sahne · 50 g Butter
frisch geriebene Muskatnuss

Für den Spinat:
1 kg junger Spinat · 1 Knoblauchzehe
2 Schalotten · Olivenöl
Salz · frisch geriebene Muskatnuss
Zitronensaft

Für die Lachsfilets:
4 Lachsfilets (à 150–200 g; ohne Haut)
je 1–2 Zweige Thymian und Rosmarin
1 junge Knoblauchknolle · 1 EL Olivenöl
1 EL Butter · Meersalz · gemörserter Pfeffer
200 g Sahne · 100 ml Weißwein
50 g kalte Butter · Salz
Pfeffer aus der Mühle · Zitronensaft

ZUBEREITUNG

1. Für das Tatar das Lachsfilet waschen, trocken tupfen und mit einem scharfen Messer in feine Würfel schneiden. Die Schalotten schälen und in sehr feine Würfel schneiden. Die Frühlingszwiebeln putzen, waschen und in sehr feine Ringe schneiden. Die vorbereiteten Zutaten und die Kräuter mischen. Mit Salz, Pfeffer, etwas Olivenöl und Limettensaft marinieren.

2. Für das Püree die Kartoffeln schälen, waschen, in Stücke schneiden und in Salzwasser etwa 20 Minuten weich garen.

3. Für das Gemüse den Spinat verlesen und waschen. Den Knoblauch und die Schalotten schälen, in feine Würfel schneiden und im heißen Öl andünsten. Den Spinat tropfnass nach und nach hinzufügen und zusammenfallen lassen. Mit Salz, Muskatnuss und Zitronensaft würzen.

4. Die Lachsfilets waschen und trocken tupfen. Die Kräuter waschen und trocken tupfen. Die Knoblauchknolle halbieren. Das Olivenöl und die Butter in einer Pfanne erhitzen und die Lachsfilets darin 2 Minuten kräftig anbraten.

5. Dann die Hitze reduzieren und die Kräuter sowie die Knoblauchhälften hinzufügen. Die Filets etwa weitere 3 Minuten braten, dabei immer wieder mit dem Bratfett begießen. Aus der Pfanne nehmen. Die Filets sollten noch einen roten und glänzenden Kern haben. Mit Meersalz und Pfeffer bestreuen.

6. Für die Sauce die Sahne und den Wein auf zwei Drittel einköcheln. Die kalte Butter in Flocken einrühren und die Sauce mit Salz, Pfeffer und etwas Zitronensaft abschmecken.

7. Für das Püree Sahne und Butter erhitzen. Die Kartoffeln abgießen, ausdampfen lassen und mit dem Stampfer oder der Presse zerdrücken. Das Sahnegemisch untermengen und das Püree mit Muskatnuss und Salz würzen.

8. Zum Anrichten je 1 Klecks Kartoffelpüree auf die Teller geben, darauf den Spinat und je 1 Lachsfilet setzen. Dann jeweils 1 EL Lachstatar daraufgeben und das Ganze mit der Sauce umgießen.

Lachsröllchen
mit Zucchini und Schinken

ZUTATEN FÜR 12–14 ROLLEN

Für die Röllchen:
500 g Lachsfilet (ohne Haut)
1 großer Zucchino · Salz
Cayennepfeffer · Paprikapulver
3–4 Scheiben Parmaschinken
Pfeffer aus der Mühle · Salbeiblätter
1 EL Butterschmalz · 2 EL Olivenöl

Für den Sushi-Reis:
500 g Sushi-Reis · 75 ml Weißweinessig
1 EL Weißwein · 75 g Zucker · 25 g Salz

ZUBEREITUNG

1. Für die Röllchen das Lachsfilet waschen, trocken tupfen und in 12 bis 14 mundgerechte und rechteckige Stücke schneiden.

2. Den Zucchino putzen, waschen und mit dem Gemüsehobel längs in sehr feine Scheiben hobeln. Mit Salz, Cayennepfeffer und Paprika würzen. Die Hälfte der Lachsstücke auf die Zucchinischeiben legen und einrollen. Mit Holzstäbchen fixieren.

3. Den Parmaschinken auf die Größe der restlichen Lachsstücke zuschneiden. Den Schinken leicht mit Pfeffer bestreuen und mit Salbeiblättern belegen. Darauf die restlichen Lachsstücke legen und die Päckchen einrollen. Mit Holzstäbchen fixieren.

4. Für den Sushi-Reis den Reis gut waschen und abtropfen lassen. In leicht gesalzenem Wasser nach Packungsanweisung garen. Essig, Weißwein, Zucker und Salz 10 Minuten kochen.

5. Das Butterschmalz und das Olivenöl erhitzen und die Lachsröllchen darin 3 bis 4 Minuten braten. Der Lachs sollte im Kern noch rosa und leicht roh sein.

6. Zum Servieren den Reis in eine Schüssel geben. Den Würzsud nach und nach zum Reis geben und vorsichtig vermengen. Den Reis mit den Lachsröllchen und Weißwein servieren.

Gepfefferter Lachs
mit Rettichcreme und Ingwerreis

ZUTATEN FÜR 4 PERSONEN

Für den Reis:
1 walnussgroßes Stück Ingwer
250 g Basmati-Reis · Salz

Für die Rettichcreme:
1/2 weißer Rettich · 1 Chilischote
250 g Naturjoghurt · 1 EL Olivenöl
abgeriebene Schale und Saft von 1 Bio-Limette

Für die Sauce:
ca. 200 g Sahne · Wasabicreme · Olivenöl

Für den Lachs:
1 Lachsfilet (500 g; ohne Haut)
2 EL grüner getrockneter Pfeffer
je 2 EL Sichuanpfeffer und
schwarze Pfefferkörner
Meersalz · 3 EL Sonnenblumenöl

ZUBEREITUNG

1. Den Ingwer schälen und in Scheiben schneiden. Den Reis auf einem Sieb gründlich mit kaltem Wasser abspülen. In einen Topf mit der doppelten Menge Salzwasser und Ingwer zugedeckt bei schwacher Hitze etwa 20 Minuten garen.

2. Für die Creme Rettich schälen und fein reiben. Chili längs halbieren, entkernen, waschen und fein hacken. Rettich, Chili, Joghurt, Öl, Limettenschale und -saft verrühren und 20 Minuten ziehen lassen.

3. Für die Sauce die Sahne halb steif schlagen. Etwas Wasabicreme und Olivenöl unterrühren.

4. Fisch waschen und trocken tupfen. Pfeffer in einem Mörser zerstoßen, Meersalz dazugeben und Lachs damit rundherum einreiben. Öl in einer beschichteten Pfanne erhitzen und den Fisch darin bei starker Hitze auf jeder Seite 10 bis 15 Sekunden braten. Herausnehmen und auf Küchenpapier entfetten. Sauce auf Teller geben und Lachs darauflegen. Mit Reis und Rettichcreme servieren.

»Seit 1879 gibt es Hummer Pedersen in Hamburg, der ursprünglich als Firma für Schiffsproviant gegründet wurde. Heute schmeißen Daniela und Jochen Niehusen den Laden.«

»Spitzenware, die nehme ich gleich mit: Gemeinsam mit Dirk, Michael und Karl prüfe ich die Qualität eines Seelachses.«

Es klingt unglaublich, ist aber wahr: Seit fünfundzwanzig Jahren kaufe ich meinen Fisch und meine Meeresfrüchte ausschließlich bei Hummer Pedersen in Hamburg – und in fünfundzwanzig Jahren hatte ich keine einzige Reklamation, obwohl Fisch ein so hochsensibles und leicht verderbliches Produkt ist. Das sagt alles über die Qualität und Zuverlässigkeit meines Fischhändlers, der mir längst zu einem zweiten Zuhause geworden ist. Wenn ich zum Pedersen gehe, ist das fast so, als besuchte ich meine Familie. Es gibt dort immer einen Kaffee für mich, die Sekretärin backt oft einen Kuchen, und mit den Angestellten schnacke ich wie mit alten Kumpels. Sie wissen ganz genau, was ich brauche und schätze, stellen keine blöden Fragen, wollen mir nichts aufquatschen, und ich kann mich blind darauf verlassen, dass der Hummer bei Hummer Pedersen garantiert schmeckt. Brauche ich hingegen feinstes Rindfleisch oder Spitzengeflügel, dann hilft mir Carlos Gonzales Loupes vom Frischeparadies in der großen Elbstraße. Und das Schönste dabei: Der Portugiese hat immer ein Lächeln für mich parat!

»Shoppen ist nicht so mein Ding. Deswegen kaufe ich alle meine Klamotten bei Thomas-i-Punkt in Hamburg. Die haben meine Maße und kennen meinen Geschmack.«

»Wenn sich jemand in Bremen mit gutem Essen und Trinken auskennt, dann die Familie Schmidt, die Inhaber von Grashoff Delikatessen, dem besten Feinkostgeschäft der Stadt.«

»Mit Jürgen Schmidt und seinem Sohn Oliver verkoste ich einen eiskalten Sancerre. Und danach gönnen wir uns Bisonfilet mit Estragon und Schalotten.«

»Die Schokoladencremes von Grashoff sind legendär. Um neue Inspiration zu finden, reisen Elke und Oliver Schmidt, die jetzigen Geschäftsführer, zu Schokoladenmessen in aller Welt.«

Das Schlaraffenland ist keine Märchenerfindung. Das Schlaraffenland gibt es wirklich – und zwar in Bremen. Seit 1872 verkauft dort Grashoff Delikatessen Feinkost aus aller Welt, anfangs belgische Pralinen und französische Pasteten, später auch russischen Kaviar und Fasane im Federkleid. Und bis heute ist der Tisch dort immer reich gedeckt. Jeder Besuch bei Grashoff ist für mich ein Fest, weil ich dann unter Menschen bin, die das gute Essen und Trinken genauso schätzen wie ich – allen voran der alte Grashoff, der so viel für die kulinarische Kultur in Deutschland getan hat wie kaum jemand sonst. Er hat nicht nur schöne Bücher über Cognac oder Champagner geschrieben, sondern auch ganz Bremen und dem halben Norden beigebracht, wie viel Spaß, wie viel Freude exzellentes Essen macht. Jetzt stehen die Leute bei Grashoff Schlange, um sich gebeizten Lachs oder erlesenes Wild, eine der zwanzig selbst gemachten Schokoladencremes oder eine der vierzig hausgemachten Marmeladensorten zu gönnen. Nur eines ist blöd beim Grashoff: dass es für mich immer nur ein Schlaraffenland auf Zeit ist.

»Reiner Hautop ist ein ebenso leidenschaftlicher Schuster, wie ich ein passionierter Koch bin. Bei ihm kaufe ich alle meine Schuhe – und bin damit in guter Gesellschaft.«

»Denn auch Helge Schneider und der Bremer Bürgermeister decken sich bei ihm mit Schuhwerk ein.«

Geflügel & Wild

Hühnercurry
mit Sojasprossen

ZUTATEN FÜR 4 PERSONEN

4 Hähnchenkeulen (à ca. 250 g)
2 Möhren · 2–3 Stangen Staudensellerie oder
1/4 Sellerieknolle · 3 Schalotten
2 Knoblauchzehen · 1 Chilischote
1 Bio-Limette · Salz · 2 EL Butterschmalz
1 1/2 EL Currypulver (z. B. Garam Masala)
100 ml Weißwein · 1/2 l Hühnerbrühe
200 ml Kokosmilch · Pfeffer aus der Mühle
Zucker · 50 g Sojasprossen

ZUBEREITUNG

1. Die Hähnchenkeulen waschen, trocken tupfen und am Gelenk teilen. Möhren putzen und schälen, Sellerie putzen und waschen, beides in Scheiben schneiden. Schalotten und Knoblauch schälen und in feine Würfel schneiden. Die Chilischote längs halbieren, entkernen, waschen und ebenfalls in feine Würfel schneiden. Die Limette heiß waschen, trocken reiben und Schale fein abreiben, den Saft auspressen.

2. Die Hähnchenkeulen mit Salz würzen. Das Butterschmalz in einem Schmortopf erhitzen und die Keulen darin goldbraun anbraten. Das Gemüse hinzufügen und ebenfalls etwas bräunen. Das Currypulver darüberstäuben, mit den Zutaten vermengen und leicht anrösten, damit es ein intensiveres Aroma entwickelt. Mit dem Wein, der Brühe und der Kokosmilch ablöschen. Mit Chili, Pfeffer, Salz, Zucker und Limettensaft würzen. Die Limettenschale in den Sud legen. Curry zugedeckt bei mittlerer Hitze 30 Minuten köcheln lassen.

3. Die Keulen aus dem Topf nehmen und etwas abkühlen lassen. Die Haut entfernen, das Fleisch von den Knochen trennen, in Stücke schneiden und zurück in den Topf geben. Die gewaschenen Sojasprossen hinzufügen und im Curry etwa 1 Minute ziehen lassen. Das Hühnercurry nach Belieben mit Basmati-Reis oder Weißbrot servieren.

Hähnchen
in der Tajine gegart

ZUTATEN FÜR 4–6 PERSONEN

1 Bauernhuhn (ca. 1,8 kg; küchenfertig)
Salz · 2 EL Rosinen · 2 rote Paprikaschoten
1 Gemüsezwiebel · 1 Fenchelknolle
1 walnussgroßes Stück Ingwer
2 Knoblauchzehen · 1 scharfe Chilischote
2 EL Butterschmalz · Pfeffer aus der Mühle
1/2 l Hühnerbrühe · 2 EL Pinienkerne
300 g Couscous (Instant)
1/2 Bund Petersilie · 2 EL Butter · 1/2 EL Ras-el-Hanout · 1 Döschen Safranfäden · Zucker

ZUBEREITUNG

1. Das Huhn innen und außen waschen, trocken tupfen und salzen. Rosinen in etwas Wasser einweichen. Paprika halbieren, entkernen, waschen, schälen und in grobe Stücke schneiden. Zwiebel schälen und in grobe Stücke schneiden. Fenchel putzen, waschen, halbieren, Strunk entfernen und Fenchel in mundgerechte Stücke schneiden. Ingwer und Knoblauch schälen, Chili längs halbieren, entkernen und waschen. Alles fein würfeln.

2. Gemüse in einer Tajine oder einem Bräter im Schmalz andünsten. Knoblauch, Ingwer und Chili kurz mitdünsten. Salzen und pfeffern. 1/4 l Brühe, Pinienkerne und eingeweichte Rosinen mit dem Wasser untermischen. Huhn daraufsetzen und bei mittlerer Hitze 1 1/2 Stunden schmoren. Huhn zwischendurch wenden und etwas Brühe angießen.

3. Couscous in einer Schüssel mit der restlichen kochenden Brühe übergießen und 5 Minuten zugedeckt quellen lassen. Petersilie waschen, trocken schütteln, Blätter abzupfen und fein hacken. Couscous mit einer Gabel auflockern, Butter untermischen, mit Ras-el-Hanout und Petersilie würzen.

4. Safran in wenig Wasser auflösen und zum Gemüse geben, mit Salz, Zucker und nach Belieben mit Zitronensaft würzen. Huhn herausnehmen, Couscous auf eine Platte geben und Gemüse untermischen. Mit dem Huhn und Fladenbrot servieren.

Coq au Vin
mit Champignons

ZUTATEN FÜR 4 PERSONEN

1 Bauernhuhn (1,5–2 kg; küchenfertig)
Salz · Pfeffer aus der Mühle
100 g durchwachsener Speck · 10 Schalotten
300 g Champignons · 3 EL Butterschmalz
3/4 l Rotwein (z. B. Côtes du Rhone oder Chianti)
3/4 l Hühnerbrühe · 1 Bouquet garni (1 Stück Sellerie, 1 Möhre, 2 Lorbeerblätter, 2 Stiele Petersilie) · 1 Knoblauchzehe (angedrückt)
1 Bund Petersilie · 50 g Butter · 30 g Mehl

ZUBEREITUNG

1. Das Huhn innen und außen waschen, trocken tupfen und in 10 Teile zerlegen. Dafür die Keulen abtrennen und einmal durchschneiden. Die Flügel abtrennen. Die Brust mit Knochen in 4 Teile zerlegen. Mit Salz und Pfeffer würzen.

2. Den Backofen auf 180 °C vorheizen. Den Speck in feine Streifen schneiden. Die Schalotten schälen und halbieren. Die Champignons putzen, falls nötig, mit Küchenpapier trocken abreiben und in Scheiben schneiden. In einem Bräter 2 EL Butterschmalz erhitzen und die Hähnchenteile darin rundum kräftig anbraten. Den Speck und die Schalotten dazugeben und kurz mitbraten. Mit dem Rotwein und der Brühe ablöschen, dann das Bouquet garni und den Knoblauch dazugeben. Zugedeckt im Ofen auf der mittleren Schiene mindestens 80 Minuten garen.

3. Die Petersilie waschen, trocken schütteln, die Blätter abzupfen und fein hacken. Das restliche Butterschmalz in einer Pfanne erhitzen und die Pilze darin anbraten. Mit Salz und Pfeffer würzen und mit der Petersilie mischen.

4. Die Butter mit dem Mehl verkneten. Den Coq au Vin aus dem Ofen nehmen und die Sauce mit etwas Mehlbutter binden, bis sie die gewünschte Konsistenz hat. Noch etwas köcheln lassen. Mit Salz und Pfeffer abschmecken. Champignons hinzufügen und mit Rotwein und Brot servieren.

Hähnchen aus dem Wok
mit Shiitake-Pilzen

ZUTATEN FÜR 4 PERSONEN

4 Hähnchenbrustfilets (à ca. 150 g)
3 EL Reiswein · ca. 1 EL Sojasauce
1 EL Speisestärke
1 TL geriebener Ingwer · Zucker
150 g getrocknete Shiitake-Pilze
1 Bund Frühlingszwiebeln
1 scharfe Chilischote
1/2 Knoblauchknolle
je 1 EL Erdnuss- und Sonnenblumenöl
1 EL Ingwerstreifen · 200 ml Hühnerbrühe

ZUBEREITUNG

1. Die Hähnchenbrustfilets waschen, trocken tupfen und in grobe Stücke schneiden. 2 EL Reiswein, etwas Sojasauce, Stärke, Ingwer und 1 Prise Zucker verrühren und mit dem Fleisch vermengen. Bei Zimmertemperatur 1 Stunde ziehen lassen.

2. Die Shiitake-Pilze mit heißem Wasser übergießen und 1 Stunde einweichen. Dann ausdrücken, den Stiel entfernen und halbieren. 3 EL von der Einweichflüssigkeit aufbewahren.

3. Die Frühlingszwiebeln putzen, waschen und in feine Streifen schneiden. Die Chilischote längs halbieren, entkernen und waschen, den Knoblauch schälen. Beides in feine Würfel schneiden.

4. Die Öle im Wok oder in einer Pfanne mit hohem Rand erhitzen. Das marinierte Hühnerfleisch dazugeben, mit 1 Prise Zucker würzen und unter Rühren 3 bis 5 Minuten braten. Die restlichen vorbereiteten Zutaten und den Ingwer hinzufügen und alles 1 Minute weiterbraten. Mit der Brühe, der Shiitake-Flüssigkeit und dem restlichen Reiswein ablöschen und mit Sojasauce abschmecken. Mit Basmati-Reis servieren.

Hähnchenkeulen
mit Kichererbsen

ZUTATEN FÜR 4 PERSONEN

100 g getrocknete Kichererbsen
4 Hähnchenkeulen (à ca. 250 g)
Salz · Pfeffer aus der Mühle · 2 Schalotten
250 g Champignons oder Kräuterseitlinge
3 Tomaten · 6 EL Olivenöl · 1 Bund Basilikum
200 g Sahne · Zitronensaft · 2 EL gehackte gemischte Kräuter (z. B. Rosmarin, Thymian, Bohnenkraut, Salbei und Rucola)
grob geschroteter schwarzer Pfeffer

ZUBEREITUNG

1. Am Vortag die Kichererbsen in Wasser einweichen. Am nächsten Tag in ein Sieb abgießen, kalt abbrausen und abtropfen lassen. Die Kichererbsen in Wasser etwa 30 Minuten gar kochen.

2. Die Hähnchenkeulen waschen, trocken tupfen, im Gelenk teilen und mit Salz und Pfeffer würzen. Schalotten schälen und in dünne Scheiben schneiden. Pilze putzen, falls nötig, mit Küchenpapier trocken abreiben und in Scheiben schneiden. Tomaten waschen, vierteln, Stielansätze und Kerne entfernen, Fruchtfleisch in Würfel schneiden.

3. Backofen auf 140 °C vorheizen. Hähnchenkeulen in 1 EL Olivenöl in einer ofenfesten Pfanne rundum anbraten. Schalotten kurz mitbraten. Im Ofen auf der mittleren Schiene etwa 30 Minuten braten.

4. Kichererbsen abgießen und warm stellen. Basilikum waschen, trocken schütteln, Blätter abzupfen und mit 4 EL Olivenöl zu einem Pesto pürieren.

5. Sahne in einem Topf um die Hälfte einkochen. Pilze im übrigen Olivenöl 3 bis 4 Minuten anbraten. Mit Salz, Pfeffer und Zitronensaft würzen.

6. Hähnchenkeulen am Ende der Garzeit noch etwas übergrillen. Dann auf einen Teller geben und die gehackten Kräuter darüberstreuen. Kichererbsen, Tomaten und Pilze dazugeben und mit Pesto und der eingekochten Sahne übergießen. Mit Pfeffer bestreut servieren.

Gelbes Huhn
mit Kurkuma

ZUTATEN FÜR 4 PERSONEN

1 Bauernhuhn (1,2–1,4 kg; küchenfertig)
1 Bund Suppengemüse · 1 Zwiebel
1 Bund Petersilie · 2 Lorbeerblätter
5 Schalotten · 2 Knoblauchzehen
1 rote Chilischote · 1 Möhre · 1 Bio-Zitrone
2 Döschen Safranfäden (à 0,1 g) · Salz
Pfeffer aus der Mühle · 3 EL Rapsöl
1 EL Butterschmalz · 1 Scheibe Ingwer
1/2 EL gemahlene Kurkuma

ZUBEREITUNG

1. Das Huhn innen und außen waschen, trocken tupfen und in 10 Stücke teilen. Dafür die Keulen abtrennen und einmal durchschneiden. Die Flügel abtrennen. Brust mit Knochen in 4 Teile zerlegen.

2. Suppengemüse putzen, waschen bzw. schälen und in Stücke schneiden. Zwiebel halbieren und auf den Schnittflächen in einer Pfanne schwarz rösten. Beides mit 1 1/2 l Wasser, Rückenkarkassen vom Huhn, 1 Petersilienstiel und dem Lorbeer etwa 1 1/2 Stunden kochen. Die Brühe durch ein Sieb in einen Topf gießen.

3. Schalotten und Knoblauch schälen und in Streifen schneiden. Chili längs einschneiden und waschen. Möhre schälen und in Scheiben schneiden. Zitrone heiß waschen, trocken reiben und in Scheiben schneiden. Safran in etwas Wasser auflösen.

4. Die Hühnerstücke mit Salz und Pfeffer würzen und in Rapsöl und Butterschmalz anbraten. Schalotten, Möhre, Zitrone, Knoblauch, Chilischote und Ingwer dazugeben. Mit Salz, Safran und Kurkuma würzen. Mit der Brühe aufgießen und zugedeckt bei mittlerer Hitze etwa 80 Minuten schmoren.

5. Restliche Petersilie waschen, trocken schütteln, Blätter abzupfen und fein hacken. Die Hühnerstücke herausnehmen und die Haut entfernen. Alles nochmals abschmecken und mit Petersilie mischen. Dazu am besten in der Pfanne geröstetes Brot und goldgelben Riesling servieren.

Tandoori-Huhn
vom Grill

ZUTATEN FÜR 4 PERSONEN

Für die Hähnchenbrüste:
4 Hähnchenbrüste mit Knochen (à ca. 350 g)
1 walnussgroßes Stück Ingwer
2 EL Panch Phoron (bengalische Gewürzmischung)
2 EL Tandoori-Pulver · 3–4 EL Olivenöl
Salz · Zucker · Honig

Für den Obstsalat:
ca. 600 g gemischtes Obst (nach Saison und Geschmack)
Rohrzucker · Limettensaft

ZUBEREITUNG

1. Die Hähnchenbrüste waschen, trocken tupfen und in eine Schüssel geben. Den Ingwer schälen und in Stücke schneiden. Das Panch Phoron etwas mörsern, mit Tandoori-Pulver, Olivenöl, Ingwer, Salz und etwas Zucker zu den Hähnchenbrüsten geben und gut einmassieren. Etwa 15 Minuten marinieren. Den Grill anheizen.

2. Das Obst waschen, falls nötig, schälen und in mundgerechte Stücke schneiden. Mit etwas Rohrzucker und Limettensaft würzen.

3. Die Hähnchenbrüste auf den Grill legen und bei nicht zu starker Hitze etwa 10 Minuten braten. Dabei zwischendurch wenden.

4. Sobald die Hähnchenbrüste gar sind, die Hautseite mit Honig bestreichen und das Fleisch noch kurz auf dem Grill ziehen lassen. Den Obstsalat dazu servieren.

Plattiertes Hähnchen
vom Grill

ZUTATEN FÜR 4 PERSONEN

2 Bio-Hähnchen (à ca. 1,3 kg; küchenfertig)
Salz · Pfeffer aus der Mühle
4 Zweige Rosmarin
2 junge Knollen Knoblauch
Olivenöl

ZUBEREITUNG

1. Den Grill anheizen. Die Hähnchen innen und außen waschen und trocken tupfen, dann halbieren. Die halben Hähnchen mit dem Handrücken oder einem schweren Gegenstand leicht plattieren. Die Keulen einschneiden.

2. Aus Alufolie Nester mit erhöhten Rändern formen. Die Hähnchen mit Salz und Pfeffer würzen und in die Foliennester legen.

3. Den Rosmarin waschen, trocken schütteln und die Nadeln abzupfen. Den Knoblauch in Stücke schneiden. Rosmarin und Knoblauch zu den Hähnchenhälften geben.

4. Die Päckchen auf den Grill legen und die Hähnchenhälften etwa 45 Minuten braten. Dabei mehrmals wenden und mit Olivenöl beträufeln.

Hähnchenschnitzel
mit Wachtelei

ZUTATEN FÜR 4 PERSONEN

4 Hähnchenbrustfilets (à ca. 150 g)
Salz · Pfeffer aus der Mühle
2 Stangen Lauch
3 Möhren
1/2 Sellerieknolle
1 Bio-Zitrone
2 EL Olivenöl
Sichuanpfeffer
8 Wachteleier
etwas Butter zum Braten

ZUBEREITUNG

1. Hähnchenbrustfilets waschen, trocken tupfen und jeweils zwischen zwei Lagen Frischhaltefolie oder in einen Gefrierbeutel legen und plattieren, sodass ein gleichmäßig dickes Schnitzel entsteht. Mit Salz und Pfeffer würzen.

2. Das Gemüse putzen, waschen bzw. schälen und in feine Streifen schneiden. Die Zitrone heiß waschen, trocken reiben und halbieren. In einer Pfanne 1 EL Olivenöl erhitzen und das Gemüse darin etwa 3 Minuten braten. Mit Salz und gemörsertem Sichuanpfeffer würzen.

3. In einer Pfanne das restliche Olivenöl erhitzen und die Hähnchenschnitzel darin etwa 5 Minuten braten. Die Zitronenhälften und nach Belieben einige Rosmarinzweige mitbraten.

4. Die Wachteleier in eine Tasse gleiten lassen. Etwas Butter in einer beschichteten Pfanne erhitzen, die Eier hineingleiten lassen und darin ganz kurz zu Spiegeleiern braten. Mit Salz würzen.

5. Die Hähnchenschnitzel auf Teller setzen, das Gemüse dazugeben und mit den Wachteleiern krönen. Dazu passt ein spritzig-frischer Weißwein.

Gefüllte Hähnchenbrust
mit Sahnespargel

ZUTATEN FÜR 4 PERSONEN

4 Hähnchenbrustfilets (à ca. 200 g; z. B. Maishuhn suprême mit Flügelknochen-Ansatz)
100 g Parmaschinken (in Scheiben)
1/4 frische Ananas · 4 Scheiben Baguette (vom Vortag) · 1 Chilischote
1 Zweig Rosmarin oder 1 Handvoll Basilikumblätter · 100 g geraspelter Parmesan
Salz · Pfeffer aus der Mühle
1 kg weißer Spargel (ggf. Bruchspargel)
50 g Butter · Zucker · 1 kg Sahne
frisch geriebene Muskatnuss
1 EL Olivenöl · 1 EL Butterschmalz

ZUBEREITUNG

1. Hähnchenfilets waschen, trocken tupfen und jeweils eine Tasche hineinschneiden. Parmaschinken in Streifen schneiden. Ananas schälen und in feine Scheiben schneiden. Baguettescheiben in einer Pfanne goldbraun rösten, dann würfeln. Chili längs halbieren, entkernen, waschen und fein hacken. Rosmarin waschen, trocken tupfen, Nadeln abzupfen und fein hacken. Alles mit Parmesan mischen und mit Salz und Pfeffer würzen.

2. Hähnchenbrüste mit dem Mix füllen und mit Rouladennadeln verschließen. Die gefüllten Filets mit Salz würzen.

3. Spargel schälen, holzige Enden entfernen, Stangen in Stücke schneiden. In Salzwasser mit Butter und 1 Prise Zucker etwa 5 Minuten garen. Herausnehmen, gut abtropfen lassen. Sahne um die Hälfte 10 bis 15 Minuten einkochen, mit etwas Salz und Muskat würzen. Bei Bedarf mit Mehlbutter binden.

4. Inzwischen die Hähnchenbrustfilets in einer Pfanne in Olivenöl und Butterschmalz etwa 10 Minuten braten. Sobald die Filets goldbraun sind, die Hitze etwas reduzieren.

5. Den Spargel zur eingekochten Sahne geben. Bei schwacher Hitze noch etwas ziehen lassen, dann mit den gefüllten Hühnerbrustfilets servieren.

Huhn vom Grill
mit Trüffelbutter

ZUTATEN FÜR 4 PERSONEN

100 g schwarzer Sommertrüffel · 200 g Butter
5 EL Cognac · 150 g Trüffelbutter
20 g Fleur de Sel
1 Schwarzfederhuhn oder 1 Bio-Huhn
(1,3–1,6 kg; küchenfertig)
Salz · Pfeffer aus der Mühle
1 Tasse eingeweichte Apfel-Räucherchips

ZUBEREITUNG

1. Trüffel fein hacken und in etwas Butter andünsten. Mit Cognac ablöschen und flambieren, mit übriger Butter, Trüffelbutter und Fleur de Sel in einen Topf mit den Quirlen des Handrührgeräts schaumig schlagen. (Alternativ mit Zitronenschale, Rosmarin, Thymian oder Knoblauch würzen, dazu mit Salz und weicher Butter mischen.)

2. Das Huhn innen und außen waschen und trocken tupfen. Mit Salz und Pfeffer würzen. Flügel und Keulen an den Gelenken einschneiden und Brustbein und Bürzel entfernen. Die Haut so weit wie möglich an Brust und Keulen vom Fleisch lösen. Das geht am besten mit den Händen oder einem Löffel. Trüffelbutter in einen Spritzbeutel füllen und gleichmäßig unter die Haut füllen, dabei, falls nötig, von außen noch etwas andrücken und verteilen.

3. Das Huhn mit feuerfestem Küchengarn binden, sodass Flügel und Keulen dicht am Körper liegen. Dann hochkant auf einen Hähnchengrillständer (zur Not geht auch eine Bierdose) setzen und auf dem Grill mit geschlossenem Deckel (oder im Backofen bei 220 °C) etwa 1 1/4 Stunden braten. Zur Verstärkung des Grillaromas nach 5 bis 10 Minuten noch eingeweichte Apfel-Räucherchips in die Kohle oder den Backofen geben. Vom Grill nehmen und servieren. Nach Belieben als Sandwich mit Salat, Tomaten und Weißbrot anrichten.

Maishähnchenfilets
mit Champagnergemüse

ZUTATEN FÜR 4 PERSONEN

4 Maishuhnbrüste suprême oder Hähnchenbrustfilets (à ca. 150 g)
2 Möhren · 1/4 Knollensellerie · 1 Stange Lauch
je 1 grüner und gelber Zucchino
2 EL Olivenöl · Salz
2–3 Zweige Thymian · 2–3 Stiele Petersilie
1 TL Fenchelsamen
1 TL schwarze Pfefferkörner
1 EL Butterschmalz
200 ml Champagner oder trockener Winzersekt
50 g Butter

ZUBEREITUNG

1. Das Hähnchenfleisch waschen und trocken tupfen. Das Gemüse putzen, schälen bzw. waschen und in sehr feine Streifen schneiden.

2. Das Olivenöl in einer Pfanne erhitzen. Die Hähnchenbrustfilets mit Salz würzen und auf jeder Seite 1 Minute scharf anbraten. Die Hitze auf mittlere Stufe reduzieren und die Suprême weitere 10 Minuten goldbraun braten. Dabei die Kräuter mitbraten. Die Fenchelsamen und Pfefferkörner mörsern und die Filets kurz vor dem Ende der Garzeit damit bestreuen.

3. Das Butterschmalz in einer Pfanne erhitzen und das vorbereitete Gemüse darin farblos andünsten. Nach etwa 1 Minute den Champagner oder Sekt hinzufügen. Das Gemüse 1 weitere Minute köcheln lassen, bis sich die Flüssigkeit um die Hälfte reduziert hat. Die Butter unterrühren und das Gemüse mit Salz abschmecken. Das Gemüse sollte noch knackig und nicht zu weich sein.

4. Das Champagnergemüse auf Teller verteilen und die Hähnchenbrustfilets darauf anrichten.

Entenbrust
mit geschmorten Feigen und Kartoffel-Sellerie-Püree

ZUTATEN FÜR 4 PERSONEN

Für die Entenbrust:
4 Entenbrustfilets (à ca. 300 g; mit Haut)
Salz · Pfeffer aus der Mühle
2 EL Butterschmalz
1 Bio-Orange
je 2 Bund Rosmarin und Thymian
je 1 Bund Salbei und Petersilie

Für das Kartoffel-Sellerie-Püree:
500 g mehligkochende Kartoffeln
500 g Knollensellerie
Salz
1/4 l Milch
200 g Sahne
70 g Butter
frisch geriebene Muskatnuss

Für die Feigen:
8 frische Feigen
1 Vanilleschote
1 Orange
1 EL Zucker
ca. 150 ml Orangensaft
2 Sternanis
1 Zimtstange

ZUBEREITUNG

1. Für die Entenbrustfilets den Backofen auf 120 °C vorheizen. Die Entenbrüste waschen, trocken tupfen und die Haut mit einem scharfen Küchen- oder Teppichmesser rautenförmig einschneiden. Mit Salz und Pfeffer würzen. Das Butterschmalz in einer Pfanne erhitzen und die Entenbrüste darin auf der Hautseite 5 bis 10 Minuten kräftig anbraten, bis sie schön braun und etwas knusprig sind. Die Filets wenden und auf der Fleischseite weitere 5 Minuten anbraten.

2. Die Orange heiß waschen, trocken reiben und die Schale fein abreiben. Die Kräuter waschen, trocken schütteln und mit der Orangenschale auf einem Backblech verteilen. Die Entenbrüste auf die Kräuter legen und im Ofen auf der mittleren Schiene etwa 10 Minuten garen. Die Entenbrüste sind gar, wenn das Fleisch eine Kerntemperatur von 55 bis 60 °C erreicht hat.

3. Für das Kartoffel-Sellerie-Püree die Kartoffeln schälen, waschen und in Stücke schneiden. Den Sellerie putzen, schälen und in Stücke schneiden. Beides in Salzwasser weich garen. Abgießen und ausdampfen lassen.

4. Die Milch, die Sahne und die Butter in einem Topf erhitzen. Kartoffeln und Sellerie zerstampfen, dabei die heiße Flüssigkeit nach und nach dazugießen und verrühren, bis ein cremiges Püree entsteht. Mit Salz und Muskatnuss würzen.

5. Für die Feigen die äußere Haut der Feigen vorsichtig entfernen. Die Vanilleschote längs aufschneiden und das Mark herauskratzen. Die Orange so großzügig schälen, dass die weiße Haut mit entfernt wird. Dann die Filets zwischen den Trennwänden herausschneiden, den Saft dabei auffangen. Den Zucker in einem Topf erhitzen und karamellisieren. Mit dem Orangensaft ablöschen. Die Gewürze und die Orangenfilets hinzufügen, anschließend die Feigen in den Sud stellen. Die Hitze stark reduzieren und die Feigen 10 Minuten ziehen lassen. Eventuell einmal wenden.

6. Die Entenbrüste aus dem Ofen nehmen, kurz ruhen lassen und in Scheiben schneiden. Mit den Feigen und dem Kartoffel-Sellerie-Püree auf Tellern anrichten.

Krosse Ente
mit Kartoffelknödeln und Spitzkohl

ZUTATEN FÜR 4 PERSONEN

Für die Sauce:
1 Bund Suppengemüse · 1 Zwiebel
1 Knoblauchzehe · 1 Stück Ingwer
1 kg Geflügelklein (z.B. Flügel oder Karkassen von Huhn, Gans, Ente)
2 EL Öl · 1 EL Tomatenmark · 1/2 l Weißwein (z.B. Grau- oder Weißburgunder)
1 Lorbeerblatt · 1/2 Bund Thymian
Salz · Pfeffer aus der Mühle · Aceto balsamico

Für die Ente:
1 Flugente oder Barbarie-Ente (ca. 1,5–1,8 kg; küchenfertig)
Meersalz · Pfeffer aus der Mühle · Olivenöl
1 Apfel · 2 Zwiebeln · 1 Bio-Orange
1 Zweig Rosmarin · 1/2 Bund Thymian
Akazienhonig zum Bestreichen

Für die Knödel und den Spitzkohl:
600 g mehligkochende Kartoffeln · Salz
3 Eigelb · 50 g Kartoffelmehl
50 g zerlassene Butter
frisch geriebene Muskatnuss
1 kleiner Spitzkohl (600–700 g) · 2 Schalotten
4 Orangen · 2 EL Butter · 250 g Sahne
Pfeffer aus der Mühle

ZUBEREITUNG

1. Für die Sauce Gemüse putzen, waschen bzw. schälen und grob schneiden. Zwiebel, Knoblauch und Ingwer schälen und klein schneiden. Geflügelklein waschen, trocken tupfen und mit Gemüse und Zwiebel im Öl anbraten. Tomatenmark untermengen und kurz anrösten. Wein, 1/2 l Wasser, Lorbeer, Thymian, Knoblauch und Ingwer hinzufügen und alles 2 bis 3 Stunden köcheln lassen.

2. Für die Ente den Ofen auf 170 °C (Umluft) vorheizen. Von der Ente das sichtbare Fett entfernen. Ente innen und außen waschen, trocken tupfen, salzen und pfeffern und mit Öl einreiben. Apfel schälen, vierteln und entkernen, Zwiebeln schälen. Beides klein schneiden. Orange so großzügig schälen, dass die weiße Haut mit entfernt wird, und in Stücke schneiden. Kräuter waschen, trocken schütteln, Nadeln bzw. Blätter abzupfen. Ente mit allen Zutaten füllen, Öffnung verschließen und Ente mit Küchengarn in Form binden. Mit der Brust nach oben auf ein Ofengitter legen und mit einem mit Wasser gefüllten Backblech darunter in den Ofen schieben. Die Ente mindestens 2 Stunden braten.

3. Für die Knödel Kartoffeln mit Schale gründlich waschen und in Salzwasser weich garen. Abgießen, ausdampfen lassen, möglichst heiß pellen und durchdrücken. Masse etwas abkühlen lassen. Eigelbe, Kartoffelmehl und Butter untermischen, mit Salz und Muskatnuss würzen. Mit angefeuchteten Händen Knödel formen und in siedendem Salzwasser 10 bis 12 Minuten gar ziehen lassen.

4. Für den Spitzkohl vom Kohl äußere Blätter entfernen, Kohl vierteln, Strunk entfernen und Blätter in feine Streifen schneiden. Schalotten schälen und fein schneiden. Orangen so schälen, dass die weiße Haut mit entfernt wird. Filets zwischen den Trennwänden auslösen, Saft dabei auffangen und Reste ausdrücken. Schalotten in 1 EL Butter andünsten, Kohl mit anschmoren. Orangensaft, -filets und Sahne hinzufügen. Mit Salz, Pfeffer und Muskat würzen. Kohl bei mittlerer Hitze etwa 15 Minuten schmoren. Zuletzt übrige Butter unterrühren und mit Salz, Pfeffer und Muskat abschmecken.

5. Sauce durch ein Sieb in einen Topf gießen, aufkochen und um etwa die Hälfte reduzieren. Mit Salz, Pfeffer und Essig abschmecken. Die Ente ist gar, wenn die Keulen sich leicht lösen lassen und beim Einstechen kein roter Fleischsaft mehr austritt. Falls die Haut noch nicht ausreichend kross ist, zuletzt den Grill zuschalten. Dabei unbedingt aufpassen, denn die Haut verbrennt schnell. Nach Belieben mit Akazienhonig bestreichen. Die Ente tranchieren und mit Sauce, Knödeln und Spitzkohl servieren.

Gänsebraten
mit Riesling-Sauerkraut

ZUTATEN FÜR 4–6 PERSONEN

Für die Gans:
1 Bauerngans (4–4,5 kg; küchenfertig)
2 Äpfel (bevorzugt Boskop) · 3 Zwiebeln
2 Bio-Orangen · 4–5 Zweige Beifuß
Salz · Pfeffer aus der Mühle

Für die Sauce:
1 kg Geflügelklein (z. B. Flügel oder Karkassen von Huhn, Gans, Ente)
1 Bund Suppengemüse · 2 Zwiebeln
3 EL Butterschmalz · 1 EL Tomatenmark
3/4 l trockener Rotwein (Chianti, Burgunder)
2 Zweige Rosmarin · 1 Bund Thymian
2 Lorbeerblätter · 1 EL Wacholderbeeren
Honig · Salz · Pfeffer aus der Mühle
50 g weiche Butter · 50 g Mehl

Für das Sauerkraut:
1 kg frisches Sauerkraut (vom Wochenmarkt oder aus dem Reformhaus)
3 Zwiebeln · 1 Knoblauchzehe
1 Lorbeerblatt · 10 Wacholderbeeren
10 schwarze Pfefferkörner · 5 Pimentkörner
1 ganzer TL Kümmel · 1 TL Senfkörner
1 Gewürznelke
1/2–3/4 l trockener Riesling (Weißwein)
100 g Butter · Salz · Honig oder Zucker

ZUBEREITUNG

1. Für die Gans Backofen auf 200 °C vorheizen. Gans innen und außen waschen, trocken tupfen und das sichtbare Fett entfernen. Den Hals abtrennen, waschen, trocken tupfen, in Stücke schneiden und beiseitestellen. Äpfel waschen, vierteln, entkernen und in Stücke schneiden. Zwiebeln schälen und klein schneiden. Orangen heiß waschen, trocken reiben und ungeschält in große Stücke schneiden. Beifuß waschen und trocken schütteln.

2. Die Gans innen und außen mit Salz und Pfeffer würzen und mit den vorbereiteten Zutaten füllen. Die Öffnung verschließen, Keulen und Flügel an den Körper binden. Ein tiefes Backblech mit Wasser füllen und auf die unterste Schiene im Ofen schieben. Die Gans mit der Brust nach oben auf ein Ofengitter legen und auf der mittleren Schiene 1 1/2 Stunden garen. Dann die Hitze auf 160 °C reduzieren und weitere 2 Stunden garen. Gans zwischendurch mehrmals mit lauwarmem Wasser begießen und an den Keulenunterseiten einstechen.

3. Für die Sauce Geflügelklein waschen, trocken tupfen und klein schneiden. Suppengemüse putzen, waschen bzw. schälen und in Stücke schneiden. Die Zwiebeln schälen und in grobe Würfel schneiden. Alles mit den Halsstücken in einem Schmortopf im Butterschmalz anrösten. Tomatenmark unterrühren und kurz mitrösten. Die Hälfte des Weins und die gleiche Menge Wasser angießen. Kräuter, Lorbeer und Wacholderbeeren dazugeben, bei mittlerer Hitze etwa 2 Stunden köcheln lassen. Immer wieder etwas Wein und Wasser angießen.

4. Für das Sauerkraut Kraut ausdrücken. Zwiebeln schälen und in feine Lamellen schneiden. Knoblauch in der Schale leicht andrücken. Die Gewürze (außer dem Lorbeerblatt und dem Knoblauch) in ein Gewürzsäckchen füllen und verschließen. Sauerkraut mit Zwiebeln, Lorbeer, Knoblauch, Gewürzsäckchen, Riesling und Butter in einen Topf geben. Zugedeckt bei schwacher Hitze etwa 40 Minuten köcheln lassen. Lorbeerblatt, Knoblauch und Gewürzsäckchen wieder entfernen. Kraut mit Salz und Honig oder Zucker pikant abschmecken.

5. Sauce durch ein feines Sieb in einen Topf gießen und um ein Drittel einkochen. Mit Honig, Salz und Pfeffer abschmecken, falls nötig, mit Mehlbutter binden. Dafür Butter und Mehl vermengen und portionsweise zur Sauce geben, bis die gewünschte Konsistenz erreicht ist.

6. Die Gans aus dem Ofen nehmen und tranchieren. Mit der Sauce und dem Riesling-Sauerkraut anrichten.

Gefüllte Pute
mit Brokkoli und Möhren

ZUTATEN FÜR 8 PERSONEN

Für die Sauce:

ca. 1 kg Geflügelklein von Pute oder Huhn (Karkassen, Flügel, Hals etc.)
1 Bund Suppengemüse · 2 Zwiebeln
1/8 l Weißwein · 2 Lorbeerblätter
je 1/2 Bund Thymian und Petersilie
1 Zweig Rosmarin
je 1 TL Piment- und schwarze Pfefferkörner und Wacholderbeeren
Salz · 50 g eiskalte Butter

Für die Pute:

1 Pute (ca. 5 kg; Freilandhaltung, küchenfertig)
Salz · 12 altbackene Brötchen
200 g durchwachsener Speck (am Stück)
2 große Schalotten · 1 EL Butter
1/2 l Milch · 4 Eier · 1 Bund Petersilie
1/2 Bund Thymian · 2 Zweige Rosmarin
frisch geriebene Muskatnuss

Für das Gemüse:

2 große Brokkoli (ca. 1 kg) · 1 kg Möhren
Salz · 50 g Butter · Zucker

ZUBEREITUNG

1. Für die Sauce den Fond am besten schon am Vortag herstellen. Dafür das Suppenhuhn oder das Geflügelklein waschen und trocken tupfen. Das Suppengemüse putzen, waschen bzw. schälen und in Stücke schneiden. Die Zwiebeln schälen und in grobe Würfel schneiden. Die Kräuter waschen und trocken schütteln.

2. Die vorbereiteten Zutaten mit 1 1/2 l Wasser, Wein, Kräutern und Gewürzen aufkochen. Die Hitze reduzieren und alles etwa 1 1/2 Stunden köcheln lassen. Die Geflügelbrühe durch ein feines Sieb in einen Topf gießen.

3. Am nächsten Tag die Pute innen und außen waschen, trocken tupfen und mit Salz einreiben.

4. Die Brötchen in kleine Würfel schneiden. Den Speck ebenfalls in kleine Würfel schneiden. Die Schalotten schälen und in feine Würfel schneiden. Die Butter erhitzen, Speck und Schalotten darin glasig dünsten. Die Milch erwärmen. Brötchen, Schalotten, Speck und Milch mit den Eiern in einer großen Schüssel mischen und gut 30 Minuten ruhen lassen. Die Kräuter waschen, trocken schütteln, Blätter bzw. Nadeln abzupfen und fein hacken, dann unter die Füllung mischen. Alles mit Salz und Muskatnuss würzen und mit den Händen zu einem lockeren Teig verkneten.

5. Den Backofen auf 200 °C vorheizen. Zum Füllen die Pute am besten hochkant in einen großen Topf stellen, dann den Teig hineinfüllen. Die Öffnung mit Alufolie abdecken und die Pute mit Küchengarn in Form binden. Mit der Brust nach oben auf ein Ofengitter legen und mit einem mit Wasser gefüllten Backblech darunter in den Ofen schieben. Die Pute im Ofen etwa 1 Stunde braten. Dann die Temperatur auf 180 °C reduzieren und die Pute noch etwa 2 1/2 bis 3 Stunden weiterbraten. Zwischendurch etwas Wasser nachgießen.

6. Für das Gemüse den Brokkoli putzen, waschen und in kleine Röschen teilen. Die Möhren putzen, schälen und in Scheiben schneiden. Das Gemüse in Salzwasser etwa 3 Minuten bissfest garen. Herausnehmen und kalt abschrecken. Zum Servieren das Gemüse in einer großen Pfanne in der Butter schwenken und mit 1 Prise Zucker und Salz abschmecken.

7. Die Geflügelbrühe um die Hälfte reduzieren (ergibt etwa 1/2 l). Mit Salz abschmecken und kurz vor dem Servieren mit kalter Butter (oder Mehlbutter) verfeinern und binden.

8. Die Pute aus dem Ofen nehmen und die Semmelknödelfüllung herauslöffeln. Die Pute zerlegen und mit der Füllung auf Tellern anrichten. Die Sauce und das Gemüse dazu servieren.

Gefüllte Pute
mit Kürbisgemüse

ZUTATEN FÜR 4–6 PERSONEN

Für die Pute:
1 Pute (2,2–2,5 kg, küchenfertig) · Salz
2 Orangen · 1 Apfel
1 Zwiebel
1 dicke Scheibe Bauernbrot
3 Zweige Thymian
1 Knoblauchzehe (angedrückt)

Für die Cranberrys:
350 g frische Cranberrys
150 g Zucker
abgeriebene Schale von 1 Bio-Orange

Für das Kürbisgemüse:
500 g Hokkaido-Kürbis
1 walnussgroßes Stück Ingwer
1 Chilischote
200 ml Orangensaft
Zucker · Salz

Für die Feigen:
6 Feigen · 1 EL Zucker
200 ml Weißwein
2 EL Honig
2 Zimtblüten oder 1/2 Zimtstange
1/2 Vanilleschote (aufgeschlitzt)
1 Chilischote · 2 Sternanis

ZUBEREITUNG

1. Den Backofen auf 200 °C vorheizen. Die Pute innen und außen waschen, trocken tupfen und mit Salz einreiben.

2. Die Orangen so großzügig schälen, dass die weiße Haut mit entfernt wird, und in Stücke schneiden. Den Apfel waschen, vierteln, entkernen und in Scheiben schneiden. Die Zwiebel schälen und in Würfel schneiden. Das Brot in einer beschichteten Pfanne ohne Fett rösten, dann in Würfel schneiden. Den Thymian waschen, trocken schütteln und die Blätter abzupfen.

3. Die vorbereiteten Zutaten und den Knoblauch mischen und die Pute damit füllen. Die Öffnung zustecken und die Pute mit Küchengarn in Form binden. Mit der Brust nach oben auf das Ofengitter legen und mit einem mit Wasser gefüllten Backblech darunter in den Ofen schieben. Die Pute 30 Minuten braten, dann die Temperatur auf 160 °C reduzieren und noch 1 1/2 bis 2 Stunden weiterbraten.

4. Inzwischen die Cranberrys mit dem Zucker und der Orangenschale in die Küchenmaschine geben und 1 Stunde langsam verrühren.

5. Für das Gemüse den Kürbis waschen, vierteln und die Kerne mit einem Löffel entfernen. Das Kürbisfleisch in Würfel schneiden. Den Ingwer schälen und fein reiben. Die Chilischote längs halbieren, entkernen, waschen und fein hacken. Den Kürbis mit Ingwer, Chili, Orangensaft, 100 ml Wasser, Zucker und Salz etwa 10 Minuten weich garen. Dann zerstampfen und nach Belieben mit Butter abschmecken.

6. Für die Feigen die Früchte waschen und oben und unten anschneiden. Den Zucker in einem Topf karamellisieren und mit dem Weißwein ablöschen. Die Gewürze dazugeben und alles leicht köcheln lassen. Dann die Feigen in den Sud legen, vom Herd nehmen und mindestens 10 Minuten ziehen lassen. Dabei die Feigen einmal wenden.

7. Die Pute aus dem Ofen nehmen, die Füllung entfernen und die Pute tranchieren. Mit dem Kürbisgemüse, den Cranberrys und den Feigen servieren.

Gefüllte Putenbrust
mit Mozzarella

ZUTATEN FÜR 4 PERSONEN

4 Scheiben Putenbrustfilet (ca. 1,5–2 cm dick)
1 Kugel Burrata oder Mozzarella (ca. 125 g)
je 1/2 Bund Petersilie und Thymian
2 Zweige Rosmarin
Salz · Pfeffer aus der Mühle
1 EL Butterschmalz · 1 EL Olivenöl zum Braten
1 Knoblauchzehe (angedrückt)
100 ml Weißwein · 100 ml Olivenöl
Saft von 1/2 Zitrone · 50 g Butter

ZUBEREITUNG

1. Die Putenbrustfilets waschen, trocken tupfen und mit einem spitzen Messer jeweils eine Tasche hineinschneiden. Die Taschen sollten möglichst nur eine kleine Öffnung haben und an den Rändern verschlossen sein.

2. Die Burrata oder Mozzarella in kleine Stücke schneiden. Petersilie, Thymian und 1 Rosmarinzweig waschen, trocken schütteln, die Blätter bzw. Nadeln abzupfen und fein hacken. Käse und Kräuter mischen, mit Salz und Pfeffer würzen. Die Füllung mit einem Löffel in die Putenfilets verteilen und die Taschen mit Rouladennadeln verschließen.

3. Butterschmalz und Olivenöl in einer Pfanne erhitzen und die gefüllten Filets darin 6 bis 8 Minuten goldbraun braten. Dabei den übrigen Rosmarinzweig und den Knoblauch mitbraten.

4. Wein, Olivenöl und Zitronensaft in einer zweiten Pfanne oder in einem Topf erhitzen. Die Butter in Stücken hinzufügen und alles gut verrühren, bis ein geschmeidiger Sud entsteht. Mit Salz und Pfeffer abschmecken.

5. Die Putenbrustfilets auf Teller geben und mit dem Sud begießen. Dazu am besten Baguette oder Fladenbrot servieren.

Gebratene Wachteln
mit Orangenfüllung

ZUTATEN FÜR 4 PERSONEN

4 Wachteln (à ca. 120 g; küchenfertig)
Salz · 2 Orangen
abgeriebene Schale von 1 Bio-Orange
1 walnussgroßes Stück Ingwer · 2 Möhren
1/4 Sellerieknolle · 1 EL Tomatenmark
200 ml Weißwein · 4 EL Olivenöl
1 kg mehligkochende Kartoffeln
500 g Brokkoli · Pfeffer aus der Mühle
200 ml Milch · 200 g Sahne · 2 EL Butter
frisch geriebene Muskatnuss

ZUBEREITUNG

1. Den Backofen auf 200 °C vorheizen. Die Wachteln innen und außen waschen, trocken tupfen und mit Salz würzen. Die Orangen so großzügig schälen, dass die weiße Haut mit entfernt wird. Die Filets zwischen den Trennhäuten herausschneiden und in Stücke schneiden. Orangenfilets, -schale und geriebenen Ingwer mischen und die Wachteln damit füllen. Mit Zahnstochern zustecken und die Wachteln mit Küchengarn in Form binden.

2. Möhren und Sellerie putzen, schälen und in kleine Würfel schneiden. Das Gemüse mit dem Tomatenmark in einer Auflaufform mischen. Wein und 200 ml Wasser dazugießen, Wachteln daraufsetzen, mit 2 EL Öl beträufeln und im Ofen 25 Minuten braten.

3. Kartoffeln schälen, waschen, in Stücke schneiden und in Salzwasser weich garen. Brokkoli putzen, waschen, in Röschen teilen und in kochendem Salzwasser 2 Minuten blanchieren. Eiskalt abschrecken und trocken tupfen. Im übrigen Öl 3 bis 4 Minuten braten und mit Salz und Pfeffer würzen.

4. Milch und Sahne erhitzen. Kartoffeln abgießen, ausdampfen lassen und zerstampfen. Milchmischung nach und nach unterrühren. Butter untermischen. Mit Salz und Muskatnuss abschmecken.

5. Die Wachteln aus dem Ofen nehmen und mit Brokkoli und Kartoffelstampf servieren.

Reh- und Wildschweinrücken

mit Rotweinsauce und Kartoffel-Apfel-Gratin

ZUTATEN FÜR 4 PERSONEN

Für die Rotweinsauce:
1 kg Knochen vom Reh- und Wildschweinrücken (z. B. Hals, Haxen, Schulter- oder Rippenstücke)
1 Bund Suppengemüse · 1 Zwiebel
1 junge Knoblauchknolle · 1 EL Butterschmalz
1 EL Olivenöl · 1/2 l Rotwein
1/2 l Fleischbrühe · 1 EL Tomatenmark
1 Zweig Rosmarin · 2 Lorbeerblätter
1 TL Wacholderbeeren
1 TL schwarze Pfefferkörner
Salz · Pfeffer aus der Mühle
1 EL Akazienhonig · Aceto balsamico

Für das Kartoffel-Apfel-Gratin:
6 mittelgroße festkochende Kartoffeln
1 Apfel · Öl für das Blech
Salz · Pfeffer aus der Mühle
frisch geriebene Muskatnuss · 200 g Sahne

Für den Reh- und Wildschweinrücken:
je 600 g ausgelöster Wildschweinrücken und Rehrücken
1 Bund Thymian · 1 Bund Rosmarin
1 junge Knoblauchknolle
2 EL Butterschmalz · feines Meersalz
grob geschroteter schwarzer Pfeffer
gemahlener Piment · 1 Bio-Orange
2–3 Lorbeerblätter

Für den Brokkoli:
500 g Brokkoli · Salz
1 EL Butterschmalz · 50 g Mandelstifte
Pfeffer aus der Mühle

ZUBEREITUNG

1. Für die Sauce Knochen waschen und trocken tupfen. Das Gemüse putzen, waschen bzw. schälen und in Stücke schneiden. Zwiebel und Knoblauch mit Schale vierteln. Schmalz und Öl in einem Topf erhitzen und die Knochen darin goldbraun rösten.

2. Gemüse, Knoblauch und Zwiebel dazugeben und mitbräunen. Wein, Brühe und 1/2 l Wasser hinzufügen, sodass die Zutaten knapp bedeckt sind. Tomatenmark, Kräuter, Gewürze und Salz dazugeben. Fond bei schwacher Hitze etwa 1 1/2 Stunden köcheln, falls nötig, Brühe oder Wein in kleinen Portionen nachgießen.

3. Für das Gratin den Backofen auf 200 °C vorheizen. Kartoffeln schälen, Apfel schälen, vierteln, entkernen. Beides in feine Scheiben schneiden. Ein Backblech mit Öl fetten, Kartoffeln und Äpfel darauf verteilen. Mit Salz, Pfeffer und Muskat würzen, mit Sahne übergießen und im Ofen auf der mittleren Schiene 25 bis 30 Minuten backen, warm halten.

4. Für das Fleisch die Backofentemperatur auf 100 °C reduzieren. Die Wildfilets jeweils in 4 Stücke schneiden. Kräuter waschen und trocken schütteln. Knoblauch schälen und in Stücke schneiden. Filets mit einigen Kräuterzweigen und 1 Knoblauchstück in einer Pfanne im Butterschmalz rundum gut anbraten. Filets herausnehmen, mit Salz, Pfeffer und etwas Piment würzen.

5. Übrige Kräuter grob zupfen. Orange heiß waschen, trocken reiben und die Schale abziehen. Beides mit übrigem Knoblauch und Lorbeer auf einem Blech verteilen. Filets darauflegen und im Ofen je nach Dicke 12 bis 15 Minuten garen. (Das Rehfleisch sollte eine Kerntemperatur von 55 bis 58 °C, das Wildschwein von etwa 70 °C aufweisen.)

6. Für das Gemüse Brokkoli putzen, waschen, in kleine Röschen teilen und in Salzwasser 1 1/2 bis 2 Minuten blanchieren. Kalt abschrecken und trocken tupfen. Dann in einer Pfanne im Butterschmalz 1 bis 2 Minuten braten. Mit Mandelstiften bestreuen und mit Salz und Pfeffer abschmecken.

7. Fond durch ein feines Sieb in einen Topf gießen und die Zutaten auffangen. Fond um ein Drittel reduzieren. Mit Salz, Pfeffer, Honig und 1 Schuss Essig abschmecken, ggf. mit Mehlbutter binden. Filets mit Sauce, Gratin und Brokkoli servieren.

Grillhähnchen
in zweierlei Marinaden

ZUTATEN FÜR 4 PERSONEN

Für die Marinaden:
5 EL Olivenöl
2 Knoblauchzehen (1 angedrückt, 1 halbiert)
abgeriebene Schale und Saft von 1/2 Bio-Zitrone
2 Chilischoten (aufgeschlitzt) · 1 Zweig Rosmarin
200 ml Sojasauce · 3 EL Honig
2 Scheiben Ingwer · 2 Lorbeerblätter

Außerdem:
1 Freilandhuhn (1–1,2 kg; küchenfertig)
Meersalz · Olivenöl zum Bestreichen
Paprikapulver
zerstoßener grüner Pfeffer (gefriergetrocknet)

ZUBEREITUNG

1. Für die Grillmarinade Öl, angedrückten Knoblauch, Zitronenschale und -saft, 1 Chili und Rosmarin verrühren. Für die Sojamarinade Sojasauce mit 200 ml Wasser, halbiertem Knoblauch, 1 Chili, Honig, Ingwer und Lorbeer in einem Topf bei mittlerer Hitze um die Hälfte reduzieren, abkühlen lassen.

2. Das Huhn waschen, trocken tupfen und in Brust, Keulen und Flügel teilen, die Haut entfernen. Die Hähnchenbrustfilets zwischen zwei Lagen Folie mit einer Pfanne oder einem Plattiereisen gleichmäßig in Form bringen. Aus den Karkassen nach Belieben eine Brühe kochen.

3. Hähnchenbrustfilets salzen, auf einer Seite mit Paprika einreiben und mit der Grillmarinade bestreichen. Haut der Keulen leicht lösen, Rosmarin darunterschieben und Haut wieder andrücken. Salzen, pfeffern und mit Grillmarinade bestreichen. Hähnchenflügel salzen und mit Öl bestreichen.

4. Hähnchenkeulen indirekt 30 bis 35 Minuten grillen. Flügel 15 bis 20 Minuten grillen, kurz vor Ende der Grillzeit mit Sojamarinade bestreichen und mit grünem Pfeffer würzen. Hähnchenfilets etwa 8 Minuten grillen, dabei mit grünem Pfeffer bestreuen. Ideale Begleiter: gegrillte Tomaten oder Zitronen.

Entenbrustfilets
aus dem Wok

ZUTATEN FÜR 4 PERSONEN

5 getrocknete Shiitake-Pilze
3 Barbarie-Entenbrustfilets
(à ca. 300 g; mit Haut)
1 Schalotte
1 walnussgroßes Stück Ingwer
1 kleine scharfe Chilischote
5 frische Shiitake-Pilze
5 Mini-Pak-Choi
3 EL Traubenkernöl
Zucker · 100 ml Weißwein
abgeriebene Schale und Saft von 1 Bio-Orange
1 EL Sojasauce

ZUBEREITUNG

1. Die getrockneten Shiitake-Pilze in heißem Wasser 2 Stunden einweichen.

2. Die Entenbrustfilets waschen, trocken tupfen und die Haut entfernen. Das Fleisch in Streifen schneiden. Schalotte und Ingwer schälen und in feine Würfel schneiden. Chilischote längs halbieren, entkernen, waschen und fein hacken. Die frischen Shiitake-Pilze putzen, falls nötig, trocken abreiben und in Scheiben schneiden. Den Pak Choi putzen, waschen und klein schneiden.

3. Die eingeweichten Pilze ausdrücken und in Scheiben schneiden. Die Flüssigkeit durch ein Sieb gießen, dabei 100 ml auffangen.

4. Das Öl im Wok oder in einer hohen Pfanne erhitzen und das Entenfleisch darin unter Rühren 1 Minute anbraten. Mit 1 Prise Zucker würzen. Schalotte, Chili und Ingwer dazugeben und kurz braten. Dann die Pilze und den Pak Choi untermischen und 1 Minute weiterbraten. Wein, Pilzeinweichwasser, Orangenschale und -saft hinzufügen. Mit der Sojasauce abschmecken. Dazu passen Basmati-Reis und ein deutscher Riesling.

Klassischer Gänsebraten
mit Honigglasur

ZUTATEN FÜR 6–8 PERSONEN

1 Gans (4,5–5,2 kg; küchenfertig)
500 g Salz · 1 Apfel
1 Bio-Orange
Pfeffer aus der Mühle
2 Zwiebeln
1 Zweig Beifuß
1,5 kg Geflügelklein (z.B. Flügel oder Karkassen von Huhn, Gans, Ente)
1 Bund Suppengemüse
2 EL Butterschmalz
1 EL Tomatenmark
1/2 l Rotwein
10 schwarze Pfefferkörner
2 Lorbeerblätter
2–3 Stiele Petersilie
50 g Butter
30 g Mehl · 2 EL Honig

ZUBEREITUNG

1. Am Vortag die Gans innen und außen waschen und trocken tupfen. Alles sichtbare Fett entfernen. Das Salz mit 8 bis 10 l Wasser in einem großen Eimer oder in einer Plastikbadewanne auflösen und die Gans darin mindestens 24 Stunden marinieren. Dabei zwischendurch mindestens 2- bis 3-mal wenden.

2. Am nächsten Tag den Backofen auf 200 °C (Umluft) vorheizen. Den Apfel und die Orange waschen, trocken reiben und klein schneiden. Die Gans aus der Marinade nehmen, trocken tupfen und innen mit Pfeffer würzen. Mit Apfel, Orange, Zwiebeln mit Schale und Beifuß füllen, die Öffnung mit Zahnstochern zustecken und die Gans mit Küchengarn in Form binden.

3. Ein tiefes Backblech mit Wasser füllen und auf die unterste Schiene im Ofen schieben. Die Gans mit der Brust nach oben auf ein Ofengitter legen und auf der mittleren Schiene 1 1/2 Stunden garen.

4. Dann die Hitze auf 160 °C reduzieren und weitere 2 Stunden garen. Gans zwischendurch mehrmals mit lauwarmem Wasser begießen und an den Keulenunterseiten einstechen.

5. Für die Sauce die Geflügelknochen waschen und trocken tupfen. Das Suppengemüse putzen, waschen bzw. schälen und klein schneiden. Das Butterschmalz in einem großen Topf erhitzen und die Knochen darin anrösten. Das Gemüse dazugeben und kurz mitbraten. Dann das Tomatenmark dazugeben und kurz anrösten. Mit 2 l Wasser und dem Wein ablöschen. Die Pfefferkörner, die Lorbeerblätter und die Petersilienstiele dazugeben und alles zugedeckt mindestens 2 Stunden köcheln lassen.

6. Anschließend den Fond durch ein mit einem Tuch ausgelegtes Sieb in einen Topf passieren und einkochen lassen. Die Butter mit dem Mehl verkneten und die Sauce mit der Mehlbutter binden, bis sie eine sämige Konsistenz hat. Die Sauce mit Salz und Pfeffer würzen.

7. Die Gans am Ende der Garzeit mit etwas Honig bestreichen und noch kurz übergrillen.

Gänsekeulen
mit Grünkohl und zweierlei Kartoffeln

ZUTATEN FÜR 6–8 PERSONEN

Für die Gänsekeulen:
2 kg Grünkohl
Salz · 4 Schalotten
6–8 Gänsekeulen (à ca. 400 g)
1 EL Olivenöl
1 EL Puderzucker
2 EL Senf
1 1/2 l Hühnerbrühe
1 Bund Thymian
Pfeffer aus der Mühle
5 EL Akazienhonig

Für die Kartoffelvariationen:
1 kg Drillinge (kleine festkochende Kartoffeln)
Salz
1 kg vorwiegend festkochende Kartoffeln
1 Bund Petersilie
2 EL Butterschmalz · 2 EL Zucker

ZUBEREITUNG

1. Für die Gänsekeulen den Grünkohl putzen, waschen und in kochendem Salzwasser etwa 2 Minuten blanchieren. Kalt abschrecken, die Blätter gut ausdrücken und grob hacken. Die Schalotten schälen und in feine Würfel schneiden.

2. Die Gänsekeulen waschen und trocken tupfen. Das Olivenöl in einem großen Bräter erhitzen und die Schalotten darin andünsten. Den Puderzucker und den Senf hinzufügen und mit den Schalotten verrühren. Den Grünkohl hinzufügen und kurz andünsten. Die Brühe dazugießen, alles gut vermischen und mit Salz würzen. Die Gänsekeulen darauflegen und zugedeckt bei mittlerer Hitze etwa 2 Stunden garen.

3. Für die süße Kartoffelvariante die Drillinge mit der Schale gründlich waschen und in Salzwasser weich garen. Dann die Kartoffeln abgießen, ausdampfen lassen und möglichst heiß pellen. Abkühlen lassen.

4. Die anderen Kartoffeln schälen, waschen, halbieren und in Salzwasser weich garen.

5. Für die Gänsekeulen den Backofengrill (oder den Umluftgrill) vorheizen. Den Thymian waschen, trocken schütteln und die Blättchen abzupfen. Die Gänsekeulen aus dem Topf nehmen, etwas trocken tupfen und mit Salz und Pfeffer würzen. Den Honig kurz erwärmen, bis er flüssig ist, und den Thymian dazugeben. Die Keulen am Gelenk teilen, auf ein Backblech legen und mit dem Thymianhonig bestreichen. Unter dem Backofengrill 4 bis 5 Minuten (oder unter dem Umluftgrill etwa 10 Minuten) braten, bis die Haut schön braun und knusprig ist. Die Keulen dabei nicht aus den Augen lassen, da der Honig schnell verbrennen kann.

6. Den Grünkohl nach Belieben mit Salz, Pfeffer und nach Belieben noch mit Senf abschmecken.

7. Die Petersilie waschen, trocken schütteln, die Blätter abzupfen und fein hacken. Zum Servieren das Butterschmalz in einer Pfanne erhitzen und die kleinen Kartoffeln darin gut anbraten. Den Zucker dazugeben und die Kartoffeln karamellisieren, bis sich etwas braune Kruste auf den Knollen bildet.

8. Die Gänsekeulen mit dem Grünkohl sowie mit den karamellisierten und gekochten Kartoffeln auf Tellern anrichten, dabei die gekochten Kartoffeln etwas andrücken und mit der Petersilie bestreuen.

Geschmortes Kaninchen
mit Pappardelle

ZUTATEN FÜR 4 PERSONEN

1 Kaninchen (1,3–1,6 kg; küchenfertig)
3 Schalotten · 1/2 frische Knoblauchknolle
1 Zweig Rosmarin · 3 EL Butterschmalz
Salz · Pfeffer aus der Mühle
3 dünne Scheiben Ingwer · 3 Lorbeerblätter
1 l Fleischbrühe · 200 ml Weißwein (z. B. Riesling)
abgeriebene Schale und Saft von 1 Bio-Zitrone
500 g Pappardelle (Bandnudeln) · 1 EL Olivenöl

ZUBEREITUNG

1. Das Kaninchen waschen, trocken tupfen und zerteilen. Dafür zuerst Keulen und Vorderläufe abtrennen, Keulen im Gelenk einmal durchtrennen und vom Rücken die Bauchlappen abschneiden. Rückenfilets herauslösen. (Aus den Rückenknochen mit 1 Bund Suppengemüse eine Brühe kochen.)

2. Schalotten und Knoblauch schälen und in feine Scheiben schneiden. Rosmarin waschen, trocken schütteln und die Nadeln abzupfen.

3. Butterschmalz in einem großen Bräter erhitzen, die Kaninchenteile (außer den Rückenfilets) mit Salz und Pfeffer würzen und rundum anbraten. Schalotten, Knoblauch, Ingwer, Rosmarin und Lorbeer dazugeben und kurz anbraten. Mit Brühe und Wein ablöschen. Mit Salz, Pfeffer, Zitronenschale und -saft würzen. Kaninchenteile sollten höchstens zur Hälfte von Füssigkeit bedeckt sein. Zugedeckt 1 Stunde schmoren, dabei mindestens 2-mal wenden. Falls nötig, Brühe und Wein nachgießen.

4. Die Nudeln in reichlich kochendem Salzwasser nach Packungsanweisung bissfest garen.

5. Das Kaninchenfleisch vom Knochen lösen und in den Bräter zurückgeben. Rückenfilets in mundgerechte Stücke schneiden und im Olivenöl 3 bis 4 Minuten braten. Nudeln abgießen und tropfnass unter das Kaninchenfleisch mischen. Gebratene Rückenfilets dazugeben und, falls nötig, noch mit Zitronensaft, Olivenöl und Salz abschmecken.

Kaninchenragout
mit Grünkohl

ZUTATEN FÜR 4 PERSONEN

4 Kaninchenkeulen
(à ca. 300 g; am Gelenk zerteilt)
Salz · Pfeffer aus der Mühle
500 g Grünkohl · 3 Schalotten
2 Knoblauchzehen · 3 EL Olivenöl · 1 EL Butter
abgeriebene Schale von 1 Bio-Zitrone
frisch geriebene Muskatnuss
1 kg mehligkochende Kartoffeln
Saft von 1/2 Zitrone
1 EL scharfer Senf
125 g Sahne · 125 ml Milch

ZUBEREITUNG

1. Keulen waschen, trocken tupfen, salzen und pfeffern. Grünkohl putzen, waschen und in Salzwasser 2 Minuten blanchieren. Herausheben, kalt abschrecken und gut ausdrücken, dabei das Wasser auffangen. Schalotten schälen und in Lamellen schneiden. Knoblauch in der Schale durchpressen.

2. Die Keulen in 2 EL Olivenöl und Butter anbraten. Grünkohl, Schalotten, Knoblauch und die Hälfte der Zitronenschale dazugeben, mit Salz, Pfeffer und Muskatnuss würzen. Mit so viel Grünkohlkochwasser ablöschen, dass Keulen und Grünkohl leicht bedeckt sind. Alles bei mittlerer Hitze 50 bis 60 Minuten köcheln. Die Keulen sind gar, wenn das Fleisch sich leicht vom Knochen löst.

3. Die Kartoffeln schälen, waschen, in Stücke schneiden und in Salzwasser weich garen.

4. Keulen herausnehmen, Fleisch ablösen und zum Kohl geben. Mit Zitronensaft, Senf, Salz und 1 Prise Muskatnuss würzen und alles noch einige Minuten köcheln.

5. Sahne und Milch erhitzen. Kartoffeln abgießen, ausdampfen lassen und zerdrücken. Milchgemisch unterrühren. Mit übrigem Olivenöl, Muskatnuss und übriger Zitronenschale abschmecken. Zum Kaninchenragout servieren. Dazu passt ein deutscher Riesling.

Kaninchenkeulen
mit Schalotten und Oliven

ZUTATEN FÜR 4 PERSONEN

4 Kaninchenkeulen (à ca. 300 g)
Salz · Pfeffer aus der Mühle
2 Bio-Zitronen
4 Schalotten
2 EL Butterschmalz
ca. 3/4 l Fleisch- oder Gemüsebrühe
1/4 l Weißwein (z. B. liebliche Spätlese)
3 Lorbeerblätter
2 Zweige Rosmarin
20 schwarze Oliven (ohne Stein)
Olivenöl zum Beträufeln

ZUBEREITUNG

1. Die Kaninchenkeulen waschen, trocken tupfen und mit Salz und Pfeffer würzen. Die Zitronen heiß waschen, trocken reiben und vierteln. Die Schalotten schälen und in Streifen schneiden.

2. Das Butterschmalz in einer Pfanne mit hohem Rand erhitzen und die Keulen darin rundum anbraten. Die Zitronen und Schalotten dazugeben, mit der Hälfte der Brühe und dem Wein ablöschen.

3. Die Lorbeerblätter und den Rosmarin hinzufügen und alles zugedeckt bei schwacher Hitze 1 Stunde schmoren. Dabei zwischendurch die restliche Brühe dazugießen.

4. Die Kräuter entfernen, die Oliven dazugeben und alles mit Salz würzen. Dann 1 feinen Strahl Olivenöl dazugeben und alles nochmals 3 Minuten garen. Dazu passen Salzkartoffeln oder Weißbrot.

Rehrückenfilets
mit Birnen

ZUTATEN FÜR 4–6 PERSONEN

1 Rehrücken (1,8–2,2 kg; vom Metzger auslösen und den Knochen hacken lassen)
1 Bund Suppengemüse · 4 EL Butterschmalz
1 EL Tomatenmark · 1/2 l Rotwein
2 Lorbeerblätter · je 30 Piment- und schwarze Pfefferkörner sowie Wacholderbeeren
3 Birnen (z. B. Williams Christ) · Salz
1 Kräuterstrauß (z. B. Thymian, Rosmarin, Petersilie, Salbei, Lorbeerblatt)
Schale von 1 Bio-Orange
2 Knoblauchzehen (angedrückt) · 2 EL Honig

ZUBEREITUNG

1. Rehfilets und Knochen waschen und trocken tupfen. Suppengemüse putzen, waschen bzw. schälen und grob schneiden. Knochen in 2 EL Schmalz anrösten, Suppengemüse mitbraten. Tomatenmark dazugeben und anrösten. Mit Wein und 2 l Wasser ablöschen. Lorbeer, je 25 Piment- und Pfefferkörner sowie Wacholderbeeren hinzufügen, alles 2 bis 3 Stunden köcheln lassen. Birnen waschen, streifig schälen, halbieren und entkernen. Dann in einer Pfanne in 1 EL Butterschmalz bei schwacher Hitze mindestens 10 Minuten braten.

2. Backofen auf 120 °C vorheizen. Übrige Gewürze im Mörser zerstoßen. Rehstränge in 6 Stücke schneiden und im übrigen Butterschmalz in einer Pfanne rundum 2 Minuten anbraten. Herausnehmen, salzen und mit der Gewürzmischung bestreuen. Backblech mit den Kräutern auslegen, Orangenschale und Knoblauch dazugeben. Das Fleisch daraufsetzen und im Ofen 10 bis 12 Minuten garen (Kerntemperatur 50 bis 52 °C).

3. Fond durch ein Sieb gießen, etwas einkochen, nach Belieben mit Honig und Essig abschmecken. Birnen mit Honig beträufeln und zum Rehfleisch in den Ofen schieben. Rehfilets herausnehmen, 3 bis 4 Minuten ruhen lassen. Ggf. Gorgonzola oder Preiselbeeren in Birnen geben. Fleisch mit Sauce und Birnen servieren. Dazu passen Herzoginkartoffeln.

Gebratene Rehschnitzel
mit Nusspanade und Birnen

ZUTATEN FÜR 4 PERSONEN

Für das Birnenkompott:
2 große Birnen (z. B. Abate) · 2 EL Zucker
1/4 l Birnensaft · Schale von 1 Bio-Orange
1 Chilischote · 1 Zimtstange · 1 Gewürznelke
1 Vanilleschote · 1 walnussgroßes Stück Ingwer
Zitronensaft · Honig

Für die Rehschnitzel:
4 große oder 8 kleine Rehschnitzel
1 Bund Thymian · 2 Zweige Rosmarin
50 g Pinienkerne · 100 g Panko (asiat. Paniermehl) · 50 g gemahlene Haselnüsse · 50 g Mehl
2 Eier · Salz · Pfeffer aus der Mühle
2 EL Olivenöl · 2 EL Butterschmalz

ZUBEREITUNG

1. Für das Kompott Birnen schälen, vierteln, entkernen und würfeln. Zucker in einem hohen Topf schmelzen und Saft hinzufügen. Orangenschale, Chili, Zimtstange, Nelke und Vanille dazugeben, bei schwacher Hitze 5 Minuten köcheln. Ingwer schälen, fein reiben und mit Birnenwürfeln hinzufügen. Herd ausschalten, Birnen mindestens 30 Minuten ziehen lassen. Mit etwas Zitronensaft und Honig abschmecken. Abkühlen lassen.

2. Für die Schnitzel das Fleisch zwischen 2 Lagen Folie leicht plattieren. Kräuter waschen, trocken tupfen, von etwa der Hälfte Blätter bzw. Nadeln abzupfen und hacken. Pinienkerne fein hacken. Panko, Haselnüsse, Pinienkerne und Kräuter mischen. Mehl in einen tiefen Teller geben. Eier in einem tiefen Teller verquirlen. Schnitzel salzen und pfeffern, erst im Mehl wenden, überschüssiges Mehl abklopfen, dann durch die Eier ziehen und zuletzt im Pankomehl wälzen. Panade andrücken.

3. Schnitzel in einer Pfanne in Olivenöl und Schmalz 4 bis 6 Minuten goldbraun braten. Übrige Kräuterzweige dazugeben. Schnitzel mit Birnenkompott und Kräuterzweigen servieren.

Rehkeule
mit pochierten Birnen

ZUTATEN FÜR 4 PERSONEN

1 Rehkeule (1,4–1,7 kg; vom Metzger auslösen lassen)
Salz · Pfeffer aus der Mühle
1 Bund Suppengemüse · 2 EL Butterschmalz
1 EL Tomatenmark
1 Kräuterstrauß (Lorbeer, Thymian, Rosmarin und Salbei)
je 10 Piment- und schwarze Pfefferkörner
400 ml Weißwein · 3 Birnen
abgeriebene Schale und Saft von 1/2 Bio-Zitrone · 1 EL Honig
1 Zimtstange · 1 Sternanis
Aceto balsamico
30 g dunkle Schokolade (60% Kakaoanteil)
Preiselbeerkompott (aus dem Glas)

ZUBEREITUNG

1. Den Backofen auf 140°C vorheizen. Rehkeule waschen, trocken tupfen und in 8 Stücke schneiden. Mit Salz und Pfeffer würzen.

2. Suppengemüse putzen, waschen bzw. schälen und in Würfel schneiden. Fleisch in einem Bräter im Butterschmalz rundum anbraten und wieder herausnehmen. Suppengemüse kurz anbraten, dann Tomatenmark mitrösten. Rehfleisch, Kräuter und Gewürze dazugeben. Mit 200 ml Wein und Wasser auffüllen, bis alles bedeckt ist. Zugedeckt im Ofen auf der mittleren Schiene etwa 40 Minuten schmoren.

3. Birnen waschen, streifig schälen, halbieren und entkernen. Restlichen Wein, 1/2 l Wasser, Zitronenschale, -saft, Honig, Zimt und Anis aufkochen. Die Birnen im Sud bei schwacher Hitze 15 Minuten köcheln.

4. Wenn das Fleisch gar ist, aus dem Bräter nehmen und warm halten. Fond in einem Topf sämig einkochen, mit etwas Essig und der Schokolade abschmecken. Fleisch mit Sauce, Birnen und Preiselbeeren servieren. Dazu passt Kartoffelpüree.

Rehrücken unter der Nusskruste
mit Kartoffelgratin und Kirschkompott

ZUTATEN FÜR 4 PERSONEN

Für das Kirschkompott:
1 Glas eingelegte Süßkirschen (680–750 g Inhalt)
1 Vanilleschote
200 ml roter Portwein
3 EL Aceto balsamico
2 Sternanis
1 Zimtstange

Für das Kartoffelgratin:
6 mittelgroße festkochende Kartoffeln
Salz · frisch geriebene Muskatnuss
200 g Sahne
Olivenöl zum Beträufeln

Für den Rehrücken:
50 g Walnusskerne
50 g Pinienkerne
4 getrocknete Feigen
1 walnussgroßes Stück Ingwer
1 Bio-Orange
1 Bund Thymian
4 Zweige Rosmarin
1 Bund Salbei · 1 Bund Petersilie
70 g weiche Butter
50 g Semmelbrösel
Salz
1 Rehrücken (vom Metzger auslösen und in 4 Filets à 150 g schneiden lassen)
2 EL Butterschmalz
Pfeffer aus der Mühle

ZUBEREITUNG

1. Für das Kompott die Kirschen in ein Sieb gießen und abtropfen lassen, dabei den Saft auffangen. Die Vanilleschote längs aufschneiden und das Mark herauskratzen. Den Kirschsaft in einem Topf mit Portwein, Aceto balsamico, Sternanis, Zimtstange, Vanillemark und -schote um zwei Drittel einkochen lassen.

2. Den Topf vom Herd nehmen und die Gewürzstücke entfernen. Die Kirschen in den Sud geben und mindestens 30 Minuten ziehen lassen.

3. Für das Kartoffelgratin den Backofen auf 200 °C vorheizen. Die Kartoffeln schälen, waschen und in dünne Scheiben hobeln oder schneiden. Je 2 Lagen Kartoffelscheiben in eine große oder vier kleine Auflaufformen schichten. Dabei jede Schicht mit Salz und Muskatnuss würzen, die Sahne darübergießen und mit etwas Olivenöl beträufeln. Das Gratin im Ofen etwa 15 Minuten backen, bis sich auf der Oberfläche und am Rand eine braune Kruste bildet. Herausnehmen und warm halten. Backofentemperatur auf 100 °C herunterschalten.

4. Für den Rehrücken die Walnüsse, die Pinienkerne und die Feigen grob hacken. Den Ingwer schälen und reiben. Die Orange heiß waschen, trocken reiben und die Schale mit einem Messer oder Zestenreißer abziehen und in sehr feine Würfel schneiden.

5. Kräuter waschen, trocken schütteln und die Blätter bzw. Nadeln fein hacken. Je 2 EL gehackten Thymian und Rosmarin mit den vorbereiteten Zutaten, Butter, Semmelbröseln und etwas Salz zu einer geschmeidigen Paste verrühren.

6. Den Backofen auf 100 °C vorheizen. Rehrückenfilets waschen und trocken tupfen. Das Butterschmalz in einer Pfanne erhitzen und das Fleisch darin auf beiden Seiten gut anbraten, herausnehmen. Mit Salz und Pfeffer würzen.

7. Die restlichen Kräuter auf einem Backblech verteilen, das Fleisch darauflegen und im Ofen auf der mittleren Schiene je nach Dicke etwa 12 Minuten garen. Den Rehrücken herausnehmen, mit der Nusspaste fingerdick bestreichen und unter dem Backofengrill 3 bis 4 Minuten überbacken.

8. Vor dem Servieren die Rehrücken-Stücke etwas ruhen lassen, dann teilen oder im Ganzen mit Kirschkompott und Kartoffelgratin servieren.

Hirschkalbskarree
mit Rosenkohl und Kartoffelplätzchen

ZUTATEN FÜR 4 PERSONEN

Für die Kartoffelplätzchen:
600 g mehligkochende Kartoffeln · Salz
3 Eigelb · 50 g Kartoffelmehl
50 g flüssige Butter
1 Tasse gehackte Kräuter (z. B. Thymian, Rosmarin, Petersilie)
1 TL Fenchelsamen · Pfeffer aus der Mühle
1 EL Butterschmalz · 1 EL Olivenöl

Für das Hirschkalbskarree:
1–2 Hirschkalbskarree am Stück mit ausgelösten Rippenknochen (pro Person etwa 2 Koteletts)
Salz · Pfeffer aus der Mühle
je 1 Bund Rosmarin, Thymian, Salbei und Petersilie
2 Schalotten · 1 Knoblauchknolle
1 Bio-Orange · 2 EL Butterschmalz
1 EL Olivenöl · 6 Lorbeerblätter
1 EL Wacholderbeeren

Für den Rosenkohl:
500 g Rosenkohl · Salz
2 EL Butter · 250 g Sahne
frisch geriebene Muskatnuss
Pfeffer aus der Mühle

Für die Sauce:
1/4 l Wildfond · Salz · 1 TL Preiselbeeren
Aceto balsamico · 50 g Butter · 30 g Mehl

ZUBEREITUNG

1. Für die Kartoffelplätzchen die Kartoffeln mit der Schale gründlich waschen und in Salzwasser weich garen. Die Kartoffeln abgießen, ausdampfen lassen, möglichst heiß pellen und durch die Kartoffelpresse drücken. Etwas auskühlen lassen.

2. Für das Hirschkalbskarree den Ofen auf 120 °C vorheizen. Das Fleisch waschen, trocken tupfen und mit Salz und Pfeffer würzen. Die Kräuter waschen, trocken schütteln, die Blätter bzw. Nadeln abzupfen und grob hacken. Die Schalotten und den Knoblauch schälen und vierteln. Das Butterschmalz und das Olivenöl in einer Pfanne erhitzen und das Fleisch darin goldbraun anbraten.

3. Kräuter, Schalotten, Knoblauch, Orangenschale, Lorbeerblätter und Wacholderbeeren auf einem Backblech verteilen. Das Hirschkalbskarree darauflegen und im Ofen auf der mittleren Schiene 20 bis 30 Minuten garen. Die Kerntemperatur sollte 55 bis 58 °C betragen.

4. Für den Rosenkohl die Köpfe putzen und in einzelne Blätter teilen. Die Rosenkohlblätter kurz in kochendem Salzwasser blanchieren, dann in Eiswasser abschrecken und trocken tupfen. Die Butter in einer Pfanne erhitzen und die Rosenkohlblätter darin 2 bis 3 Minuten schmoren. Die Sahne dazugießen, mit Muskatnuss, Salz und Pfeffer würzen und den Kohl wenige Minuten köcheln lassen. Die Blätter sollten noch etwas Biss haben.

5. Für die Kartoffelplätzchen die Eigelbe, das Kartoffelmehl und die Butter unter die Kartoffelmasse rühren. Die Kräuter und grob gemörserte Fenchelsamen hinzufügen, mit Salz und Pfeffer würzen und alles zu einer geschmeidigen Masse verarbeiten. Aus der Kartoffelmasse ovale Kugeln formen. Das Butterschmalz und das Olivenöl in einer Pfanne erhitzen und die Kartoffelplätzchen darin goldgelb ausbacken.

6. Für die Sauce den Wildfond erhitzen, etwas einkochen und mit Salz, Preiselbeeren und Essig abschmecken. Die Butter und das Mehl verkneten und die Sauce damit binden. Dafür kleine Portionen hineingeben, bis die gewünschte Konsistenz erreicht ist.

7. Das Hirschkalbskarree in Koteletts teilen und mit den Kartoffelplätzchen, dem Rosenkohl und der Sauce anrichten.

Lüneburger Wildpastete
mit Pilzen und Cumberland-Sauce

ZUTATEN FÜR 8–10 PERSONEN

Für die Wildpastete:
2 kg Wildschweinschulter ohne Knochen (ersatzweise durchwachsenes Fleisch von Reh oder Hirsch)
5 Schalotten · 3 Eier · Pfeffer aus der Mühle
1 EL Pökelsalz · 1–2 Köpfe Wirsing
Salz · Olivenöl zum Beträufeln · etwas Sahne

Für die Cumberland-Sauce:
100 ml roter Portwein · 200 ml Orangensaft
1 TL Senfpulver (ersatzweise 2 EL Dijon-Senf)
1 EL abgeriebene Bio-Orangenschale
1 EL Meerrettich (aus dem Glas)
200 g Johannisbeergelee

Für die Pilze:
750 g gemischte Pilze (z. B. Champignons, Kräuterseitlinge, Shiitake- oder Austernpilze)
2 Schalotten · 2 EL Butterschmalz
Salz · Pfeffer aus der Mühle
je 1/2 Bund Petersilie und Thymian (beides gehackt) · Zitronensaft

ZUBEREITUNG

1. Für die Wildpastete die Wildschweinschulter durch den Fleischwolf drehen oder vom Metzger durchdrehen lassen. Die Schalotten schälen und in sehr feine Würfel schneiden. Das Hack mit den Schalotten, den Eiern, Pfeffer und Pökelsalz gut vermischen.

2. Den Wirsing putzen und die Blätter ablösen. Die Kohlblätter waschen, trocken schütteln und die dicken Blattrippen jeweils herausschneiden. Die Blätter in kochendem Salzwasser 1 bis 2 Minuten blanchieren. Herausheben, kalt abschrecken, etwas ausdrücken und gut trocken tupfen.

3. Den Backofen auf 120 °C vorheizen. Eine Terrinen- oder Kuchenform (etwa 1 l Inhalt) mit Olivenöl einstreichen und mit den Wirsingblättern am Boden und den Seiten auslegen, dabei die Kohlblätter an den Rändern nach außen ein Stück überlappen lassen, damit man die Pastete damit bedecken kann. Die Hackmasse in die Form füllen und dabei leicht hineindrücken. Mit den Kohlblättern vollständig abdecken. Etwas Olivenöl und Pökelsalz auf die Oberfläche geben.

4. Ein hohes Backblech mit Wasser füllen und in den Ofen schieben. Die Pastete in das Wasserbad stellen und etwa 2 Stunden garen.

5. Für die Cumberland-Sauce Portwein und Orangensaft in einem Topf erhitzen. Das Senfpulver, die Orangenschale und den Meerrettich hinzufügen und gut verrühren. Etwa 5 Minuten köcheln lassen, dann das Johannisbeergelee löffelweise unterrühren. Immer wieder probieren, bis die Sauce ein pikantes süßscharfes Aroma hat. Die Sauce bei schwacher Hitze kurz ziehen, dann erkalten lassen. Lauwarm oder kalt zur Pastete servieren.

6. Die Pilze putzen, falls nötig, trocken abreiben und in Scheiben schneiden. Die Schalotten schälen und in kleine Würfel schneiden. Kurz bevor die Pastete serviert wird, das Butterschmalz in einer Pfanne erhitzen und die Pilze mit den Schalotten darin 4 bis 5 Minuten braten. Mit Salz, Pfeffer und gehackten Kräutern würzen. Die Pilze zuletzt mit etwas Zitronensaft beträufeln.

7. Den Bratensaft aus der Terrine abgießen und mit etwas Sahne zu einer Sauce aufmixen. Mit Salz, Pfeffer und etwas Cumberland-Sauce abschmecken.

8. Die Pastete am besten lauwarm abkühlen lassen. Dann aus der Form stürzen, in dünne Tortenstücke schneiden und auf Teller legen. Mit etwas aufgemixter Bratensauce begießen. Dazu je 1 EL Cumberland-Sauce und die Pilze servieren.

Wild-Pilz-Gulasch
mit Kartoffelknödeln und Birnen

ZUTATEN FÜR 6–8 PERSONEN

Für das Wildgulasch:
2 kg Wildfleisch aus Keule oder Schulter (von Wildschwein, Hirsch oder Reh)
1 Bund Suppengemüse
1 frische Knoblauchknolle · 4 Schalotten
je 1 Bund Thymian und Petersilie
2 Zweige Rosmarin · 10 Wacholderbeeren
10 schwarze Pfefferkörner · 4 EL Butterschmalz
Salz · 2 EL Tomatenmark · 1/2 l Hühnerbrühe
1/2 l trockener Rotwein · Olivenöl
500 g gemischte Pilze (z. B. Champignons, Kräuterseitlinge, Austernpilze)
Pfeffer aus der Mühle
2 EL Preiselbeerkompott

Für die Kartoffelknödel:
1,2 kg mehligkochende Kartoffeln · Salz
100 g Kartoffelmehl oder -stärke
100 g Butter · 6 Eigelb
frisch geriebene Muskatnuss

Für die süßscharfen Birnen:
6 Birnen · Saft von 1 Zitrone · 2 EL Zucker
1/2 l Birnensaft
1 Vanilleschote · 1 Chilischote
abgeriebene Schale und Saft von 1 Bio-Limette

ZUBEREITUNG

1. Für das Gulasch das Fleisch in nicht zu kleine Würfel schneiden. Suppengemüse putzen, waschen bzw. schälen und würfeln. Knoblauchknolle und Schalotten schälen und würfeln. Kräuter waschen, trocken schütteln, Blätter bzw. Nadeln grob zupfen. Wacholderbeeren und Pfefferkörner im Mörser zerstoßen und mit dem Fleisch mischen.

2. Den Backofen auf 180 °C (Umluft) vorheizen. Fleisch in einem Bräter in 3 EL Butterschmalz portionsweise anbraten und salzen. Herausnehmen. Gemüse, Schalotten, Knoblauch und Kräuter im Bratenansatz rösten. Fleisch dazugeben, Tomatenmark hinzufügen. Mit Brühe, Wein und etwas Öl ablöschen. Das Gulasch sollte nur zur Hälfte mit Flüssigkeit bedeckt sein. Im Ofen zugedeckt etwa 1 1/2 Stunden garen. Dabei immer wieder umrühren und ggf. noch etwas Flüssigkeit nachgießen.

3. Für die Knödel die Kartoffeln schälen, waschen und in Salzwasser weich garen. Abgießen, ausdampfen und abkühlen lassen.

4. Für die Birnen die Früchte schälen, halbieren und entkernen. Zitronensaft in etwa 1 l Wasser geben, Birnenhälften dazugeben und darin 20 Minuten ziehen lassen.

5. Die Kartoffeln durch die Presse drücken oder sehr fein stampfen. Butter in einem Topf zerlassen. Eigelbe unter die Kartoffeln rühren. Nach und nach Kartoffelmehl und zerlassene Butter unter die Masse rühren, mit Salz und Muskatnuss würzen. Aus der Masse mit angefeuchteten Händen 10 bis 12 Knödel formen (nach Belieben mit gerösteten Weißbrotwürfeln füllen). Knödel in siedendem Salzwasser 10 bis 15 Minuten gar ziehen lassen.

6. Für die Birnen Zucker in einem Topf karamellisieren, dann Birnensaft und 2 Schöpfkellen Zitronenwasser hinzufügen. Vanille- und Chilischote längs aufschneiden. Beides mit Limettenschale und -saft in den Sud geben und Birnenhälften darin bei schwacher Hitze 10 Minuten ziehen lassen.

7. Für das Gulasch Pilze putzen, falls nötig, trocken abreiben und in mundgerechte Stücke schneiden. Im übrigen Butterschmalz 4 bis 5 Minuten braten. Mit Salz und Pfeffer würzen.

8. Das Gulasch mit Preiselbeeren, Salz, Pfeffer und nach Belieben mit etwas Säure (Zitronensaft oder Aceto balsamico) abschmecken. Pilze hinzufügen. Falls die Sauce zu dünn ist, mit Mehlbutter binden. Dafür Mehl und Butter mischen und portionsweise in das Gulasch rühren, bis die gewünschte Konsistenz erreicht ist. Das Wild-Pilz-Gulasch mit den Knödeln und Birnen anrichten, Birnen mit etwas Sud beträufeln.

»Zwei Michelin-Sterne, siebzehn Gault-Millau-Punkte und zahllose andere Auszeichnungen: Johannes King gehört seit Jahren zu den herausragenden Köchen Deutschlands.«

»Er stammt aus dem tiefsten Schwarzwald, ist aber in seinen Sylter Jahren zu einem echten Fischkopp geworden – allerdings nur am Herd.«

»Johannes King hat aus dem Söl'ring Hof eine Insel des Genusses gemacht, mit großartigem Essen, großartigem Wein und einer Gastfreundschaft, wie ich sie auf Sylt selten finde.«

Ich bin ein kulinarischer Einzelkämpfer. Ich habe meine Kochsendungen, meinen Kochtresen, mein Kochstudio, aber keine Küchencrew, keine Brigade, keinen täglichen Austausch mit Kollegen am Herd. Deswegen ist mir mein Freund Johannes King so wichtig. Ihm kann ich nicht nur in kulinarischen Dingen mein Herz ausschütten, er gibt mir wahnsinnig wertvolle Tipps und lässt mich an seinem ganzen Erfahrungsschatz teilhaben. Ich kenne Johannes, seit er 2000 den Söl'ring Hof auf Sylt übernommen hat, und habe alle Schritte seiner fantastischen Karriere miterlebt, den ersten Michelin-Stern, den zweiten Stern. Für mich ist er heute einer der besten Köche Europas, ein ganz Großer seines Fachs. Sylt kenne ich allerdings schon viel länger, denn es ist meine Sehnsuchtsinsel schlechthin. Früher haben meine Frau und ich ganz bescheiden gewohnt, im „Haus Bonanza" zum Beispiel. Heute fahren wir manchmal daran vorbei, um uns an die alte „Bonanza-Zeit" unterm Dachboden zu erinnern – und sind dann heilfroh, dass wir jetzt bei Johannes King den schönsten aller Unterschlupfe auf Sylt finden.

»Kulinarisch ist Johannes längst Lokalpatriot. Er kauft seine Zutaten am liebsten vom Bauern hinterm Deich und zieht jede Sylter Makrele einem Loup de Mer aus den Weltmeeren vor.«

»Wir hier im Norden nennen eine Küche wie seine ›feinheimisch‹: Sie kocht mit dem Feinsten aus der Heimat und erweist ihr höchsten Respekt. Genau das versuche ich auch.«

Fleisch

Wiener Schnitzel
mit Sardellenfilets

ZUTATEN FÜR 4–6 PERSONEN

200 g altbackene Brötchen oder Weißbrot
4–6 dünne Kalbsschnitzel (à ca. 120 g)
Salz · Pfeffer aus der Mühle
50 g Mehl
2 Eier · 2 EL leicht angeschlagene Sahne
100 g Butterschmalz
4–6 Bio-Zitronenscheiben
4–6 Sardellenfilets

ZUBEREITUNG

1. Die Brötchen oder das Weißbrot im Blitzhacker oder auf einer Reibe fein zerkleinern. Die Schnitzel zunächst zwischen zwei Lagen Frischhaltefolie oder in einen großen Gefrierbeutel legen und vorsichtig auf eine Stärke von 2 bis 3 mm plattieren. Wer kleinere Schnitzel bevorzugt, halbiert die Scheiben. Schnitzel mit Salz und Pfeffer würzen.

2. Das Mehl und die Semmelbrösel jeweils in tiefe Teller geben. Die Eier mit der Sahne in einem tiefen Teller verquirlen. Die Schnitzel zuerst im Mehl wenden, überschüssiges Mehl abklopfen. Dann durch die Eier ziehen und zuletzt in den Semmelbröseln wenden.

3. Reichlich Butterschmalz in einer hohen Pfanne erhitzen. Die Schnitzel sollten schwimmend ausgebacken werden. Das Fett ist heiß genug, wenn am Holzlöffelstiel kleine Blasen aufsteigen. Die Schnitzel hineingeben und auf jeder Seite 1 bis 2 Minuten ausbacken, dabei die Pfanne immer in Bewegung halten. Die Schnitzel erst wenden, wenn die untere Seite goldbraun ist.

4. Die Schnitzel aus der Pfanne nehmen und auf Küchenpapier gut abtropfen lassen. Mit Zitronenscheiben und Sardellenfilets garnieren. Dazu passen Brat- oder Salzkartoffeln und ein grüner Salat.

Kalbsrahmgulasch
mit Spargel und Morcheln

ZUTATEN FÜR 4–6 PERSONEN

100 g frische Morcheln oder 10–12 getrocknete Morcheln (ersatzweise Champignons oder Kräuterseitlinge)
4 Schalotten · 2 EL Butterschmalz
1,5 kg Kalbsgulasch (aus der Oberschale)
200 ml Weißwein · 1/2 l Kalbsbrühe
2 EL Crème fraîche · Salz · Pfeffer aus der Mühle
2 Möhren · je 250 g weißer und grüner Spargel
Zucker · je 1 EL gehackter Thymian, Majoran und Petersilie
200 g Sahne · 30 g Mehl · 50 g Butter

ZUBEREITUNG

1. Die frischen Morcheln gut waschen und putzen, große Exemplare teilen. Die getrockneten Morcheln etwa 1 Stunde einweichen, säubern und auf Küchenpapier abtropfen lassen.

2. Schalotten schälen und in Würfel schneiden. Butterschmalz in einem Bräter erhitzen und das Kalbsgulasch darin portionsweise anbraten. Schalotten hinzufügen und etwas anbraten. Morcheln, Wein, Brühe und Crème fraîche zum Fleisch geben und mit Salz und Pfeffer würzen. Zugedeckt bei schwacher Hitze etwa 30 Minuten köcheln.

3. Möhren schälen und in Stücke schneiden. Den weißen Spargel ganz schälen, den grünen Spargel waschen und nur im unteren Drittel schälen, dabei jeweils die holzigen Enden abschneiden. Spargel in Stücke schneiden. Möhren und weißen Spargel in Salzwasser mit 1 Prise Zucker 5 Minuten garen, grünen Spargel dazugeben und alles noch 3 Minuten kochen. Abschrecken und abtropfen lassen.

4. Kräuter zum Gulasch geben, noch 10 Minuten köcheln. Zuletzt Möhren, weißen Spargel und Sahne hinzufügen. Alles erhitzen und mit Salz und Pfeffer würzen. Mehl mit Butter vekneten und portionsweise zum Gulasch geben, bis eine sämige Konsistenz entsteht. Das Gulasch mit Salzkartoffeln servieren.

Kalbskotelett
in krosser Panade

ZUTATEN FÜR 4 PERSONEN

4 Kalbskoteletts
(mit ausgelösten Rippenknochen, alternativ 4 Kalbsschnitzel)
Salz · Pfeffer aus der Mühle
100 g Mehl · 100 g Semmelbrösel (aus altbackenen Brötchen)
3 Eier · 2 EL leicht angeschlagene Sahne
100 g Butterschmalz · Olivenöl
einige Kräuterzweige

ZUBEREITUNG

1. Die Koteletts mit einem Fleischklopfer plattieren, bis sie eine Dicke von etwa 1/2 cm haben. Mit Salz und Pfeffer würzen. Das Mehl und die Semmelbrösel jeweils in tiefe Teller geben. Die Eier mit der Sahne in einem tiefen Teller mit einer Gabel verquirlen. Die Koteletts zuerst im Mehl wenden, überschüssiges Mehl abklopfen. Dann durch die Eier ziehen und zuletzt in den Semmelbröseln wenden. Dabei die Brösel etwas andrücken, sodass das Fleisch gut bedeckt ist.

2. Etwas Butterschmalz und Olivenöl in einer Pfanne erhitzen und die Koteletts 6 bis 8 Minuten goldbraun ausbacken. Nicht zu heiß braten, da sonst die Panade verbrennt. Zwischendurch einige Kräuter in die Pfanne geben. Immer wieder etwas Butterschmalz hinzufügen und das Bratfett über das Fleisch gießen. Koteletts auf Küchenpapier legen, damit das überschüssige Fett aufgesogen wird.

Geschmorte Kalbshaxe
mit Spitzkohlsalat

ZUTATEN FÜR 4 PERSONEN

Für die Kalbshaxe:
1 große Kalbshaxe (2,3–2,5 kg)
1 Bund Suppengemüse
100 g Champignons
4 Schalotten · 2 Knoblauchzehen
2 Zweige Rosmarin · 1 Bund Thymian
2 EL Butterschmalz · 2 EL Tomatenmark
1/2 l Weißwein (z. B. Grauburgunder)
Salz · Pfeffer aus der Mühle
2 Lorbeerblätter

Für den Spitzkohlsalat:
1 mittelgroßer Spitzkohl
1/2 l Orangensaft
1 walnussgroßes Stück Ingwer
1 Zitrone · 1 Bio-Orange
3 EL Traubenkernöl
Zucker · Salz · Pfeffer aus der Mühle

Für die Kartoffeln:
1 kg festkochende Kartoffeln · Salz
2 Zweige Rosmarin
3 EL Olivenöl
grob geschroteter Pfeffer

ZUBEREITUNG

1. Für die Kalbshaxe den Backofen auf 180 °C vorheizen. Die Haxe waschen, trocken tupfen und vom äußeren, groben Fett befreien. Das Suppengemüse putzen, waschen bzw. schälen und in kleine Stücke schneiden. Die Pilze putzen, falls nötig, trocken abreiben und in Scheiben schneiden. Schalotten mit Schale vierteln, Knoblauchzehen andrücken. Die Kräuter waschen und trocken schütteln.

2. Das Butterschmalz in einem Bräter erhitzen und die Haxe darin rundum anbraten. Dabei die Haxe auch aufstellen und den Knochenansatz im Bratfett rösten. Herausnehmen. Dann Gemüse und Schalotten im Bratenansatz rösten. Das Tomatenmark unterrühren, je 1/4 l Wein und Wasser angießen, sodass der Topf mit 2 bis 3 cm Flüssigkeit bedeckt ist. Die Haxe mit Salz und Pfeffer würzen, wieder in den Topf geben. Rosmarin, Thymian, Lorbeerblätter und Knoblauch dazugeben.

3. Die Haxe im Ofen zugedeckt 2 1/2 Stunden garen. Dabei alle 30 Minuten mit Wein und der gleichem Menge Wasser aufgießen. Die Haxe wenden und 1 Stunde vor Garzeitende den Deckel vom Topf nehmen. Die Haxe ist gar, wenn sich das Fleisch leicht vom Knochen löst.

4. Für den Salat den Spitzkohl putzen, vierteln, den Strunk herausschneiden, Kohl in sehr feine Streifen hobeln. Orangensaft um zwei Drittel einkochen lassen. Ingwer schälen und fein reiben. Zitrone auspressen. Orange heiß waschen, trocken reiben und die Schale mit dem Zestenreißer abziehen. Spitzkohl mit Orangensaft, Traubenkernöl und Ingwer in einer Schüssel mischen. Nach und nach etwas Zitronensaft, Orangenschale, Zucker, Salz und Pfeffer hinzufügen und den Spitzkohlsalat damit süßsauer und pikant abschmecken. Den Salat etwa 30 Minuten durchziehen lassen.

5. Die Kartoffeln schälen, waschen, in etwa 1 cm große Würfel schneiden und in Salzwasser etwa 5 Minuten bissfest garen. In ein Sieb abgießen und gut abtropfen lassen. Rosmarin waschen, trocken schütteln und die Nadeln abzupfen. Olivenöl in einer Pfanne erhitzen und die Kartoffelwürfel darin mit Rosmarin bei mittlerer Hitze etwa 10 Minuten knusprig braten. Mit Salz und Pfeffer würzen.

6. Die Haxe aus dem Topf nehmen und warm stellen. Die Sud erst durch ein feines Sieb, dann durch ein Leinen- oder Küchentuch in einen Topf gießen, dabei die Schmorzutaten auffangen. Die Sauce erhitzen und mit Salz und Pfeffer abschmecken. Das Fleisch vom Knochen lösen und in Portionsstücke schneiden. Mit etwas Sauce, Spitzkohlsalat und knusprigen Kartoffelwürfeln servieren.

Schnelle Bratenplatte
mit zweierlei Dips

ZUTATEN FÜR 4 PERSONEN

Für die Guacamole:
1 kleine Zwiebel oder Schalotte
1 Knoblauchzehe
1 Chilischote (z. B. Jalapeño) oder milde Peperoni
2 Tomaten
einige Stiele Koriandergrün
1 reife Avocado
Saft von 1 Limette
Salz · Pfeffer aus der Mühle

Für die Pico de Gallo (mexikanische Würzsauce):
je 1 kleine rote und weiße Zwiebel
1 kleine Chilischote (z. B. Jalapeño)
3–4 Tomaten
einige Stiele Koriandergrün
1 Knoblauchzehe
Salz · Pfeffer aus der Mühle
Saft von 1 Limette

Für das Fleisch:
2 kleine, dicke Rumpsteaks
2 Lammfilets
Salz · Pfeffer aus der Mühle
4 Schalotten
4 Stangen Staudensellerie
4 mittelgroße Kräuterseitlinge
2 Zweige Thymian
3 EL Olivenöl
Saft von 1 Limette

ZUBEREITUNG

1. Für die Guacamole die Zwiebel und den Knoblauch schälen und in feine Würfel schneiden. Die Chilischote längs halbieren, entkernen, waschen und in feine Würfel schneiden. Die Tomaten waschen, vierteln, entkernen und Stielansätze entfernen, Fruchtfleisch in Würfel schneiden. Den Koriander waschen, trocken tupfen und die Blätter klein zupfen. Die Avocado halbieren und den Kern entfernen. Avocadohälften schälen und mit einer Gabel zerdrücken. Sofort mit etwas Limettensaft beträufeln. Zwiebel, Tomaten, Knoblauch und Chili untermischen. Mit Salz, Pfeffer und restlichem Limettensaft würzen.

2. Für die Würzsauce die Zwiebel schälen und in feine Würfel schneiden. Die Chilischote längs halbieren, entkernen, waschen und in feine Würfel schneiden. Die Tomaten waschen, vierteln, entkernen und Stielansätze entfernen und in Würfel schneiden. Den Koriander waschen, trocken tupfen, die Blätter klein zupfen. Den Knoblauch schälen und fein hacken. Alles mischen und mit Salz, Pfeffer und Limettensaft würzen.

3. Für das Fleisch die Fettränder der Rumpsteaks entfernen, das Fleisch in große Würfel schneiden. Rumpsteakwürfel und Lammfilets mit Salz und Pfeffer würzen. Die Schalotten schälen und halbieren. Den Sellerie putzen, waschen und in Scheiben schneiden. Die Pilze putzen, falls nötig, trocken abreiben und in Scheiben schneiden. Fleischwürfel mit Schalotten und Thymian in 1 EL Olivenöl kurz bzw. medium braten. Der Fleischkern sollte innen noch rosa sein. Die Lammfilets ebenfalls rundum in 1 EL Olivenöl anbraten. Die Lammfilets nach dem Braten in Stücke schneiden.

4. Pilze und Sellerie in 1 EL Olivenöl 2 bis 3 Minuten braten und mit Salz, Pfeffer und Limettensaft würzen. Steakwürfel und Lammfiletstücke auf Teller geben und mit Pilzen, Schalotten, Sellerie und Thymian garnieren. Zuletzt mit etwas Olivenöl beträufeln. Dazu die Dips servieren.

Rinderschmorbraten
mit Orangennudeln und Möhren

ZUTATEN FÜR 6–8 PERSONEN

Für den Braten:
1 Bund Suppengemüse · 6 Schalotten
1 Fenchelknolle · 4 Tomaten
2,5–3 kg Rinderbraten
(aus Schulter oder Keule)
Salz · Pfeffer aus der Mühle
100 ml Olivenöl
1 Flasche Chianti (ital. Rotwein)
2 Zweige Rosmarin · 1 Bund Thymian
2 EL getrockneter Oregano
3 Lorbeerblätter · 2 EL Tomatenmark
1 l Fleischbrühe vom Rind oder Kalb
1/2 junge Knoblauchknolle · 1 Zimtstange
2–3 EL Portwein · 2–3 EL Aceto balsamico
1 Stiel Petersilie

Für die karamellisierten Möhren:
1 kg Möhren · 1 milde längliche Chilischote
2 EL Zucker · Salz
1 Bund Petersilie
2 EL Butterschmalz

Für die Orangennudeln:
500 g breite Bandnudeln
Salz · 1 EL Pfefferkörner
1 Bio-Orange
1 EL flockiges Meersalz (Fleur de Sel)
50 g weiche Butter · 3–4 EL Olivenöl

ZUBEREITUNG

1. Für den Braten das Suppengemüse putzen, waschen bzw. schälen und in Stücke schneiden. Die Schalotten schälen und klein schneiden. Fenchel putzen, waschen und in Stücke schneiden. Tomaten waschen und in Stücke schneiden, dabei die Stielansätze entfernen.

2. Den Rinderbraten mit Salz und Pfeffer gut einreiben. Das Olivenöl in einem großen Bräter erhitzen und den Braten darin rundum anbraten. Herausnehmen. Das Gemüse im Bratfett ebenfalls rösten. Eventuell noch etwas Olivenöl hinzufügen. Mit Rotwein ablöschen. Rosmarin, Thymian, Oregano, Lorbeerblätter und Tomatenmark dazugeben.

3. Den Braten zurück in den Bräter legen und so viel Brühe dazugießen, dass das Fleischstück zu zwei Dritteln bedeckt ist. Alles einmal aufkochen, dann zugedeckt bei schwacher Hitze sanft schmoren. (Die Garzeit für ein 3-kg-Stück beträgt 2 1/2 bis 3 Stunden. Kleinere Stücke garen etwa 2 Stunden.) Der Braten ist gar, wenn sich das Fleisch bis zur Mitte leicht einstechen lässt und man dabei die Gabel oder das Messer drehen kann.

4. Für das Gemüse Möhren schälen und in Scheiben schneiden. Chilischote längs aufschlitzen. Möhren mit 1 EL Zucker, Chilischote und etwas Salz in Wasser etwa 5 Minuten bissfest garen. Petersilie waschen, trocken schütteln, Blätter abzupfen und fein hacken. Möhren abtropfen lassen.

5. Die Bandnudeln in reichlich Salzwasser nach Packungsanweisung bissfest garen. Pfefferkörner mörsern. Orange heiß waschen, trocken reiben und die Schale abreiben oder mit dem Zestenreißer abziehen. Pfeffer, Orangenschale, Salz, Butter und Olivenöl leicht erwärmen, sodass ein Sud entsteht.

6. Den Braten aus dem Sud nehmen und warm stellen. Die Sauce durch ein Sieb in einen Topf gießen und die Zutaten auffangen. 1/2 Knoblauchknolle und die Zimtstange in die Sauce legen und darin 10 Minuten köcheln lassen, dabei etwas einreduzieren. Mit Portwein, Essig und Salz abschmecken. Den Braten in Scheiben schneiden und in eine Servierschale legen. Die Sauce darübergießen und mit Petersilie garnieren.

7. Das Butterschmalz in einer Pfanne erhitzen und die Möhren darin 2 bis 3 Minuten braten. Dabei etwas Zucker hinzufügen, damit die Möhren leicht karamellisieren. Die Petersilie unter das Gemüse mischen. Die Nudeln abgießen, abtropfen lassen und mit dem Gewürzsud mischen. Mit dem Braten servieren.

Filet Wellington
mit Chianti-Sauce

ZUTATEN FÜR 4 PERSONEN

Für die Sauce:
1 Bund Suppengemüse · 1 Zwiebel
1 kg Kalbs- oder Rinderknochen
2 EL Olivenöl · 1 EL Tomatenmark
1 Flasche Chianti (ital. Rotwein)
2 Lorbeerblätter
1/2 Bund Thymian · 1 Zweig Rosmarin
Portwein · Aceto balsamico
Pfeffer aus der Mühle · Salz · Honig
50 g Mehl (nach Bedarf) · 30 g Butter (nach Bedarf)

Für das Filet:
450 g tiefgekühlter Blätterteig
250 g Champignons · 3 Schalotten
2 EL Butterschmalz
1/4 Bund Petersilie
Salz · Pfeffer aus der Mühle
Zitronensaft · 2 EL Traubenkernöl
500 g Rinderfilet (am besten ein Mittelstück von gleichmäßiger Größe)
200 g feine Entenleberpastete oder Gänseleberpastete · 1 Ei

ZUBEREITUNG

1. Für die Sauce das Suppengemüse putzen, waschen bzw. schälen und in Stücke schneiden. Zwiebel mit Schale vierteln. Knochen waschen, trocken tupfen und im heißen Olivenöl anrösten. Suppengemüse und Zwiebel dazugeben und ebenfalls etwas anbraten. Das Tomatenmark unterrühren. Mit Rotwein und etwas Wasser ablöschen und die Kräuter hinzufügen. Den Fond 1 Stunde kochen lassen und die Flüssigkeit einreduzieren, dabei nach und nach 3/4 l Wasser hinzufügen. Zuletzt sollte der Fond um die Hälfte eingekocht sein.

2. Für das Fleisch den Blätterteig nach Packungsanweisung auftauen lassen. Die Pilze putzen, falls nötig, trocken abreiben und sehr fein hacken. Die Schalotten schälen und in feine Würfel schneiden. 1 EL Butterschmalz in einer Pfanne erhitzen und Pilze und Schalotten darin bei mittlerer Hitze 5 bis 6 Minuten braten, bis die Flüssigkeit verdampft ist. Zuletzt Petersilie, Salz, Pfeffer und einige Tropfen Zitronensaft hinzufügen. Die Pilzmasse abkühlen lassen. Ggf. durch ein Leinentuch passieren und die restliche Flüssigkeit auspressen.

3. Das Traubenkernöl und das restliche Butterschmalz in einer Pfanne erhitzen, das Rinderfilet darin rundum (auch die Schnittflächen) gut anbraten. Das Filet etwas abkühlen lassen.

4. Alle Teigblätter übereinanderlegen und auf der bemehlten Arbeitsfläche zu einem großen Rechteck ausrollen. Den Teig auf ein geöltes oder mit Backpapier ausgelegtes Backblech legen.

5. Den Backofen auf 200 °C vorheizen. Fleisch mit Salz und Pfeffer würzen und rundum mit Leberpastete bestreichen. Darauf die Pilzmasse verteilen, leicht andrücken. Das Filet mittig auf den Blätterteig setzen, darin einschlagen und fest verpacken. Das Ei trennen und die Nahtstellen mit verquirltem Eiweiß bestreichen. Überschüssigen Teig entfernen, nach Belieben daraus kleine Streifen ausschneiden und den Blätterteig damit verzieren.

6. Die Oberfläche mit verquirltem Eigelb bestreichen und das Filet Wellington im Ofen 15 Minuten backen. Dann auf 180 °C herunterschalten und weitere 15 Minuten backen. Zum Ende der Garzeit die Fleischkerntemperatur mit einem Bratenthermometer prüfen. Je nach Dicke des Filets verlängert sich ggf. die Garzeit. Bei etwa 60 bis 65 °C ist das Filet innen noch rosa und perfekt gebraten.

7. Den Fond durch ein Sieb in einen Topf gießen und die Zutaten auffangen. Fond um etwa ein Drittel einkochen, dann mit etwas Portwein, Essig, Pfeffer, Salz und Honig abschmecken. Falls die Sauce zu flüssig ist, mit Mehlbutter binden. Dafür Mehl und Butter mischen und nach und nach in die Sauce rühren, bis die gewünschte Konsistenz erreicht ist. Filet aus dem Ofen nehmen, vorsichtig in Scheiben schneiden und mit Chianti-Sauce servieren.

Zweierlei Rinderrouladen
mit Rotkohl

ZUTATEN FÜR 6–8 PERSONEN

Für den Schmorfond:
1 1/2 Bund Suppengemüse
einige Zweige Thymian · 2 Zweige Rosmarin
1 Knoblauchknolle · 2–3 EL Butterschmalz
2 EL Olivenöl · 2 EL Tomatenmark
3/4 l Brühe · 375 ml Rotwein (z. B. Chianti)
3 Lorbeerblätter · Salz · Pfeffer aus der Mühle
50 g Mehl (nach Bedarf) · 30 g Butter (nach Bedarf)

Für Rouladen mit Trockenobst:
10 Rinderrouladen
(aus der Oberschale; à ca. 150 g)
je 5 getrocknete Feigen und Aprikosen
1 Bund Thymian · 5–10 TL Senf
Salz · Pfeffer aus der Mühle
12 dünne Scheiben grüner Speck
1–2 EL Butterschmalz · 1 EL Olivenöl

Für die Rouladen mit Pilzen:
je 100 g Kräuterseitlinge und Champignons
3 Stangen Staudensellerie · 2 Schalotten
4 EL Butterschmalz · 4–5 EL Olivenöl
Salz · Pfeffer aus der Mühle
4 dicke Scheiben Rindfleisch (aus der Oberschale; à ca. 250 g) · 4 TL Senf

Für den Rotkohl:
1 kg Rotkohl · 4 Schalotten · 100 g Butter
1/2 l Rotwein · 400 ml Fleischbrühe
etwas ganzer Kümmel, einige Pfefferkörner, Wacholderbeeren, Chiliflocken und Pimentkörner
2 Knoblauchzehen (angedrückt)
2 EL Zucker · Salz

ZUBEREITUNG

1. Für den Fond das Suppengemüse putzen, waschen bzw. schälen und würfeln. Kräuter waschen, trocken schütteln und Blättchen bzw. Nadeln abzupfen. Knoblauch schälen. Butterschmalz und Olivenöl in einem Bräter erhitzen, Gemüse darin anrösten. Tomatenmark dazugeben und kurz mitrösten. Mit Brühe, Wein und 3/4 l Wasser ablöschen, aufkochen. Zuletzt Kräuter, Lorbeerblätter und Knoblauch dazugeben. Salzen und pfeffern.

2. Für die Rouladen mit Trockenobst Fleischscheiben nebeneinanderlegen. Trockenfrüchte hacken. Thymian waschen, trocken schütteln, Blätter abzupfen. Fleisch dünn mit Senf bestreichen, salzen und pfeffern. Speck darauflegen, Trockenfrüchte und Thymian darauf verteilen. Rouladen seitlich einschlagen, aufrollen und mit Rouladennadeln fixieren. Mit Salz und Pfeffer leicht würzen.

3. Für die Rouladen mit Pilzfüllung Pilze putzen, falls nötig, trocken abreiben und in dünne Scheiben schneiden. Sellerie putzen, waschen und in feine Scheiben schneiden. Schalotten schälen und in feine Scheiben schneiden. 1 EL Butterschmalz und 1 bis 2 EL Olivenöl in einer Pfanne erhitzen und alles 2 bis 3 Minuten braten, salzen und pfeffern. Die Fleischscheiben mit einem scharfen Messer teilen, sodass sie nur noch am unteren Ende zusammenhalten. Scheiben aufklappen und vorsichtig plattieren. Dünn mit Senf bestreichen, salzen und pfeffern. Füllung darauf verteilen, Scheiben seitlich einschlagen, aufrollen und mit Rouladennadeln fixieren. Salzen und pfeffern.

4. Übriges Butterschmalz und Olivenöl erhitzen und Rouladen portionsweise kräftig anbraten, in den Fond legen und zugedeckt 1 1/2 Stunden schmoren. Dabei die Rouladen mehrmals wenden.

5. Rotkohl putzen und fein hobeln. Schalotten schälen und fein würfeln. Beides in Butter andünsten, Wein, Brühe und 400 ml Wasser hinzufügen. Gewürze in ein Leinensäckchen verschnüren und mit Knoblauch dazugeben, mit Zucker und 1 Prise Salz würzen, alles zugedeckt 1 Stunde schmoren.

6. Rouladen herausnehmen, Sauce durch ein feines Sieb in einen Topf gießen und mit den Rouladen erwärmen. Gegebenenfalls mit Mehlbutter binden. Mit Rotkohl servieren.

Pochierte Rinderfilets
mit Pesto und Frühlingsgemüse

ZUTATEN FÜR 4 PERSONEN

Für das Fleisch:
1 Bund Suppengemüse
1 junge Knoblauchknolle
2 l Rinderbrühe
1 Chilischote
1 EL Meersalz
4 Rinderfilets (à ca. 150 g; aus der Mitte)

Für das Pesto:
je 1 Bund Rucola und Bärlauch
6–8 EL Olivenöl
1 EL Meerrettich (aus dem Glas)
2 EL frisch geriebener Meerrettich · Salz

Für das Gemüse:
2 Möhren · 2 Mairübchen
2 Kartoffeln · 2 Pastinaken
1 Bund Frühlingszwiebeln
2 Zweige Rosmarin
1/2 Bund Thymian
einige Blätter Petersilie
1 EL Butterschmalz
1 EL Olivenöl
1/4 l Rinderbrühe
etwas Zitronensaft
Salz · Pfeffer aus der Mühle

ZUBEREITUNG

1. Für das Fleisch das Suppengemüse putzen, waschen bzw. schälen und in Stücke schneiden. Den Knoblauch putzen. Die Brühe mit Knoblauch, Chili, Salz und etwas Suppengemüse etwa 30 Minuten köcheln lassen.

2. Inzwischen für das Pesto den Rucola und den Bärlauch verlesen, waschen und trocken schütteln, grobe Stiele entfernen. Beides in einen hohen Rührbecher oder Mixer geben. Das Olivenöl hinzufügen und alles mit dem Stabmixer zu einer cremigen Paste verarbeiten. Das Pesto mit Meerrettich würzen und gegebenenfalls noch etwas Salz hinzufügen.

3. Für das Gemüse alle Sorten putzen, schälen bzw. waschen und in dekorative Stücke schneiden. Dabei bei den Möhren und den Mairübchen etwas vom Grün stehen lassen. Die Kräuter waschen, trocken schütteln, die Blätter bzw. Nadeln abzupfen und fein hacken.

4. Die Hitze bei der Brühe reduzieren, sodass die Brühe nur noch leicht simmert. Die Rinderfilets mit Küchengarn umwickeln. An einen Kochlöffel oder einen Stock hängen, sodass sie in der Brühe schwimmen können. Sie sollten bei der Zubereitung nicht auf dem Topfboden liegen, da sie sonst nicht gleichmäßig garen. Etwa 15 Minuten pochieren. Dabei darf die Brühe auf keinen Fall kochen, sondern nur knapp unter dem Siedepunkt leicht simmern.

5. Das Butterschmalz und das Olivenöl in einer Pfanne erhitzen und das Gemüse darin anbraten. Sobald es sich leicht färbt, die Brühe dazugießen. Rosmarin und Thymian dazugeben. Das Gemüse etwa 5 Minuten bissfest schmoren. Dann mit Zitronensaft, Salz und Pfeffer würzen. Zuletzt die gehackte Petersilie unterheben. Je nach Saison und Geschmack kann man auch anderes Gemüse hinzufügen.

6. Das Rinderfilet aus der Brühe nehmen und auf Teller setzen. Das Gemüse und das Pesto daneben anrichten.

Gegrilltes Roastbeef
mit Remouladensauce und Kohl-Speck-Brot

ZUTATEN FÜR 4 PERSONEN

Für das Kohl-Speck-Brot:
500 g Roggenvollkornmehl
500 g Weizenmehl (Type 550 oder Type 1050)
25 g Hefe · 25 g Salz · Zucker
2 Beutel flüssiger Roggensauerteig
2 Knoblauchzehen
2 große Blätter vom Wirsingkohl
4 Scheiben Bauchspeck

Für die Remouladensauce:
3 Eigelb · 1 EL mittelscharfer Senf
300 ml geschmacksneutrales Öl
3 Schalotten · 3 hart gekochte Eier
6 Essiggurken · 1/2 Bund Petersilie
1/2 Bund Schnittlauch · 3 EL Essiggurkenwasser
Salz · Pfeffer aus der Mühle
Zucker · Cayennepfeffer

Für das Roastbeef:
3 getrocknete Peperoni
2 EL grobes Rauchsalz · 1 EL Tellicherry-Pfeffer
1 TL brauner Zucker · 1 EL Fenchelsamen
1 EL Kardamomsamen
15 g getrocknete Zwiebelringe · etwas Öl
2 dicke Scheiben Rumpsteak (à 350–400 g)

ZUBEREITUNG

1. Für das Brot die Hälfte des Mehls in einer Schüssel gut mischen. Zerbröckelte Hefe, Salz, 1 Prise Zucker und 1/2 l lauwarmes Wasser hinzufügen. Alles zu einem glatten Teig verrühren und den Sauerteig untermischen. Nach und nach das restliche Mehl hinzufügen. Teig zugedeckt 2 Stunden an einem warmen Ort gehen lassen. Das Teigvolumen sollte sich in dieser Zeit verdoppeln.

2. Den Teig aus der Schüssel nehmen und in zwei Portionen teilen. Jede Hälfte auf der bemehlten Arbeitsfläche gut durchkneten und zu einem runden Brot formen. Nochmals zugedeckt 30 Minuten gehen lassen.

3. Den Backofen auf 250 °C vorheizen. Knoblauch schälen und mit etwas Salz zerreiben. Kohlblätter auslegen und auf der Oberfläche mit Knoblauch einreiben, mit je 2 Speckscheiben bedecken und je 1 Brot mit der Unterseite nach oben darauflegen. Brote nebeneinander auf einen vorgeheizten Backstein oder ein Backblech setzen. Ein ofenfestes Gefäß mit etwas Wasser auf den Boden des Backofens stellen und die Brote auf der untersten Schiene 45 bis 60 Minuten backen.

4. Für die Remouladensauce sollten die Eigelbe, der Senf und das Öl die gleiche Temperatur haben. Eigelbe und Senf mit dem Mixer verrühren. Öl erst tropfenweise hinzufügen, bis eine Bindung entsteht, dann in größeren Portionen hinzufügen. Alles zu einer geschmeidigen Mayonnaise schlagen.

5. Schalotten schälen und fein würfeln. Eier pellen und klein würfeln. Gurken ebenfalls würfeln. Petersilie waschen, trocken schütteln, Blätter abzupfen und fein hacken. Schnittlauch waschen, trocken tupfen und fein schneiden. Mayonnaise mit Essiggurkenwasser verrühren und die vorbereiteten Zutaten unterrühren. Mit Salz, Pfeffer, Zucker und etwas Cayennepfeffer abschmecken.

6. Den Grill anheizen. Für das Roastbeef alle Gewürze, Zucker und Zwiebelringe in einem Mörser grob zerstoßen. Einige Tropfen Öl untermischen. Die Steaks mit der Gewürzmischung kräftig einreiben und etwas ruhen lassen.

7. Die Steaks auf dem Grill auf jeder Seite etwa 3 bis 4 Minuten grillen. Damit die Steaks auf den Punkt gegart sind, die Kerntemperatur immer wieder mit einem Bratenthermometer messen. Bei 50 °C ist das Steak rare, bei 57 °C medium.

8. Nach dem Garen die Steaks an einem warmen Ort kurz ruhen lassen, damit sich das Fleisch wieder entspannen kann. Die Steaks in Scheiben schneiden und mit der Remouladensauce und dem Brot servieren.

Involtini
und Hühnerspieße

ZUTATEN FÜR 4 PERSONEN

Für die Involtini:
4 dünne Scheiben Roastbeef
(Rouladenstärke; à ca. 125 g)
Salz · Pfeffer aus der Mühle
4 Anchovis (in Öl) · 2 Tomaten
4 Salbeiblätter · 1 Zweig Rosmarin
1 Knoblauchzehe · 1 EL Olivenöl
1 EL Butterschmalz · Zucker

Für die Hühnerspieße:
2 Hähnchenbrustfilets (ca. 400 g)
250 g Ananasfruchtfleisch
Salz · Pfeffer aus der Mühle
Piment d'Espelette · 2 EL Olivenöl

ZUBEREITUNG

1. Für die Involtini die Roastbeefscheiben nebeneinanderlegen und eventuell vorhandenen Fettrand einschneiden. Mit Salz und Pfeffer würzen. Die Anchovis abspülen, abtropfen lassen und trocken tupfen. Tomaten waschen, in dünne Scheiben schneiden, entkernen, dabei die Stielansätze entfernen. Die Kräuter waschen, trocken tupfen und die Rosmarinnadeln abzupfen. Den Knoblauch schälen und fein hacken. Die Fleischscheiben mit den Zutaten belegen, aufrollen und mit einer Rouladennadel verschließen.

2. Für die Hühnerspieße die Hähnchenbrustfilets waschen, trocken tupfen und in Würfel schneiden. Das Ananasfruchtfleisch würfeln. Beides abwechselnd auf Holzspieße stecken. Mit Salz, Pfeffer und Piment d'Espelette würzen.

3. Für die Involtini Olivenöl und Butterschmalz in einer Pfanne erhitzen und die Involtini 6 bis 8 Minuten braten. Dabei mit etwas Zucker würzen.

4. Für die Spieße das Olivenöl in einer Pfanne erhitzen und die Spieße darin 3 bis 4 Minuten braten. Die Rouladen und Hühnerspieße nach Belieben mit Dips oder pikanten Saucen servieren.

Gegrillter Tafelspitz
mit Ananas und Dip

ZUTATEN FÜR 6 PERSONEN

Für die Grillmarinade:
1/2 l Olivenöl · 1 Zweig Rosmarin
1 Zweig Thymian · 1 Scheibe Ingwer
1 Knoblauchzehe (angedrückt)
abgeriebene Schale und Saft von 1/2 Bio-Zitrone

Für die Sauce Tatare:
2 Eier · 2 Schalotten · 2 EL Olivenöl
1/2 Bund Petersilie · 500 g Naturjoghurt
2 EL Mayonnaise (Fertigprodukt) · 1 EL Senf
2 EL gehackte Kapern
3 EL gehackte Essiggurken · Saft von 1/2 Zitrone
Salz · Pfeffer aus der Mühle

Außerdem:
1 Kalbstafelspitz (1,2–1,4 kg) · Salz
Pfeffer aus der Mühle · 1 Ananas

ZUBEREITUNG

1. Für die Marinade alle Zutaten verrühren. Für die Sauce Tatare Eier wachsweich kochen. Schalotten schälen, klein würfeln und im Öl 2 bis 3 Minuten dünsten, abkühlen lassen. Petersilie waschen, trocken tupfen, Blätter abzupfen und fein hacken. Eier pellen und fein hacken. Joghurt, Mayonnaise, Senf, Kapern, Gurke, Schalotten, Eier, Petersilie und Zitronensaft verrühren. Mit Salz und Pfeffer würzen.

2. Den Tafelspitz von Sehnen und grobem Fett befreien und mit Salz und Pfeffer würzen. Den Braten auf dem Grill rundum bei starker Hitze anbraten. Dann Hitze reduzieren, den Braten bei geschlossenem Deckel 30 Minuten grillen, dabei mehrmals wenden und mit der Marinade bestreichen. Wer keinen Grill mit Deckel hat, verlängert die Grillzeit um 10 Minuten. Bei Holzkohlegrills den Tafelspitz in der Zone mit weniger Hitze grillen.

3. Ananas schälen, vierteln und harten Strunk herausschneiden. Mit der Marinade bestreichen und ebenfalls grillen. Mit Braten und Sauce servieren.

Kasselerbraten
mit Kartoffelpüree und Sauerkraut

ZUTATEN FÜR 6 PERSONEN

Für den Braten:

2–2,5 kg Kasseler (Rippenstück mit Knochen)
1/2 Knollensellerie · 2 Möhren
1 Stange Lauch · 4 Zwiebeln
1 junge Knoblauchknolle oder
2 Knoblauchzehen
je 1 Bund Petersilie und Thymian
1 Zweig Rosmarin · 10 Blätter Salbei
2–3 EL Butterschmalz · 2 EL Tomatenmark
1/2 l trockener Weißwein · 5 Lorbeerblätter
2 EL Piment- und 1 EL schwarze Pfefferkörner
Salz · Pfeffer aus der Mühle
2–3 EL Akazienhonig

Für das Sauerkraut:

1 kg frisches Sauerkraut · 3 Zwiebeln
10 Wacholderbeeren · 10 Pfefferkörner
5 Pimentkörner · 1 TL ganzer Kümmel
1 TL Senfkörner · 1 Gewürznelke
1 Lorbeerblatt · 1 Knoblauchzehe (angedrückt)
1/4 l trockener Weißwein (z. B. Riesling)
1/4 l Apfelsaft · 100 g Butter
Salz · Zucker oder Honig

Für das Kartoffelpüree:

1 kg mehligkochende Kartoffeln · Salz
50 g Butter · 250 g Sahne
Pfeffer aus der Mühle
frisch geriebene Muskatnuss

ZUBEREITUNG

1. Für den Braten den Backofen auf 200 °C vorheizen. Das Kasseler waschen und trocken tupfen. Das Gemüse putzen, waschen bzw. schälen und in grobe Stücke schneiden. Die Zwiebeln schälen und vierteln. Die Knoblauchknolle in Stücke schneiden oder die Knoblauchzehen andrücken. Die Kräuter waschen und trocken schütteln.

2. Das Butterschmalz in einem Schmortopf erhitzen und den Braten von allen Seiten kräftig anbraten. Herausnehmen. Das Gemüse, die Zwiebeln und den Knoblauch im Bratenansatz rösten. Das Tomatenmark hinzufügen, mit dem Gemüse vermengen und ebenfalls kurz rösten. Mit dem Wein und 125 ml Wasser ablöschen. Dann die Kräuter, die Lorbeerblätter und je 1 EL Piment- und Pfefferkörner hinzufügen. Das Kasseler hineinlegen und im Ofen etwa 30 Minuten garen. Die Temperatur auf 180 °C herunterschalten und den Braten nochmals 1 Stunde garen. Zwischendurch immer wieder etwas Wein oder Brühe hinzufügen und den Braten mit dem Sud übergießen.

3. Für das Sauerkraut das Kraut ausdrücken. Die Zwiebeln schälen und in Streifen schneiden. Die Gewürze, das Lorbeerblatt und den Knoblauch in ein Säckchen füllen und verschließen. Das Kraut mit dem Gewürzsäckchen und den Zwiebeln in einen Topf geben. Mit dem Wein und dem Apfelsaft auffüllen und die Butter hinzufügen. Bei schwacher Hitze zugedeckt etwa 40 Minuten köcheln lassen. Zuletzt mit Salz, Zucker oder Honig pikant abschmecken.

4. Für das Kartoffelpüree die Kartoffeln schälen, waschen und in Salzwasser weich garen. Die Kartoffeln abgießen, ausdampfen lassen und durch die Kartoffelpresse drücken oder zerstampfen. Die Butter in der Sahne leicht erwärmen, zu den Kartoffeln dazugeben und zu einem geschmeidigen Püree verarbeiten. Gegebenenfalls noch etwas Sahne oder Butter hinzufügen. Mit Salz, Pfeffer und Muskatnuss abschmecken.

5. Den Braten aus dem Topf nehmen und warm stellen. Den Sud durch ein Sieb in einen Topf gießen, dabei das Gemüse und die Gewürze auffangen. Den Sud mit Salz und Pfeffer abschmecken.

6. Die restlichen Pimentkörner im Mörser zerstoßen. Vor dem Servieren den Braten mit Honig und gemörserten Pimentkörnern bestreichen und kurz unter dem Backofengrill grillen.

Schweinefleisch
chinesisch süßsauer

ZUTATEN FÜR 4 PERSONEN

2 rote Paprikaschoten
2 Zwiebeln
3 Knoblauchzehen
1 walnussgroßes Stück Ingwer
je 2 EL Erdnuss- und Sonnenblumenöl
300 g Schweinenackensteaks
Salz · Pfeffer aus der Mühle
2 EL Zucker
1 EL Austernsauce · 2 EL Essig
1 EL Sojasauce · 100 ml Fleischbrühe

ZUBEREITUNG

1. Die Paprikaschoten längs halbieren, entkernen, waschen und mit dem Sparschäler schälen. Die Schoten in mundgerechte Stücke schneiden. Die Zwiebeln schälen, halbieren und in feine Scheiben schneiden. Den Knoblauch schälen und in feine Scheiben hobeln. Den Ingwer schälen und reiben.

2. Je 1 EL Erdnuss- und Sonnenblumenöl in einer Pfanne mit hohem Rand erhitzen und die Nackensteaks auf jeder Seite 4 bis 5 Minuten braten. Mit Salz und Pfeffer würzen. Herausnehmen, abkühlen lassen und in feine Streifen schneiden.

3. Das restliche Öl im Wok oder einer Pfanne mit hohem Rand erhitzen. Zuerst die Paprikaschoten und die Zwiebeln unter Rühren etwa 3 Minuten anbraten. Den Knoblauch, den Ingwer und den Zucker dazugeben und 1 Minute weiterbraten. Fleisch, Austernsauce, Essig und Sojasauce untermischen und erhitzen. Die Brühe dazugießen und mit Basmati-Reis servieren.

Schweinebraten
mit Lauch

ZUTATEN FÜR 6 PERSONEN

2,2–2,5 kg Schweinebraten aus der Schulter
(mit Schwarte und Knochen)
1 EL Meersalz · 1 TL ganzer Kümmel
20 schwarze Pfefferkörner
2 EL Butterschmalz
5 Stangen Lauch
Zucker · 1/4 l Fleischbrühe

Außerdem:
1 kg kleine festkochende Kartoffeln
(z. B. Drillinge) · Salz
1 Bund Petersilie
3 EL Butter

ZUBEREITUNG

1. Den Backofen auf 200 °C vorheizen. Den Braten waschen, trocken tupfen und die Schwarte vom Schweinebraten mit einem scharfen Messer einritzen. Das Meersalz, den Kümmel und die Pfefferkörner in einem Mörser zerstoßen. Das Butterschmalz erhitzen und den Braten darin rundum anbraten. Mit der Gewürzmischung einreiben.

2. Den Lauch putzen, waschen, längs halbieren und in einen Bräter legen. Mit etwas Zucker bestreuen. Den angebratenen Schweinebraten mit der Schwarte nach oben hineinlegen. Die Brühe dazugießen und im Ofen 1 Stunde braten. Die Temperatur auf 180 °C reduzieren und das Fleisch weitere 1 1/2 Stunden braten.

3. Die Kartoffeln mit der Schale gründlich waschen und in Salzwasser weich garen. Die Petersilie waschen, trocken schütteln, die Blätter abzupfen und fein hacken. Die Kartoffeln abgießen, ausdampfen lassen und möglichst heiß pellen. Die Butter in einer Pfanne erhitzen, die Kartoffeln darin schwenken und mit der Petersilie bestreuen.

Koteletts
mit geschmorten Möhren

ZUTATEN FÜR 4 PERSONEN

2 Schweinekoteletts
(à ca. 300 g, 4–5 cm dick; mit Fettrand)
Salz · Pfeffer aus der Mühle
2 Bund Möhren · 3 Schalotten
1 walnussgroßes Stück Ingwer · 1 Vanilleschote
1 kg mehligkochende Kartoffeln
2 EL Butterschmalz · Zucker
je 200 ml Möhrensaft und Gemüsebrühe
1 EL grüner getrockneter Pfeffer
80 g zerlassene Butter
abgeriebene Schale von 1 Bio-Zitrone

ZUBEREITUNG

1. Koteletts waschen, trocken tupfen, den Fettrand mehrmals einschneiden. Salzen und pfeffern.

2. Möhren putzen, dabei etwas Grün dranlassen, Rest aufbewahren, schälen und längs halbieren. Schalotten schälen und in Streifen schneiden. Ingwer schälen und in Scheiben schneiden. Vanilleschote längs aufschneiden, Mark herauskratzen.

3. Die Kartoffeln schälen, in Stücke schneiden und in Salzwasser weich garen.

4. In einem Bräter 1 EL Butterschmalz erhitzen und die Schalotten darin kräftig anbraten. Ingwer und Möhren dazugeben, andünsten. Mit Salz und 1 Prise Zucker würzen. Möhrensaft und Gemüsebrühe dazugießen, Vanilleschote und -mark hinzufügen.

5. Restliches Butterschmalz in einer Pfanne erhitzen und Koteletts darin anbraten. Auf die Möhren legen, Pfeffer dazugeben und zugedeckt bei schwacher Hitze 15 Minuten schmoren.

6. Das Möhrengrün hacken. Die Kartoffeln abgießen, ausdampfen lassen und grob zerstampfen. Die Butter untermischen. Mit Salz und Zitronenschale abschmecken. Koteletts und Möhren herausnehmen, auf einer Platte anrichten und mit dem Grün bestreuen. Dazu die Stampfkartoffeln servieren.

Koteletts
in Pergament gebraten

ZUTATEN FÜR 4 PERSONEN

1 mittelgroße Fenchelknolle
2 Möhren
1 große italienische Bio-Zitrone
oder 2 Bio-Zitronen
1 kleine frische Knoblauchknolle
1 walnussgroßes Stück Ingwer
8 Champignons
je 4 Zweige Rosmarin und Thymian
4 Schweinekoteletts (à ca. 200 g; mit Fettrand
vom Filet)
1 EL Butterschmalz
6 EL Olivenöl
Salz · 4 Lorbeerblätter
Cayennepfeffer

ZUBEREITUNG

1. Die Fenchelknolle putzen, waschen, halbieren und in Scheiben hobeln. Die Möhren putzen, schälen und hobeln. Die Zitronen heiß waschen, trocken reiben und in feine Scheiben hobeln. Den Knoblauch und den Ingwer schälen und in sehr feine Streifen schneiden. Die Pilze putzen, falls nötig, trocken abreiben und in Scheiben schneiden. Die Kräuter waschen und trocken schütteln.

2. Den Backofen auf 120 °C (Umluft) vorheizen. Die Koteletts waschen, trocken tupfen und den Fettrand mehrmals einschneiden. Das Butterschmalz und 2 EL Olivenöl erhitzen und die Koteletts darin auf beiden Seiten 2 Minuten scharf anbraten. Herausnehmen, auf Küchenpapier entfetten und mit Salz würzen.

3. Das Gemüse, Pilze, Ingwer, Zitrone und Knoblauch auf vier große Stücke Pergamentpapier verteilen. Jeweils 1 Kotelett, Lorbeerblatt, Kräuter und restliches Olivenöl daraufgeben und mit Cayennepfeffer würzen. Das Papier darüber zusammenklappen, gut verschließen und verschnüren. Im heißen Ofen etwa 30 Minuten garen. Mit Brot und einem deutschen Riesling servieren.

Rippenbraten
mit fruchtiger Füllung

ZUTATEN FÜR 4 PERSONEN

Für die dicke Rippe:
2 EL Rosinen
1 dicke Schweinerippe mit Knochen
(2,2–2,5 kg; eine Tasche einschneiden lassen)
Salz · Pfeffer aus der Mühle
2 Äpfel (z. B. Jonagold oder Elstar)
1 Birne · 1 Orange
1 Frühlingszwiebel · 2 EL Pinienkerne
1 walnussgroßes Stück Ingwer · Zucker
1 Bund Suppengemüse
2 EL Olivenöl
2 Tomaten
200 ml Weißwein
1 EL Tomatenmark

Für den Kartoffelstampf:
1 kg neue mehligkochende Kartoffeln · Salz
125 ml Milch
2–3 EL Olivenöl
Pfeffer aus der Mühle
frisch geriebene Muskatnuss

ZUBEREITUNG

1. Für die dicke Rippe die Rosinen etwa 30 Minuten in kaltem Wasser einweichen. Die dicke Rippe waschen, trocken tupfen und mit Salz und Pfeffer würzen. Die Äpfel und die Birne schälen, vierteln, entkernen und in kleine Stücke schneiden.

2. Die Orange so großzügig schälen, dass auch die weiße Haut mit entfernt wird. Dann in Stücke schneiden. Die Frühlingszwiebel putzen, waschen und in Ringe schneiden. Die Pinienkerne in einer Pfanne ohne Fett rösten.

3. Den Backofen auf 200 °C vorheizen. Die Rosinen abtropfen lassen und mit den vorbereiteten Zutaten mischen. Den Ingwer schälen, fein reiben und unter die Füllung mischen. Mit Salz und Zucker würzen. Die dicke Rippe damit füllen und die Tasche mit Rouladennadeln verschließen.

4. Das Suppengemüse putzen, waschen bzw. schälen und in Stücke schneiden. Das Olivenöl in einem Bräter erhitzen, das Fleisch und das Gemüse darin rundum anbraten.

5. Die Tomaten waschen, vierteln, dabei die Stielansätze entfernen. Den Wein, 1 l Wasser und das Tomatenmark verrühren und in einen Bräter geben. Die Tomaten dazugeben, mit Salz und Pfeffer würzen. Die dicke Rippe im Ofen 1 Stunde garen. Die Temperatur auf 160 °C reduzieren und 1 Stunde weitergaren. Zwischendurch einmal wenden.

6. Für den Kartoffelstampf die Kartoffeln schälen, waschen, in Stücke schneiden und in Salzwasser weich garen. Die Kartoffeln abgießen, ausdampfen lassen. Die Milch erhitzen. Die Kartoffel zerstampfen und die Milch unterrühren. Mit dem Olivenöl, Salz, Pfeffer und Muskatnuss würzen.

7. Die Sauce durch ein Sieb in einen Topf gießen und erhitzen. Den Rippenbraten in Scheiben schneiden und mit der Sauce und dem Kartoffelstampf servieren.

Burger

mit Tomaten-Bohnen-Sauce

ZUTATEN FÜR 6–8 HAMBURGER

Für die Tomaten-Bohnen-Sauce:
1/4 Ananas
1 große rote Zwiebel
3 Knoblauchzehen
3 Frühlingszwiebeln
2 Chilischoten
5 Tomaten
1 Dose rote Bohnen
1 Dose Tomaten (ohne Saft)
3 EL Tomatenmark
1 Speckscheibe oder -schwarte
einige Tomatenzweige oder -rispen
1–2 EL Aceto balsamico
1–2 EL Himbeeressig
Salz · Zucker

Für die Hamburger:
1 kg Rinderhackfleisch
Salz · Pfeffer aus der Mühle
je 1 EL Butterschmalz und Olivenöl
einige Zweige Rosmarin

Für den Gurkensalat:
1 Salatgurke
100 g Crème fraîche
ca. 1–2 EL Zitronensaft
ca. 1 EL Olivenöl

Außerdem:
4 rote und gelbe Paprikaschoten
100 g Rucola
etwas Olivenöl
6–8 Hamburger-Brötchen

ZUBEREITUNG

1. Für die Sauce die Ananas schälen und würfeln. Zwiebel und Knoblauch schälen und würfeln. Die Frühlingszwiebeln putzen, waschen und in feine Ringe schneiden. Chilischoten längs halbieren, entkernen und waschen. Tomaten waschen, vierteln, Stielansätze und Kerne entfernen. Die Bohnen in ein Sieb abgießen, mit kaltem Wasser abspülen und abtropfen lassen. Die Tomaten aus der Dose abtropfen lassen.

2. Die vorbereiteten Zutaten in einen Topf geben. Tomatenmark, Speckscheibe und Tomatenzweige dazugeben und alles 1 Stunde köcheln lassen. Dann Speckscheibe und Tomatenzweige wieder entfernen. Die Sauce mit dem Stabmixer pürieren. Mit Aceto, Himbeeressig, Salz und Zucker würzen.

3. Für die Hamburger das Hackfleisch mit Salz und Pfeffer würzen und aus der Hackmasse eine dicke und kurze Wurst formen. Zunächst Frischhaltefolie, dann Alufolie um das Fleisch wickeln und fest eindrehen, damit die Form stabiler wird. Das Fleisch 1 Stunde in das Tiefkühlfach legen. Durch das Anfrieren lassen sich später gleichmäßigere Scheiben schneiden.

4. Für den Gurkensalat die Salatgurke waschen, trocken reiben und in feine Scheiben hobeln. Crème fraîche, Zitronensaft und Öl untermischen.

5. Den Backofengrill einschalten. Paprikaschoten längs halbieren, entkernen und waschen. Mit der Haut nach oben auf ein Backblech legen und im Backofen grillen, bis die Oberflächen der Schoten schwarz werden und Blasen werfen. Herausnehmen und mit einem feuchten Küchentuch bedecken. Sobald die Schoten leicht abgekühlt sind, die Haut abziehen. Rucola verlesen, waschen und die groben Stiele entfernen. Mit etwas Öl mischen.

6. Das Hackfleisch aus dem Gefrierfach holen und in 4 dicke Scheiben schneiden. Das Butterschmalz und das Olivenöl in einer Pfanne erhitzen und die Hackfleischscheiben darin etwa 10 Minuten braten. Dabei ein paar Rosmarinzweige mit in die Pfanne geben. Zuletzt die Hamburger-Brötchen teilen und ohne Fett in der Pfanne rösten.

7. Die Burger mit den vorbereiteten Zutaten nach Lust und Laune belegen und schichten.

Labskaus
mit Rollmops

ZUTATEN FÜR 6–8 PERSONEN

Für das Labskaus:
1 Bund Suppengemüse
2–4 Zwiebeln
1 kg gepökelte Rinderbrust
2 Lorbeerblätter
2 Gewürznelken
10 schwarze Pfefferkörner
1/2 TL Senfkörner
2 Rote Beten
Salz · 1 TL ganzer Kümmel
Zucker
1 kg mehligkochende Kartoffeln
1 EL Steakpfeffer

Für die Rollmöpse:
2 Zwiebeln
200 ml Weißwein
300 ml Weißweinessig
6 Lorbeerblätter
10 schwarze Pfefferkörner
1 EL Zucker · 1 TL Salz
4 Schollenfilets
1/2 Bio-Salatgurke

Außerdem:
6–8 Eier · 2 EL Butter · Salz
200 g eingelegte Rote Beten (in Scheiben)
6–8 Essiggurken

ZUBEREITUNG

1. Für das Labskaus das Suppengemüse putzen, waschen bzw. schälen und in grobe Würfel schneiden. Die Zwiebeln schälen. Das gepökelte Rindfleisch mit Gemüse, Zwiebeln, Lorbeerblättern, Gewürznelken, Pfeffer- und Senfkörnern in einem Topf mit Wasser aufkochen, dann bei schwacher Hitze 1 1/2 Stunden köcheln lassen.

2. Für die Rollmöpse die Zwiebeln schälen und in Streifen schneiden. Die Zwiebeln mit 1 l Wasser, Wein, Essig, Lorbeerblättern, Pfefferkörnern, Zucker und Salz in einem Topf 15 Minuten kochen. Den Sud mit den Zutaten in eine breite Schüssel füllen und etwas abkühlen lassen.

3. Die Schollenfilets waschen, trocken tupfen und der Länge nach halbieren. Die Gurke waschen, trocken reiben, ungeschält vierteln und in Stücke schneiden, die der Breite der Filets entsprechen. Je 1 Gurkenstück in jedes Filet rollen und, wie beim Rollmops, mit je zwei Holzspießen fixieren. Die Schollenröllchen in den Sud legen und 1 Stunde gar ziehen lassen.

4. Die Roten Beten unter fließendem Wasser abbürsten und in Salzwasser mit Kümmel und 1 Prise Zucker etwa 30 Minuten gar kochen. Die Kartoffeln schälen, waschen, in Stücke schneiden und in Salzwasser weich garen. Abgießen und ausdampfen lassen. Die Rote Beten abgießen, abschrecken und auskühlen lassen. Dann am besten mit Einmalhandschuhen schälen und in Stücke schneiden.

5. Das Fleisch aus dem Sud nehmen und grob würfeln. Die Flüssigkeit durch ein Sieb passieren, das Gemüse beiseitelegen. Fleisch, Kartoffeln, Rote Beten und einige Möhren- und Selleriestücke nacheinander durch die grobe Scheibe eines Fleischwolfs drehen und separat in Schüsseln geben. Zunächst das Fleisch, das Gemüse und die Rote Beten miteinander vermengen. Nach und nach die Kartoffeln hinzufügen, bis eine sämige Konsistenz entsteht. Das Labskaus mit etwas Sud auflockern, cremig rühren und vorsichtig erhitzen, dabei mit Steakpfeffer und Salz abschmecken.

7. Die Eier in der heißen Butter als Spiegeleier braten. Mit Salz würzen. Die Rollmöpse aus dem Sud nehmen und mit Salz würzen. Zum Anrichten jeweils etwas Labskaus auf den Teller geben und darauf 1 Spiegelei platzieren. 2 EL Rote Beten, 1 Rollmops und 1 Essiggurke dazulegen.

Gefüllte Schweineschnitzel
und Lammfilets mit Reisnudeln

ZUTATEN FÜR 4 PERSONEN

Für die Schnitzel:
8 mittelgroße Schweineschnitzel
(ca. 1 cm dick, à ca. 150 g)
50 g würziger Deichkäse oder Bergkäse
50 g Blauschimmelkäse
1 Scheibe gekochter Schinken
2 Scheiben Lardo (ital. Speck) oder grüner Speck
einige Zweige Thymian, Rosmarin und Salbei
Pfeffer aus der Mühle · Salz
2 EL Olivenöl

Für die Reisnudeln:
100 g Deichkäse oder Bergkäse
2 Zweige Rosmarin · 1/2 Bund Thymian
3–4 Zweige Basilikum · 4–5 Bärlauchblätter
2 Schalotten
1/2 junge Knoblauchknolle oder
2 Knoblauchzehen
2 EL Olivenöl · 250 g Reisnudeln (Risoni)
1–1 1/2 l Gemüsebrühe
Salz · Pfeffer aus der Mühle

Für die Lammfilets:
4 Lammfilets (à ca. 80 g)
Salz · Pfeffer aus der Mühle
1 EL Olivenöl
einige Zweige Rosmarin

ZUBEREITUNG

1. Für die Schnitzel in die Schnitzelscheiben mit einem spitzen und scharfen Messer jeweils eine tiefe Tasche hineinschneiden. Den Käse in feine Scheiben hobeln, den Blauschimmelkäse in Stücke bröckeln. Den Schinken und die Lardoscheiben jeweils in 4 Stücke schneiden. Die Kräuter waschen, trocken schütteln, einige Zweige beiseitelegen, von den restlichen Zweigen die Blätter bzw. Nadeln abzupfen und hacken.

2. Die Hälfte der Schnitzel mit gekochtem Schinken, Deichkäse, gemischten Kräutern und Pfeffer füllen. Die restlichen Schnitzel mit Lardo, Blauschimmelkäse, gemischten Kräutern und Pfeffer füllen. Die Schnitzel mit Rouladennadeln verschließen und mit Pfeffer und Salz würzen.

3. Für die Reisnudeln den Käse grob reiben. Die Kräuter waschen, trocken schütteln, die Blätter bzw. Nadeln abzupfen und hacken. Die Schalotten und den Knoblauch schälen und in kleine Würfel schneiden. Das Olivenöl in einem Topf erhitzen und die Schalotten- und Knoblauchwürfel darin andünsten. Die Reisnudeln, den Thymian und den Rosmarin hinzufügen und andünsten. So viel heiße Brühe angießen, dass die Reisnudeln bedeckt sind, und unter häufigem Rühren einköcheln lassen. Den Vorgang wiederholen, bis die Nudeln cremig sind.

4. Das Olivenöl in einer Pfanne erhitzen und die Schnitzel bei starker Hitze anbraten, dann die Hitze etwas reduzieren und die Schnitzel auf jeder Seite 2 bis 3 Minuten braten. Dabei ein paar Kräuterzweige in die Pfanne geben. Dadurch bekommen die Schnitzel ein feines mediterranes Aroma.

5. Für die Lammfilets das Fleisch mit Salz und Pfeffer würzen. Das Olivenöl erhitzen und das Fleisch zusammen mit den Rosmarinzweigen rundum 2 bis 4 Minuten braten.

6. Den Käse zuletzt unter die Nudeln heben und schmelzen lassen. Gegebenenfalls etwas Brühe hinzufügen, damit der Käse nicht anbrennt. Mit Salz und Pfeffer abschmecken, den Bärlauch und das Basilikum unterrühren. Die gefüllten Schnitzel und die Lammfilets mit den Reisnudeln servieren. Nach Belieben etwas Zitronensaft auf die Schnitzel und würziges Olivenöl über die Reisnudeln geben.

Gefüllte Lammkeule
mit Möhrengemüse

ZUTATEN FÜR 4–6 PERSONEN

Für die Lammkeule:
1 Lammkeule (1,7–2,2 kg; vom Metzger entbeinen und möglichst flach auslösen lassen)
1 kleine Fenchelknolle · 3 Knoblauchzehen
1 Ziegenkäsetaler · 1 TL Fenchelsamen
Salz · Pfeffer aus der Mühle
10 Schalotten · 1 Dose Tomaten (800 g Inhalt)
Olivenöl zum Beträufeln · 1/4 l Weißwein

Für das Gemüse:
6 Möhren · Salz
1 Bund Frühlingszwiebeln · Zucker
Pfeffer aus der Mühle · Olivenöl

ZUBEREITUNG

1. Für die Lammkeule den Backofen auf 200 °C vorheizen. Fleisch waschen, trocken tupfen und flach auf die Arbeitsfläche legen. Fenchel putzen, waschen und halbieren, harten Strunk entfernen. 1 Hälfte hacken, Rest in grobe Scheiben schneiden. Knoblauch schälen und hacken. Käse zerdrücken und mit gehacktem Fenchel, Knoblauch und Fenchelsamen mischen. Keule damit füllen, salzen und pfeffern und zum Rollbraten binden.

2. Schalotten schälen. Tomaten abtropfen lassen, Saft anderweitig verwenden. Tomaten, Fenchelscheiben und Schalotten in einem Bräter verteilen. Keule darauflegen, leicht mit Öl beträufeln und mit Wein und Wasser aufgießen, sodass die Keule 3 bis 4 cm in der Schmorflüssigkeit liegt. Im Ofen 1 Stunde braten, dabei wenden. Dann die Temperatur auf 160 °C reduzieren und 1 Stunde weiterschmoren.

3. Möhren schälen, in Scheiben schneiden und 3 bis 4 Minuten in Salzwasser bissfest garen. Frühlingszwiebeln putzen, waschen und in Ringe schneiden. Möhren abgießen, abschrecken und in einer Pfanne mit Frühlingszwiebeln und etwas Zucker gar dünsten. Mit Salz, Pfeffer und etwas Öl abschmecken. Dann zur Keule servieren.

Geschmorte Lammhaxen
mit Graupen

ZUTATEN FÜR 4 PERSONEN

8 Lammhaxen (à ca. 250 g) · 2 Paprikaschoten
2 Möhren · 3–4 Stangen Staudensellerie
1 junge Knoblauchknolle · 5 Schalotten
Pfeffer aus der Mühle · Salz · 3 EL Olivenöl
2 EL Tomatenmark · 1 l Fleischbrühe
100 ml Aceto balsamico · 4 Zweige Rosmarin
200 g Graupen · 1 Bio-Zitrone
1 Bund Petersilie

ZUBEREITUNG

1. Die äußere Fettschicht und Häute der Haxen entfernen, Haxen waschen und trocken tupfen. Gemüse putzen, waschen bzw. schälen und in Stücke schneiden. Knoblauchknolle halbieren, Schalotten schälen. Haxen mit Pfeffer und Salz würzen. Olivenöl in einem Bräter erhitzen und die Haxen darin rundum goldbraun anbraten. Einige Gemüsestücke und Schalotten zu den Haxen geben, das restliche Gemüse parallel in einer Pfanne anbraten.

2. Tomatenmark zu den Haxen geben, kurz mitrösten. Brühe dazugießen. Essig, Knoblauch, 3 Rosmarinzweige und angebratenes Gemüse dazugeben. Alles mischen, salzen und pfeffern. Haxen zugedeckt bei mittlerer Hitze 1 1/2 Stunden garen. Ggf. zwischendurch noch etwas Brühe angießen.

3. Graupen in Salzwasser etwa 20 Minuten sanft köcheln. Zitrone heiß waschen, trocken reiben und etwas Schale abziehen. Zitronenschale und übrigen Rosmarin zu den Graupen geben. Graupen in ein Sieb gießen und abtropfen lassen. Petersilie waschen, trocken schütteln, Blätter abzupfen und hacken. Zitrone mit Schale in Stücke schneiden. Graupen mit Petersilie, etwas Öl und Zitronenstücken mischen. Mit Salz und Pfeffer abschmecken.

4. Die Haxen aus dem Topf nehmen und warm stellen. Den Rosmarin entfernen und den Sud mit dem Gemüse pürieren, bis eine cremige Sauce entsteht. Mit Salz, Pfeffer und Essig abschmecken. Haxen mit Sauce und Graupen servieren.

Chili con Carne
mit Banane

ZUTATEN FÜR 6–8 PERSONEN

2 rote Paprikaschoten
1 Zwiebel
4 Knoblauchzehen oder
1/2 junge Knoblauchknolle
2 Chilischoten (Schärfe nach Geschmack)
1 Möhre · je 1 Zweig Rosmarin und Salbei
einige Zweige Thymian · 2 Lorbeerblätter
3 EL Olivenöl · Zucker
1 kg Rinderhackfleisch
500 g vorgekochte Kidneybohnen
1 große Dose Tomaten (800 g Inhalt)
1 TL Paprikapulver (edelsüß)
Salz · Pfeffer aus der Mühle
200 ml Schwarzbier
2 Bananen · 1 EL Butter · 1 EL Honig

ZUBEREITUNG

1. Paprika längs halbieren, entkernen, waschen und in Würfel schneiden. Zwiebel schälen und fein würfeln. Knoblauch schälen und hacken. Chilis längs halbieren, entkernen, waschen und würfeln. Möhre schälen und waschen. Kräuter waschen und trocken schütteln, mit den Lorbeerblättern mit Küchengarn zusammenbinden.

2. Das Olivenöl in einem großen flachen Topf erhitzen und Zwiebeln darin anbraten. Dabei etwas Zucker hinzufügen. Hackfleisch portionsweise hinzufügen und krümelig anbraten. Bohnen, Tomaten, Paprika, Chili, Knoblauch und Paprikapulver hinzufügen. Mit Salz und Pfeffer würzen. Das Gewürzbund in den Topf legen. Schwarzbier dazugießen und das Chili zugedeckt etwa 1 Stunde bei schwacher Hitze köcheln, dabei öfter umrühren. Dann Chili bei mittlerer Hitze offen sämig einkochen lassen.

3. Bananen schälen und in Stücke schneiden. Butter in einer Pfanne erhitzen und Bananen darin braten, bis sie eine leichte braune Färbung bekommen. Honig hinzufügen, Bananen leicht karamellisieren. Chili con Carne mit den Bananen servieren.

Saftgulasch
à la Janosh

ZUTATEN FÜR 4 PERSONEN

Für das Gulasch:
1 kg Rindfleisch (aus der Keule oder Schulter)
1 kg Zwiebeln · 1/2 junge Knoblauchknolle
2 EL Butterschmalz · 1 EL Tomatenmark
1 EL scharfes Paprikapulver
1 EL getrockneter Majoran
2 Lorbeerblätter · 100 ml Aceto balsamico
Salz

Für den Serviettenknödel:
6 altbackene Brötchen · 1/2 Bund Petersilie
1 Zwiebel · 100 g durchwachsener Speck
1 EL Butter · 1/4 l lauwarme Milch · 2 Eier
Salz · frisch geriebene Muskatnuss

ZUBEREITUNG

1. Fleisch in Würfel schneiden. Zwiebeln und Knoblauch schälen und in Scheiben schneiden. Zwiebeln im Butterschmalz in einem Bräter hellbraun dünsten. Tomatenmark, Knoblauch, Paprikapulver, Majoran und Lorbeerblätter dazugeben und alles gut mischen. Mit Essig ablöschen. Fleisch mit Salz würzen, hinzufügen und 2 EL Wasser dazugeben. Bei mittlerer Hitze etwa 2 Stunden schmoren, zwischendurch maximal 200 ml Wasser angießen.

2. Für die Serviettenknödel Brötchen in haselnussgroße Stücke schneiden. Petersilie waschen und trocken schütteln, Blätter abzupfen und hacken. Zwiebel schälen und in feine Würfel schneiden. Speck in kleine Würfel schneiden. Zwiebel und Speck in der Butter 2 bis 3 Minuten dünsten. Milch zum Brot gießen, mit Speck, Zwiebeln und Petersilie mischen und 30 Minuten stehen lassen.

3. Eier verquirlen und zur Brotmasse geben, mit Salz und Muskatnuss würzen. Masse mit den Händen verkneten, in einem gebutterten Stück Alufolie zur Rolle formen und fest einwickeln. An den Seiten verschließen und im leicht köchelnden Wasser 30 Minuten garen. Knödel zum Gulasch servieren.

Wirsingrouladen
mit Hackfleischfüllung

ZUTATEN FÜR 8–10 ROULADEN

1 Wirsing · Salz
1 altbackenes Brötchen
ca. 350 ml Fleischbrühe
2 Schalotten
2 Knoblauchzehen
1 Zweig Rosmarin
1/2 Bund Petersilie
1/2 Bund Thymian
1 EL Kapern
2 Sardellenfilets
1 kg Rinderhackfleisch
2 Eier · Pfeffer aus der Mühle
1 große Dose Tomaten (800 g Inhalt)
2 EL Olivenöl
1 EL Tomatenmark
Zucker

ZUBEREITUNG

1. Den Wirsing putzen und 20 bis 25 Blätter ablösen. Die Wirsingblätter waschen, trocken schütteln und jeweils die dicken Mittelrippen herausschneiden. Die Blätter in Salzwasser etwa 1 Minute blanchieren. Herausheben, kalt abschrecken und gut trocken tupfen.

2. Das Brötchen in etwa 100 ml Brühe einweichen. Die Schalotten und die Knoblauchzehen schälen und fein würfeln. Die Kräuter waschen, trocken schütteln, die Blätter bzw. Nadeln abzupfen und hacken. Die Kapern etwas andrücken. Die Sardellenfilets abbrausen, abtropfen lassen und klein schneiden.

3. Das eingeweichte Brötchen ausdrücken und mit einer Küchenmaschine oder dem Stabmixer pürieren. Überschüssige Flüssigkeit weggießen. Das Hackfleisch mit den vorbereiteten Zutaten und den Eiern gut vermengen, dabei mit Pfeffer und Salz würzen.

4. Je 2 bis 3 Kohlblätter leicht überlappend auslegen. Mittig 2 bis 3 EL Hackmasse platzieren. Die Blätter zuerst seitlich einschlagen, dann übereinanderlegen und zur Rouladen formen. Mit Rouladennadeln fixieren. Falls die Kohlblätter noch nicht ausreichend die Füllung abdecken, einfach weitere Wirsingblätter hinzufügen.

5. Die Tomaten in einen Schmortopf geben und mit einem Kartoffelstampfer zerdrücken. Restliche Brühe, 1/4 l Wasser, Olivenöl und Tomatenmark hinzufügen. Den Sud erhitzen und mit Salz, Pfeffer und Zucker würzen.

6. Die Rouladen in den Topf geben. Sie sollten maximal bis zur Hälfte im Sud liegen. Zugedeckt 35 bis 40 Minuten garen. Die Rouladen aus dem Topf nehmen. Die Sauce nochmals mit Salz und Pfeffer abschmecken und zu den Rouladen servieren. Dazu passen Salzkartoffeln oder Reis.

TIPP

Wenn Sie sich sicher sein wollen, dass die Hackmischung ausreichend gewürzt ist, einfach ein wenig davon vorab in einer kleinen Pfanne braten und probieren.

Gegrillte Lammhüfte
mit Paprikasaucen

ZUTATEN FÜR 4 PERSONEN

Für die rote Paprikasauce:
1 rote Paprikaschote · 1 scharfe Chilischote
1 TL Tomatenmark · Salz · Zucker
2–3 EL Olivenöl

Für die gelbe Paprikasauce:
1 gelbe Paprikaschote · 1/4 Melone
1 Knoblauchzehe · 1 EL mittelscharfer Senf
1 EL Honig · 2–3 EL Olivenöl

Für die Marinade:
200 ml Olivenöl · 1 Scheibe Ingwer
1 Chilischote (aufgeschnitten) · 1 Knoblauchzehe (angedrückt) · Schale von 1 Bio-Zitrone
einige Zweige Rosmarin und Thymian

Für das Fleisch:
600–700 g Lammhüfte (z. B. aus Neuseeland)
1 Knoblauchknolle · 1 Bio-Zitrone · je 1 TL Sichuanpfeffer, Pfeffer- und Pimentkörner aus der Mühle · Salz · einige Zweige Rosmarin

ZUBEREITUNG

1. Für die rote Sauce Paprikaschote längs halbieren, entkernen, waschen, schälen und würfeln. Chilischote längs halbieren, entkernen und waschen. Mit den restlichen Zutaten fein pürieren.

2. Für die gelbe Sauce Paprika wie beschrieben würfeln. Melone schälen, entkernen und klein schneiden. Knoblauch schälen. Alles fein pürieren.

3. Für die Marinade alle Zutaten verrühren. Lammhüfte mit Pfeffermix würzen und mit Marinade bestreichen. Knoblauch und Zitrone halbieren. Fleisch bei starker Hitze angrillen, dann bei schwacher Hitze 8 bis 10 Minuten grillen. Salzen und wieder mit Marinade bestreichen. Knoblauch und Zitrone auch auf den Grill legen. Rosmarin kurz vor Ende der Garzeit auf den Grill legen. Lamm mit Saucen, Knoblauch, Zitrone und Kräutern servieren.

Geschmorte Lammschulter
mit Röstgemüse

ZUTATEN FÜR 4 PERSONEN

1 Lammschulter mit Knochen
(1,3–1,5 kg; vom Metzger auslösen lassen)
1 Bund Möhren
2 Zwiebeln
mindestens 5–6 Knoblauchzehen
2 EL Butterschmalz
1 EL Olivenöl
Salz · Pfeffer aus der Mühle
1/2 EL Honig
1 l Fleischbrühe
je 1 EL gehackter Thymian und Rosmarin

ZUBEREITUNG

1. Den Backofen auf 200 °C vorheizen. Die Lammschulter waschen, trocken tupfen und das grobe Fett entfernen. Das Fleisch in mundgerechte Stücke schneiden. Die Möhren schälen, putzen und in Scheiben schneiden. Die Zwiebeln und die Knoblauchzehen schälen und in feine Würfel schneiden.

2. Das Butterschmalz in einem großen Topf erhitzen und das Fleisch darin kräftig anbraten. Aus dem Topf nehmen, das Fett abgießen und das Olivenöl darin erhitzen. Die Zwiebeln und den Knoblauch hinzugeben und glasig andünsten.

3. Das Fleisch und die Möhren dazugeben, mit Salz und Pfeffer würzen. Den Honig dazugeben und mit etwas Brühe ablöschen, sodass alles bedeckt ist. Zugedeckt im Ofen 1 Stunde schmoren. Zwischendurch immer etwas Brühe nachgießen.

4. Die Lammschulter mit dem Gemüse auf Tellern servieren und mit den gehackten Kräutern bestreuen.

Lammkeule
mit gefüllten Tomaten

ZUTATEN FÜR 4–6 PERSONEN

Für die Lammkeule:
1 Lammkeule mit Knochen (ca. 1,8–2 kg)
1 Bund Suppengemüse
3 Schalotten · 3 Knoblauchzehen
1 Bund Thymian
4 Zweige Rosmarin
2 EL Olivenöl
2 EL Butterschmalz
Salz · Pfeffer aus der Mühle
1/2 l Weißwein (Grau- oder Weißburgunder)
1 EL Tomatenmark
3 Lorbeerblätter
Orangensaft

Für die gefüllten Tomaten:
1/2 l Orangensaft
1/2 Bund Petersilie
2 Frühlingszwiebeln
1 walnussgroßes Stück Ingwer
50 g Pinienkerne
300 g Couscous (Instant)
2 EL Thymianblättchen
1 TL abgeriebene Bio-Zitronenschale
Salz · 6 Fleischtomaten
100 g Feta (Schafskäse)
Olivenöl

ZUBEREITUNG

1. Für den Braten den Backofen auf 200 °C vorheizen. Die Lammkeule waschen, trocken tupfen und eventuell vorhandenes Fett entfernen. Das Suppengemüse putzen, waschen bzw. schälen und in Stücke schneiden. Die Schalotten schälen und in Stücke schneiden. Die Knoblauchzehen andrücken. Den Thymian und den Rosmarin waschen, trocken schütteln und die Blätter bzw. Nadeln abzupfen.

2. Je 1 EL Olivenöl und Butterschmalz in einer großen Pfanne erhitzen und die Keule rundum gut anbraten. Mit Salz und Pfeffer würzen. Herausnehmen und auf eine Fettfangschale legen. Das Gemüse, die Schalotten und den Knoblauch in einer zweiten Pfanne mit Olivenöl und Butterschmalz rösten und zur Lammkeule hinzugeben. 1/2 l Wasser, Wein, Tomatenmark und Kräuter verrühren und angießen. Die Lorbeerblätter hinzufügen. Im Ofen etwa 30 Minuten braten. Die Temperatur auf 180 °C reduzieren und die Keule weitere etwa 1 1/4 Stunden braten. Am besten die Kerntemperatur mit einem Bratenthermometer messen. Bei etwa 70 °C ist das Fleisch im Kern noch leicht rosa. Während der Garzeit das Fleisch immer wieder mit Bratenfond begießen, eventuell noch etwas Wasser oder Wein angießen.

3. Für die Tomaten den Saft mit 100 ml Wasser aufkochen. Die Petersilie waschen, trocken schütteln, die Blätter abzupfen und fein hacken. Die Frühlingszwiebeln putzen, waschen und in feine Ringe schneiden. Den Ingwer schälen und fein hacken. Die Pinienkerne in einer Pfanne ohne Fett leicht bräunen.

4. Den Couscous in einer Schüssel mit dem Orangensaft übergießen. Petersilie, Frühlingszwiebeln, Ingwer, Pinienkerne, Thymian, Zitronenschale und Salz hinzufügen und zugedeckt etwa 5 Minuten quellen lassen. Dann mit einer Gabel auflockern.

5. Die Tomaten waschen und je einen Deckel abschneiden. Tomaten aushöhlen und in eine ofenfeste Auflaufform stellen. Die Tomaten bis zum Rand mit dem Couscous füllen, mit zerbröseltem Feta bestreuen. Mit etwas Olivenöl beträufeln.

6. Die Lammkeule warm stellen und die Tomaten bei 180 °C 10–15 Minuten garen. Sie sollten noch Struktur und Biss haben. Den Sud durch ein feines Sieb in einen Topf gießen. Den Sud um ein Drittel einkochen und mit Salz, Pfeffer und Orangensaft abschmecken.

7. Das Lammkeulenfleisch in Scheiben schneiden, auf Tellern anrichten und mit der Sauce begießen. Dazu die gefüllten Tomaten servieren.

Lammrouladen

mit Kräuter-Kartoffel-Gratin

ZUTATEN FÜR 4–6 PERSONEN

Für die Rouladen:
1 Lammkeule mit Knochen (ca. 1,8–2 kg)
100 g getrocknete Tomaten (in Öl)
1 Bund Frühlingszwiebeln
1 junge Knoblauchknolle
4 Zweige Rosmarin
1 Bund Thymian
Salz · Pfeffer aus der Mühle
3 EL Olivenöl

Für das Kräuter-Kartoffel-Gratin:
1 kg festkochende Kartoffeln
1 Zweig Rosmarin
1/2 Bund Thymian · Salz
1/4 l Gemüse- oder Hühnerbrühe
50 g Bergkäse (z. B. Gruyère)

ZUBEREITUNG

1. Für die Rouladen die Lammkeule waschen, trocken tupfen und eventuell vorhandenes Fett entfernen. Die Rouladenscheiben mit einem Schmetterlingsschnitt von der Keule trennen. Das geht wie folgt: Die erste Scheibe nicht ganz durchschneiden. Die zweite Scheibe kurz hinter der ersten durchtrennen. Die beiden zusammenhängenden Fleischscheiben aufklappen und etwas plattieren. Pro Person sollten es 2 bis 3 Rouladen sein. Oder das Fleisch vom Metzger in Scheiben schneiden lassen.

2. Den Backofen auf 200 °C vorheizen. Für die Füllung die Tomaten abtropfen lassen und in Streifen schneiden. Die Frühlingszwiebeln putzen, waschen und in feine Streifen oder Ringe schneiden. Den Knoblauch schälen und ebenfalls in feine Streifen schneiden. Den Rosmarin und den Thymian waschen und trocken schütteln.

3. Die Fleischscheiben mit Salz und Pfeffer würzen und mit den Frühlingszwiebeln, den Tomaten und dem Knoblauch belegen. Nach Belieben noch einige Thymianblättchen und Rosmarinnadeln dazugeben. Die Längsseiten der Rouladenscheiben etwas über die Füllung klappen und aufrollen. Mit kleinen Holzspießen verschließen.

4. Für das Kräuter-Kartoffel-Gratin die Kartoffeln schälen, waschen und in dünne, gleichmäßige Scheiben schneiden. Die Kräuter waschen, trocken tupfen, die Nadeln bzw. Blättchen abzupfen und hacken. Die Kartoffeln nicht liegend, sondern hochkant in eine Auflaufform schichten. Zwischen die Lagen immer wieder Kräuter streuen und mit Salz würzen. Die Brühe dazugießen, bis die Auflaufform zu zwei Dritteln gefüllt ist. Im Ofen 35 bis 45 Minuten garen.

5. Das Olivenöl in einem Bräter erhitzen und die Rouladen darin kräftig anbraten. So viel Wasser zugießen, dass der Topf mit 1 bis 2 cm Flüssigkeit gefüllt ist. Die Kräuterzweige, etwas Knoblauch und einige Abschnitte der Keule zufügen. Die Rouladen zugedeckt 30 bis 35 Minuten schmoren, dabei immer wieder wenden.

6. Den Bergkäse fein reiben und zuletzt dünn über die Kartoffeln streuen, dann den Grill einschalten und das Gratin kurz mit dem Käse überbacken.

7. Die Lammrouladen auf Teller verteilen, mit etwas Sauce begießen und mit dem Kräuter-Kartoffel-Gratin servieren.

Gekochte Heidschnucke
mit grüner Sauce

ZUTATEN FÜR 4–6 PERSONEN

Für die Heidschnucke:
1 Heidschnuckenkeule mit Knochen
(2,5–3 kg; ersatzweise Lammkeule)
1 Bund Suppengemüse · 1 Zwiebel
6 Lorbeerblätter · 20 Wacholderbeeren
20 schwarze Pfefferkörner · 1 EL Salz

Für die grüne Sauce:
je 1 Bund Schnittlauch, Kerbel, Pimpinelle,
Sauerampfer, Petersilie und Borretsch und
1 Kästchen Gartenkresse (oder 2 Packungen
„Frankfurter Grüne Sauce")
4 hart gekochte Eier
500 g Schmand
100 ml Sonnenblumenöl
abgeriebene Schale von 1/2 Bio-Zitrone
1 EL Senf
Salz · Pfeffer aus der Mühle
Zitronensaft

Für das Pesto:
1 Bund Petersilie
1–2 EL Olivenöl

Für den Spargel:
2 kg weißer Spargel
150 g Butter · Salz · Zucker

ZUBEREITUNG

1. Die Heidschnuckenkeule waschen und trocken tupfen, eventuell vorhandenes Fett und Sehnen entfernen. Das Suppengemüse putzen, waschen bzw. schälen und in grobe Stücke schneiden. Die Zwiebel mit Schale halbieren und auf der Schnittfläche in einer Pfanne schwarz rösten. Heidschnucke, Gemüse, Zwiebel und Gewürze in einen großen Topf geben, so viel Wasser hinzufügen, bis die Zutaten zu drei Vierteln bedeckt sind. Offen aufkochen lassen, die Hitze reduzieren, den Topf verschließen und die Heidschnuckenkeule etwa 2 Stunden leicht köcheln lassen. Das Fleisch nach etwa 1 1/2 Stunden anschneiden und probieren. Je nach Größe und Qualität kann sich die Garzeit verkürzen oder verlängern.

2. Für die grüne Sauce die Kräuter waschen, trocken schütteln, die Blätter abzupfen und sehr fein hacken. Die Kresse vom Beet abschneiden, waschen und trocken tupfen. Die Eier pellen, halbieren, die Eigelbe herauslösen und mit einer Gabel gut zerdrücken. Schmand, Eigelbe, Sonnenblumenöl, Zitronenschale und Senf verrühren. Die Kräuter hinzufügen und mit Salz, Pfeffer und Zitronensaft abschmecken.

3. Für das Pesto die Petersilie waschen, trocken schütteln, die Blätter abzupfen und in einem hohen Rührbecher mit dem Öl fein pürieren.

4. Den Spargel waschen, schälen, die holzigen Enden abschneiden und die Spargelstangen mit Küchengarn bündeln. Die Spargelschalen waschen und in reichlich Wasser etwa 20 Minuten kochen. Die Schalen entfernen und dem Wasser ein kleines-Stück Butter, Salz und 1 Prise Zucker hinzufügen. Den Spargel darin 10 bis 12 Minuten garen.

5. Die restliche Butter in einem Topf erhitzen, bis sie Schaum bildet, sich bräunlich färbt und leicht nussig riecht. Den Spargel in eine Schüssel füllen und mit der Nussbutter begießen. Das Pesto unter die grüne Sauce rühren, so bekommt sie eine kräftige Farbe. Die Heidschnuckenkeule aus dem Sud nehmen und in Scheiben schneiden. Mit etwas Fond und Suppengemüse in eine Schüssel füllen und mit den Kartoffeln, der grünen Sauce und dem Spargel servieren.

TIPP

Wer die grüne Sauce nur zu Kartoffeln, Eiern oder auf Brot servieren möchte, kann außerdem noch das Eiweiß hacken und ebenfalls zur Sauce geben. Zu gekochtem Fleisch passt die Variante ohne Eiweiß besser.

HEIDSCHNUCKENBRATEN
mit karamellisierten Birnen

ZUTATEN FÜR 6 PERSONEN

Für die Heidschnucke:
1 Heidschnuckenkeule mit Knochen
(2,3–2,5 kg, ersatzweise Lammkeule)
1 Bund Suppengemüse
2 EL Butterschmalz
Salz · 1 EL Tomatenmark
5 Lorbeerblätter
2 Zweige Rosmarin
5 schwarze Pfefferkörner
1/4 l ital. Rotwein (z. B. Chianti)

Für die karamellisierten Birnen:
6 Birnen (z. B. Bürgermeister)
1 Zimtstange
3 Sternanis
3 Schoten Langer Pfeffer
1 EL Zucker
1/4 l Weißwein
1 EL Honig
abgeriebene Schale von 1 Bio-Orange

Für das Kartoffel-Petersilien-Püree:
1 kg mehligkochende Kartoffeln
3 Petersilienwurzeln · Salz
ca. 250 g Sahne
100 g gebräunte Butter
frisch geriebene Muskatnuss

ZUBEREITUNG

1. Für den Braten den Backofen auf 200 °C vorheizen. Die Heidschnuckenkeule waschen und trocken tupfen, eventuell vorhandenes Fett und Sehnen entfernen. Das Suppengemüse putzen, waschen bzw. schälen und in grobe Stücke schneiden.

2. Das Butterschmalz in einem Schmortopf erhitzen und die Heidschnuckenkeule darin rundum anbraten. Herausnehmen und mit Salz würzen. Das Suppengemüse dazugeben und anbraten. Das Tomatenmark hinzufügen und anschwitzen. Die Lorbeerblätter, den Rosmarin und die Pfefferkörner dazugeben, mit etwas Rotwein und Wasser ablöschen. Die Keule in den Topf zurücklegen und im Ofen zugedeckt mindestens 1 1/2 Stunden schmoren. Nach 40 Minuten die Hitze auf 180 °C reduzieren. Die Keule zwischendurch mehrmals wenden und immer Wein und Wasser (insgesamt etwa 1 l) nachgießen.

3. Die Birnen schälen. Den Zimt, den Sternanis und den Langen Pfeffer in einem Mörser leicht zerstoßen. Den Zucker in einer Pfanne karamellisieren, mit dem Weißwein ablöschen, die Gewürze und den Honig dazugeben und aufkochen lassen. Die Birnen hineinlegen und bei kleinster Hitze 15 Minuten ziehen lassen.

4. Für das Püree die Kartoffeln und die Petersilienwurzeln schälen, waschen, in Stücke schneiden und in Salzwasser weich garen.

5. Die Birnen auf einen Teller geben, mit etwas Kochsud beträufeln und mit der abgeriebenen Orangenschale bestreuen.

6. Die Heidschnuckenkeule aus dem Ofen nehmen und etwas ruhen lassen. Die Sauce durch ein mit einem Küchentuch ausgelegtes Sieb in einen Topf gießen, etwas einkochen lassen und mit Salz und Pfeffer würzen.

7. Die Kartoffeln abgießen und ausdampfen lassen. Durch die Kartoffelpresse drücken und mit der erwärmten Sahne und der Butter zu einem Püree verarbeiten. Mit Salz und Muskatnuss abschmecken.

8. Die Keule in Scheiben schneiden, mit der Sauce und dem Kartoffel-Petersilien-Püree anrichten. Die karamellisierten Birnen separat dazu servieren.

»Frisch ans Werk, natürlich mit frischen Produkten von den Bauern aus der Region: Ich bin auf dem Wochenmarkt in Lüneburg, drehe für den NDR und bereite Rouladen zu.«

»Dazu muss ich erst einmal Wurzelgemüse für den Saucenansatz klein schnibbeln und die Füllung in der Pfanne anrösten.«

»Mit meinem Kochtresen reise ich durchs ganze Land. Mal bin ich am Strand, mal im Rapsfeld oder eben auf dem Wochenmarkt. Und ich liebe es, dabei mitten unter den Leuten zu sein.«

Sechs Uhr morgens, Ende März, stockfinster, schweinekalt, und ich stehe mit meinem mobilen Kochtresen auf dem Wochenmarkt in Lüneburg, um eine Sendung für meine NDR-Serie „So isst der Norden" zu drehen. Die meisten Menschen werden mich nicht darum beneiden. Ich aber genieße es, weil ich die Wochenmärkte des Nordens und vor allem die Leute so sehr mag, die ich dort treffe. Man findet immer ein paar Verrückte, total Durchgedrehte, Leute wie diese Bauern auf dem Lüneburger Markt, die streng biologisch lustige Minirotkohlköpfe anbauen. Die sind ideal für zwei Personen, da muss man keinen dicken Oschi kaufen, von dem man nachher die Hälfte wegschmeißt. Ohne meine Wochenmärkte, ganz egal, ob in Lüneburg, Hamburg oder meiner Heimatstadt Stade, könnte ich gar nicht leben. Hier finde ich eine kulinarische Vielfalt, die viel größer ist als beim Discounter, hier gibt es die beste regionale Qualität und sogar uralte, im Supermarkt längst aussortierte Gemüsesorten. Jeder, der gut kochen will, muss auf den Wochenmarkt gehen – und wird dann spüren, wo das kulinarische Herz der Heimat schlägt.

»Regional, saisonal, bodenständig: Das ist – ohne jetzt ketzerisch werden zu wollen – die Heilige Dreifaltigkeit meiner Küche. Und auf dem Wochenmarkt wird sie gepredigt.«

»Auf die Idee muss man erst mal kommen: putzige Miniaturrotkohlköpfe anzubauen, genau die richtige Portionsgröße für ein schönes, intimes Essen zu zweit.«

Süßes & Desserts

Orangen-Parfait
mit Anis und Ingwer

ZUTATEN FÜR 4 PERSONEN

5 Bio-Orangen
1 walnussgroßes Stück Ingwer
80 g Zucker
400 ml Orangensaft
Saft von 1/2 Zitrone
1 Sternanis
1 Zimtstange
3 Eier · 250 g Sahne
Puderzucker zum Bestäuben

ZUBEREITUNG

1. Die Orangen heiß waschen, trocken reiben und die Schale fein abreiben. Dann die Orangen so großzügig schälen, dass auch die weiße Haut mit entfernt wird. Die Filets zwischen den Trennhäuten herausschneiden.

2. Ingwer schälen und fein reiben. In einem Topf 30 g Zucker karamellisieren und mit dem Orangensaft ablöschen. Zitronensaft, Ingwer, Sternanis und Zimtstange dazugeben, einmal kräftig aufkochen lassen. Die Orangenfilets und -schale hinzufügen und alles mindestens 30 Minuten zu einer dicklichen Konsistenz einkochen lassen. Anschließend im Kühlschrank 1 Stunde auskühlen lassen.

3. Die Eier trennen. Die Eiweiße steif schlagen. Eigelbe und den restlichen Zucker in einem Topf bei schwacher Hitze schaumig aufschlagen. 2 EL Orangenmasse dazugeben und etwas abkühlen lassen. Die Sahne steif schlagen und zusammen mit dem Eischnee unter die Parfaitmasse rühren. In eine mit Frischhaltefolie ausgelegte Terrinen- oder Kastenform (etwa 30 cm lang) füllen, glatt streichen und mit der Folie abdecken. 8 Stunden in das Tiefkühlfach stellen.

4. Zum Stürzen die Form kurz in heißes Wasser tauchen. Die Ränder mit einem Messer lösen und das Parfait stürzen. In Scheiben schneiden, mit der restlichen Orangenmasse und mit Puderzucker bestäubt servieren.

Mangosalat
mit Joghurt und Pinienkernen

ZUTATEN FÜR 4 PERSONEN

2 EL Zucker
50 g Pinienkerne
2 Mangos
1/2 l Mangosaft
1 Vanilleschote
2 EL Honig
500 g Naturjoghurt
10 Minzeblätter

ZUBEREITUNG

1. Den Zucker in einer Pfanne erhitzen. Sobald er flüssig wird, etwas Wasser hinzufügen. Die Pinienkerne dazugeben, mit der Zuckermasse verrühren und karamellisieren. Die Masse aus der Pfanne nehmen, auf Backpapier geben, mit einem Holzlöffel verstreichen und erkalten lassen. Den Pinienkern-Karamell zuerst in grobe Stücke und dann zu Bröseln schlagen.

2. Die Mangos schälen, das Fruchtfleisch auf den flachen Seiten vom Stein schneiden und in Würfel schneiden. Den Mangosaft aufkochen und um zwei Drittel reduzieren.

3. Die Vanilleschote längs aufschneiden und das Mark herauskratzen. Den Honig, das Vanillemark und die Saftreduktion in einer Schüssel verrühren. Die Mangowürfel hinzufügen und mit dem Sud vermengen. Etwas durchziehen lassen.

4. Zunächst ein Drittel des Mangosalats in eine Schüssel füllen, dann die Hälfte des Joghurts darüberschichten und die Hälfte des Pinienkern-Karamells daraufgeben. Nochmals je 1 Schicht Mangosalat und Joghurt darübergeben. Mit dem übrigen Mangosalat und dem restlichen Pinienkern-Karamell abschließen. Die Minze waschen, trocken tupfen, fein hacken und darüberstreuen.

Stollenparfait
mit Himbeeren

ZUTATEN FÜR 6 PERSONEN

90 g Zucker
200 ml Milch
50 g Orangeat
50 g gehackte Mandeln
50 g Rosinen
2 Gewürznelken
10 Zimtblüten oder 1 TL Zimtpulver
2 TL gemahlener Sternanis
Mark von 1/2 Vanilleschote
250 g Sahne
3 Eier
300 g tiefgekühlte Himbeeren
Puderzucker zum Bestäuben

ZUBEREITUNG

1. In einem Topf 50 g Zucker karamellisieren. Mit der Milch ablöschen, die Hitze herunterschalten und alles nur noch leicht köcheln lassen. Dann Orangeat, Mandeln und Rosinen dazugeben. Mit gemörserten Nelken, Zimt, Sternanis und Vanille würzen. Die Masse so lange leicht köcheln lassen, bis sich alles verbunden hat.

2. Die Sahne steif schlagen. Die Eier trennen. Die Eiweiße steif schlagen. Die Eigelbe mit dem restlichen Zucker in einem Stieltopf oder über dem heißen Wasserbad schaumig schlagen, dann kalt rühren. Die geschlagene Sahne und den Eischnee unter die Sahne-Gewürz-Masse heben.

3. Sechs Parfaitförmchen (etwa 150 ml Inhalt) mit Frischhaltefolie auslegen. Die Parfaitmasse hineinfüllen und mindestens 5 Stunden in das Tiefkühlfach stellen.

4. Die Himbeeren auftauen lassen. Mit dem Stabmixer fein pürieren. Das Parfait aus den Förmchen lösen, auf Dessertteller stürzen und mit den pürierten Himbeeren garnieren. Mit Puderzucker bestäubt servieren. Idealer Begleiter ist ein Riesling von der Mosel.

Erdbeerbecher
mit Pinienkern-Karamell

ZUTATEN FÜR 6–8 PERSONEN

Für das Eis:
500 g Erdbeeren
500 g Naturjoghurt · 50 g Honig

Für den Erdbeersalat:
250 g Erdbeeren
abgeriebene Schale und Saft von 1 Bio-Orange
Mark von 1/2 Vanilleschote

Für den Pinienkern-Karamell:
3 EL Zucker · 50 g Pinienkerne

Außerdem:
250 g Sahne · 2 EL Zucker
50 g Schokolade (mind. 70 % Kakaoanteil)
6–8 große Erdbeeren

ZUBEREITUNG

1. Für das Eis die Erdbeeren waschen, putzen und vierteln. Die Beeren, den Joghurt und den Honig mit dem Stabmixer pürieren. Die Masse in die Eismaschine füllen und zu Eiscreme verarbeiten.

2. Für den Salat die Erdbeeren waschen, putzen, halbieren und mit Orangenschale und -saft mischen. Mit dem Vanillemark würzen. Den Salat mindestens 30 Minuten durchziehen lassen und dabei 2- bis 3-mal durchrühren.

3. Für den Pinienkern-Karamell den Zucker in einem Topf karamellisieren, die Pinienkerne dazugeben und alles gut miteinander vermengen. Auf Backpapier geben, verstreichen und fest werden lassen. Die kalte Masse mit einem Messer in feine Stücke hacken.

4. Die Sahne mit dem Zucker steif schlagen. Die Schokolade fein hacken. Zum Anrichten jeweils etwas Erdbeersalat in Becher geben, je 1 Kugel Erdbeereis dazugeben und wieder etwas Erdbeersalat. Mit Pinienkern-Karamell, Sahne und Schokolade verzieren. Mit den Erdbeeren krönen.

Erdbeerpott
mit Blauschimmelkäse

ZUTATEN FÜR 6–8 PERSONEN

4 EL Zucker
50 g Pinienkerne
200 ml Campari
200 ml Orangensaft
50 g Blauschimmelkäse
2–3 EL Milch
150 g Ziegenfrischkäse (ersatzweise Frischkäse aus Kuhmilch)
250 g Erdbeeren
1 Bund Minze

ZUBEREITUNG

1. In einem Topf 2 EL Zucker karamellisieren, die Pinienkerne hinzufügen und alles gut miteinander vermengen. Auf Backpapier geben, verstreichen und fest werden lassen. Die kalte Masse grob zerbröseln.

2. Den Campari und den Orangensaft in einem Topf um zwei Drittel einkochen lassen. Den Blauschimmelkäse zerdrücken und mit etwas Milch zu einer geschmeidigen Masse verrühren. Frischkäse mit der restlichen Milch ebenfalls cremig rühren.

3. Die Erdbeeren waschen, putzen und in kleine Stücke schneiden. Mit dem restlichen Zucker marinieren. Die Minze waschen, trocken schütteln, die Blätter abzupfen und fein hacken.

4. Die Zutaten wie folgt in Gläser schichten: Zuerst 1 bis 2 EL Erdbeeren, dann die Blauschimmel- und Frischkäsecreme dazugeben. Darauf 1 EL Campari-Orangensaft-Reduktion und die Hälfte der Pinienkaramell-Brösel geben. Den Vorgang einmal wiederholen. Mit der Minze garnieren.

Nienburger Erdbeerbecher
mit Büffelquark

ZUTATEN FÜR 4 PERSONEN

2–3 EL Zucker
Saft und abgeriebene Schale von 2 Bio-Orangen
2 EL Orangenlikör
500 g Erdbeeren
1 Vanilleschote
250 g Speisequark (aus Büffel- oder Kuhmilch)
200 g Sahne
8 Orangen-Biskuitkekse

ZUBEREITUNG

1. In einem Topf 2 EL Zucker karamellisieren. Den Karamell mit dem Orangensaft ablöschen. Die Orangenschale und den Orangenlikör dazugeben und den Karamell unter Rühren auflösen. Die Flüssigkeit auf etwa 6 EL einkochen, vom Herd nehmen und abkühlen lassen.

2. Die Erdbeeren waschen und putzen, 4 Beeren für die Dekoration beiseitelegen, die restlichen Früchte vierteln und mit dem abgekühlten Orangensud vermengen. Etwa 20 Minuten durchziehen lassen.

3. Die Vanilleschote längs aufschneiden, das Mark herauskratzen und mit dem Quark und der flüssigen Sahne verrühren. Nach Belieben mit dem restlichen Zucker süßen. Die Kekse mit den Händen fein zerbröseln.

4. Die Hälfte der Creme auf vier Schälchen oder Dessertgläser verteilen. Mit einigen Keksbröseln bestreuen, die marinierten Erdbeeren daraufschichten, die restliche Creme daraufgeben und wieder mit Bröseln bestreuen. Mit jeweils 1 Erdbeere garniert servieren.

Herrencreme
mit Bitterschokolade

ZUTATEN FÜR 6 PERSONEN

5 Eigelb
ca. 120 g Zucker
40 g Mehl
1 Vanilleschote
500 g Milch
200 g Sahne
150 g Zartbitterschokolade
1 EL Rum

ZUBEREITUNG

1. Die Eigelbe mit 100 g Zucker und dem Mehl schaumig rühren.

2. Die Vanilleschote längs aufschneiden und das Mark herauskratzen. Beides mit der Milch in einem Topf 10 Minuten köcheln lassen. Dann die Schote entfernen. Die Vanillemilch nach und nach in die Eigelbmischung rühren und so lange weiterrühren, bis eine sämige Konsistenz entsteht.

3. Diese Mischung in einen Topf geben und unter ständigem Rühren einmal leicht aufkochen lassen, so entsteht eine sämige Puddingmasse. Den Pudding im Kühlschrank 2 Stunden abkühlen lassen.

4. Die Sahne mit dem restlichen Zucker steif schlagen. 50 g Schokolade in einer Metallschüssel über dem heißen Wasserbad schmelzen. Die restliche Schokolade raspeln und mit der Sahne in den Pudding geben.

5. Die Herrencreme mit dem Rum verfeinern und in Schälchen füllen. Die geschmolzene Schokolade darüber verteilen.

Erdbeerquark
mit Cantuccini

ZUTATEN FÜR 4 PERSONEN

400 g Erdbeeren
1/4 l Orangensaft
2 Scheiben Ingwer
1 Vanilleschote
500 g Magerquark
etwas Milch
1–2 EL Zucker
200 g Sahne
8 Cantuccini (ital. Mandelgebäck)
50 g Zartbitterschokolade
(70 % Kakaoanteil)
einige Minzeblätter

ZUBEREITUNG

1. Die Erdbeeren waschen, putzen, in Stücke schneiden, in eine Schüssel geben und etwas andrücken. Den Orangensaft mit dem Ingwer aufkochen und um zwei Drittel reduzieren.

2. Die Vanilleschote längs aufschneiden und das Mark herauskratzen. Den Quark mit etwas Milch, Zucker und Vanillemark verrühren. Die Sahne steif schlagen, vorsichtig und langsam unterheben, sodass die Quarkspeise schön luftig wird.

3. Die Erdbeeren mit dem Orangensaft vermengen, falls nötig, noch etwas Zucker dazugeben. Die Cantuccini in grobe Stücke zerbröseln. Die Zartbitterschokolade hobeln.

4. Die Quarkspeise wie folgt in eine Schüssel oder in Gläser schichten: Zunächst die Hälfte der Quarkcreme hineingeben, dann die Erdbeeren und die Cantuccini darauf verteilen. Darauf die Hälfte der Schokolade geben, dann die restliche Creme darauf verteilen. Die Oberfläche noch einmal mit Schokolade bestreuen.

5. Die Minzeblätter waschen, trocken tupfen und in feine Streifen schneiden. Den Erdbeerquark damit garnieren. Nach Belieben noch mit etwas Olivenöl beträufeln – das gibt der Quarkspeise noch eine fruchtigere Note.

Selbst gemachtes Erdbeereis
mit marinierten Erdbeeren und Vanillesauce

ZUTATEN FÜR 4–6 PERSONEN

Für das Eis:
1 Vanilleschote
500 g Sahne
5 Eigelb
5 EL Zucker
250 g Erdbeeren
Zitronensaft

Für die marinierten Erdbeeren:
250 g Erdbeeren
1 Bio-Orange
1 EL Zucker
1 EL Zitronensaft
2 EL Orangenlikör
1 EL grüne Pfefferkörner
1 EL ungesalzene, gehackte Pistazien
einige Minzeblätter

ZUBEREITUNG

1. Für das Eis eine Vanillesauce zubereiten. Dafür die Vanilleschote längs aufschneiden und das Mark herauskratzen. Die Sahne in einem Topf erhitzen, die Vanilleschote und das -mark dazugeben und bei schwacher Hitze 5 Minuten köcheln. Die Vanilleschote wieder herausnehmen und die Masse auskühlen lassen.

2. Die Eigelbe und den Zucker in einer Rührschüssel mit dem Schneebesen kräftig durchschlagen, bis die Eigelbmasse schaumig und fast weiß ist. Die Masse in einen Topf geben und bei schwacher Hitze kurz erwärmen (nicht zu stark erhitzen, sonst gerinnt das Eigelb!).

3. Nach und nach die Vanillesahne unter ständigem Rühren dazugeben, dabei den Topf immer vom Herd nehmen. Dann die Masse wieder kurz auf der Herdplatte erwärmen, wieder herunternehmen und weiterrühren, bis eine cremige Konsistenz entsteht. Das funktioniert auch über dem heißen Wasserbad.

4. Die Vanillesauce abkühlen, dann im Kühlschrank auskühlen lassen. Etwas Vanillesauce zum Anrichten beiseitestellen.

5. Die Erdbeeren waschen, putzen, pürieren und mit etwas Zitronensaft zur Vanillesauce geben. Die Eismaschine einschalten, die Masse hineingeben und zu einem cremigen Eis verarbeiten. Das dauert 20 bis 30 Minuten. Eventuell noch im Eisfach nachkühlen lassen.

6. Für die marinierten Erdbeeren die Erdbeeren waschen, putzen und vierteln. Die Orange heiß waschen, trocken reiben, die Schale abziehen und in sehr feine Streifen schneiden. Den Saft der Orange auspressen.

7. Den Zucker in einem Topf karamellisieren. Den Orangensaft und den Zitronensaft hinzufügen und aufkochen lassen, bis sich der Zucker wieder aufgelöst hat. Den Orangenlikör, die Orangenschale und die Erdbeeren in den Sud geben und alles vorsichtig verrühren. Den Topf vom Herd nehmen und die Früchte 30 Minuten marinieren, dabei abkühlen lassen.

8. Die Pfefferkörner und die Pistazien unter die Erdbeeren mischen. Das Dessert wie folgt anrichten: Die marinierten Erdbeeren auf Teller verteilen und je 1 Kugel Erdbeereis darauf platzieren. Etwas Vanillesauce um die Erdbeeren gießen und alles mit Minze dekorieren.

Rhabarberkompott
mit Puddingcreme

ZUTATEN FÜR 4 PERSONEN

Für das Kompott:
400 g Rhabarber
1 Vanilleschote · 2 EL Zucker
je 200 ml Orangen- und Rhabarbersaft
1 Scheibe Ingwer
abgeriebene Schale von 1/2 Bio-Orange
2 EL Honig

Für die Creme:
500 g Sahne
Mark von 1 Vanilleschote
5 Eigelb · 5 EL Zucker
40 g Mehl · 3 Eiweiß

ZUBEREITUNG

1. Für das Kompott den Rhabarber putzen, schälen und in mundgerechte Stücke schneiden. Die Vanilleschote längs aufschneiden, das Mark herauskratzen und für die Creme verwenden.

2. Den Zucker in einem Topf karamellisieren. Mit Orangen- und Rhabarbersaft ablöschen. Ingwer, Vanilleschote, Orangenschale und Honig dazugeben und aufkochen. Die Hitze reduzieren, den Rhabarber hinzufügen und alles 5 Minuten ziehen lassen. Der Rhabarber soll eine weiche Konsistenz haben.

3. Für die Creme die Sahne mit dem Vanillemark in einem Topf 5 Minuten köcheln lassen. Die Eigelbe und den Zucker in einem Topf bei mittlerer Hitze schaumig rühren. Nach und nach das Mehl unterrühren. Die Vanillesahne unter ständigem Rühren dazugießen, bis eine cremige Konsistenz entsteht. Die Creme in einen anderen Topf geben und dort unter ständigem Rühren einmal aufkochen lassen.

4. Die Creme 2 Stunden auskühlen lassen. Die Eiweiße steif schlagen und den Eischnee unter die Creme heben. Die Creme und das Rhabarberkompott in tiefen Tellern anrichten.

Orientalischer Obstsalat
mit Arrak-Creme

ZUTATEN FÜR 6–8 PERSONEN

6 Blatt Gelatine · 200 g Sahne · 5 Eier
125 g Zucker · 100 ml Arrak · 2 EL Orangensaft
1 EL abgeriebene Bio-Zitronenschale
1 Grapefruit · 2 Orangen · 2 Mandarinen
1 Apfel · 1 Birne · 2 Kaktusfrüchte
1 Granatapfel · 10 blaue kernlose Trauben
4 getrocknete Feigen · 6 getrocknete Datteln
4–5 Walnusskerne · 2 EL ungesalzene Pistazien
Saft von 1 Limette · Akazienhonig
einige Minzeblätter

ZUBEREITUNG

1. Für die Creme die Gelatine in kaltem Wasser einweichen. Sahne steif schlagen. Eier trennen, die Eiweiße steif schlagen. Eigelbe mit Zucker kräftig verrühren. Arrak, Orangensaft und Zitronenschale hinzufügen und unterrühren. Gelatine ausdrücken und unter Rühren in einem Topf bei schwacher Hitze auflösen. 2 bis 3 EL Eigelbmasse unterrühren, dann unter die restliche Eigelbmasse rühren.

2. Sahne und Eischnee vorsichtig unterheben, bis eine geschmeidige Masse entstanden ist. Creme im Kühlschrank 2 bis 3 Stunden ziehen lassen.

3. Für den Obstsalat Grapefruit und Orangen so großzügig schälen, dass die weiße Haut mit entfernt wird. Dann Filets zwischen den Trennhäuten herausschneiden. Mandarinen schälen und in Spalten teilen. Apfel, Birne und Kaktusfrüchte schälen, vierteln, entkernen und klein schneiden.

4. Den Granatapfel halbieren, die Kerne herauslösen. Die Trauben waschen und halbieren. Die Feigen und Datteln in Stücke schneiden. Die Walnüsse und Pistazien grob hacken.

5. Alle vorbereiteten Zutaten vermengen und mit dem Limettensaft und etwas Honig würzen. Die Minzeblätter waschen, trocken tupfen, in feine Streifen schneiden und zuletzt über den Obstsalat streuen. Aus der Arrak-Creme Nocken abstechen und mit dem Obstsalat anrichten.

Rote Grütze
mit Vanillesauce

ZUTATEN FÜR 8–10 PERSONEN

Für die Rote Grütze:
1 kg Früchte (mind. 4 Sorten, z. B. Kirschen, Johannis-, Brom-, Him- und Erdbeeren)
2 EL Zucker · 1/4 l Traubensaft
1/4 l Kirschsaft · 1 Vanilleschote
1 Zimtstange · 1 Sternanis
abgeriebene Schale von je 2 Bio-Zitronen und Bio-Orangen
1 EL Speisestärke

Außerdem:
3 Eigelb · 50 Zucker
500 g Sahne · Mark von 1 Vanilleschote
einige Minzeblätter (gewaschen)

ZUBEREITUNG

1. Für die Rote Grütze die Kirschen waschen, entsteinen und halbieren. Johannis,- Brom- und Himbeeren verlesen, waschen und trocken tupfen. Erdbeeren waschen, putzen und halbieren oder vierteln. Die Früchte in eine große Schüssel geben.

2. Den Zucker in einem Topf karamellisieren und mit den Säften (vorher 2 EL abnehmen) ablöschen. Vanilleschote längs aufschneiden, das Mark herauskratzen und beiseitestellen. Vanilleschote, Zimtstange, Sternanis und Zitrusschalen im Saft 5 Minuten köcheln, dann den Sud abkühlen lassen.

3. Die Stärke mit dem abgenommenen Saft verrühren und den Sud damit andicken. Den Sud durch ein Sieb auf die Früchte gießen. Rote Grütze 1 Stunde kühl stellen und durchziehen lassen.

4. Für die Vanillesauce Eigelbe mit Zucker schaumig rühren. Sahne und Vanillemark aufkochen und etwas ziehen lassen. Eigelbmasse unter ständigem Rühren dazugeben, den Topf immer kurz auf der Herdplatte lassen, damit er etwas Hitze bekommt. So erhalten Sie einen perfekten Vanilleschaum.

5. Die Rote Grütze mit dem Vanilleschaum anrichten und mit der Minze garnieren.

Zabaione
mit Fruchtkompott

ZUTATEN FÜR 4–6 PERSONEN

Für das Kompott:
6 Stangen Rhabarber
150 g Erdbeeren
1 daumendickes Stück Ingwer
1 Vanilleschote · 2 EL Zucker
1/4 l Rhabarbersaft
1–2 EL Honig

Für die Zabaione:
4 Eigelb · 4 EL Zucker
4 EL Portwein
80 ml Süßwein

ZUBEREITUNG

1. Für das Kompott den Rhabarber putzen und schälen, die Erdbeeren waschen und putzen. Beides in kleine Stücke schneiden. Den Ingwer schälen und in feine Stifte schneiden. Die Vanilleschote längs aufschneiden und das Mark herauskratzen.

2. Den Zucker in einem Topf karamellisieren. Den Rhabarbersaft hinzufügen und aufkochen lassen. Vanilleschote, Vanillemark, Honig und Ingwer in den Sud geben. Den Rhabarber hinzufügen und bei schwacher Hitze etwa 5 Minuten sanft köcheln lassen. Die Erdbeeren dazugeben und alles nochmals kurz ziehen lassen, bis die Erdbeeren etwas weich, aber im Kern noch bissfest sind. Abkühlen lassen.

3. Für die Zabaione die Eigelbe und den Zucker in einer Metallschüssel mit dem Schneebesen oder mit den Quirlen des Handrührgeräts kräftig aufschlagen. Die Masse über ein heißes Wasserbad stellen und weiterrühren, bis eine cremige und dickschaumige Masse entsteht. Den Portwein und den Süßwein portionsweise unter ständigem Schlagen hinzufügen.

4. Die Zabaione mit dem Fruchtkompott in Dessertschälchen oder -gläsern anrichten.

Bayerische Creme
mit Physaliskompott

ZUTATEN FÜR 4 PERSONEN

Für die Bayerische Creme:
2 Blatt Gelatine · 3 Eigelb
100 g Zucker · 300 g Sahne
1 Vanilleschote

Für das Physaliskompott:
150 g Physalis · 1 Vanilleschote
1/2 Chilischote · 2 EL Zucker
200 ml Weißwein (z. B. trockener Riesling)
1 Sternanis · 1 EL Honig

ZUBEREITUNG

1. Für die Bayerische Creme die Gelatine nach Packungsanweisung einweichen. Eigelbe und Zucker mit dem Schneebesen oder den Quirlen des Handrührgeräts über dem heißen Wasserbad weiß und etwas schaumig schlagen. Dann auf einem Eiswürfelbad weiterrühren, bis die Masse kalt ist.

2. Sahne steif schlagen. Vanilleschote längs aufschneiden, das Mark herauskratzen und unter die Sahne rühren. Gelatine ausdrücken, mit 2 EL warmem Wasser in einem Topf leicht erwärmen und unter Rühren auflösen. Erst wenig Sahne unter die aufgelöste Gelatine rühren. Dann restliche Sahne und Gelatine vorsichtig unter die Eiermasse rühren, bis eine geschmeidige Creme entsteht. In Gläser füllen und mindestens 3 Stunden kühl stellen.

3. Für das Kompott die Physalis entblättern und halbieren. Vanilleschote längs aufschneiden, das Mark herauskratzen. Chili längs halbieren, entkernen, waschen und in feine Streifen schneiden. Zucker in einem Topf karamellisieren. Wein, Physalis, Sternanis, Vanilleschote und -mark und Honig hinzufügen. Alles kurz aufkochen, dann die Hitze reduzieren und 10 Minuten leicht köcheln lassen. Dann vom Herd nehmen und abkühlen lassen. Vanilleschote und Sternanis wieder entfernen.

4. Je 2 bis 3 EL Physaliskompott auf die Bayerische Creme geben und servieren.

Buttermilchmousse
mit Beerenmix

ZUTATEN FÜR 4 PERSONEN

3 Blatt Gelatine
125 g Sahne
1 Bio-Zitrone
300 g Buttermilch
50 g Puderzucker
2 Eiweiß
50 g Mandelblättchen
3 frische Lavendelblüten
ca. 50 g Himbeeren
ca. 50 g Brombeeren

ZUBEREITUNG

1. Die Gelatine nach Packungsanweisung einweichen. Die Sahne steif schlagen. Die Zitrone heiß waschen, trocken reiben und die Hälfte der Schale abreiben. Die Frucht halbieren und den Saft auspressen. Die Buttermilch mit der Sahne leicht verrühren. Den Zitronensaft und -schale dazugeben. Den Puderzucker darübersieben und unterrühren.

2. Die Gelatine ausdrücken und mit 2 EL warmem Wasser in einem Topf leicht erwärmen und unter Rühren auflösen. Etwas von der Buttermilch-Sahne-Mischung unterrühren, dann unter die restliche Buttermilchmasse rühren. Die Eiweiße steif schlagen und unterheben. Mousse zugedeckt im Kühlschrank mindestens 4 Stunden ruhen lassen.

3. Die Mandelblättchen in einer Pfanne ohne Fett rösten. Lavendelblüten von den Stängeln zupfen.

4. Je 1 Nocke Buttermilchmousse auf Dessertteller geben, Himbeeren und Brombeeren darum herumlegen und geröstete Mandelblättchen und Lavendelblüten darüberstreuen. Dazu Winzersekt oder einen Crémant aus Frankreich reichen.

Zwetschgendatschi
im Glas

ZUTATEN FÜR 4 PERSONEN

Für den Zwetschgenröster:
1 kg Zwetschgen · 2 EL Zucker
100 ml Rotwein · 200 ml Portwein
etwas Zitronensaft · 1 Sternanis
1 Zimtstange · 1 Stück Bio-Orangenschale

Für die Vanillesauce:
1 Vanilleschote · 500 g Sahne
5 Eigelb · 2 EL Zucker

Außerdem:
250 g Sahne · Zucker · 6–8 Biskuitkekse

ZUBEREITUNG

1. Für den Röster die Zwetschgen waschen, halbieren und entsteinen. Den Zucker in einem Topf karamellisieren, Zwetschgen hinzufügen und im Karamell wenden. Mit Rotwein, Portwein und etwas Zitronensaft ablöschen. Gewürze dazugeben, die Hitze reduzieren und die Zwetschgen im Sud etwa 10 Minuten köcheln lassen.

2. Für die Sauce die Vanilleschote längs aufschneiden und das Mark herauskratzen. Sahne mit Vanilleschote und -mark 5 bis 6 Minuten köcheln lassen, dann die Schote wieder entfernen. Eigelbe und Zucker in einer Schüssel über dem heißen Wasserbad verrühren, bis die Masse schaumig und leicht weiß ist. Die warme Vanillesahne nach und nach hinzufügen, dabei weiter kräftig rühren, bis eine cremige und zähflüssige Konsistenz entsteht.

3. Die Sahne steif schlagen und mit etwas Zucker süßen. Die Kekse zerbröseln. Zum Servieren die Zutaten in breite Weingläser schichten: Zunächst einige Keksbrösel in die Gläser geben, dann den Zwetschgenröster hinzufügen. Dann etwas Vanillesauce und Sahne daraufsetzen, danach wieder Keksbrösel und Zwetschgenröster. Die Gläser sollten nicht mehr als bis zur Hälfte gefüllt sein. Dessert nach Belieben mit Minze garnieren.

Ananaspäckchen
mit Joghurt-Dip

ZUTATEN FÜR 4–6 PERSONEN

1 Ananas
2 rote Chilischoten oder Peperoni
250 g Crème fraîche
250 g Naturjoghurt
1 EL Zitronensaft
1–2 EL Honig
1 EL Olivenöl
1 Packung Brickteig (aus dem arab. Feinkostladen)
1 Eiweiß zum Bestreichen
Öl zum Frittieren

ZUBEREITUNG

1. Die Ananas schälen, vierteln und den harten Strunk herausschneiden. Das Fruchtfleisch in etwa 5 cm große Stücke schneiden. Die Chilischoten längs halbieren, entkernen, waschen und in feine Streifen schneiden.

2. Für den Dip die Crème fraîche und den Joghurt verrühren. Mit dem Zitronensaft, dem Honig und dem Olivenöl abschmecken.

3. Die Teigblätter einzeln aus der Packung nehmen und leicht befeuchten. Je 1 Stück Ananas darauflegen, etwas Chili dazugeben und die Blätter als Päckchen zusammenfalten. Die Enden mit verquirltem Eiweiß bestreichen und verschließen.

4. Das Frittieröl in einem hohen Topf auf etwa 180 °C erhitzen – es ist heiß genug, wenn an einem hineingehaltenen Holzlöffelstiel Bläschen aufsteigen. Die Ananaspäckchen im Öl portionsweise 3 bis 4 Minuten goldbraun ausbacken. Herausnehmen und auf Küchenpapier abtropfen lassen. Die heißen Ananaspäckchen sofort mit dem Joghurt-Dip servieren.

Schnee-Eier
mit Vanillesauce

ZUTATEN FÜR 4 PERSONEN

1 Vanilleschote · 250 g Sahne
1/4 l Milch · 250 g Zucker · 5 Eigelb
5 Eiweiß · Salz · 50 g fein gehackte Mandeln

ZUBEREITUNG

1. Für die Sauce die Vanilleschote längs aufschneiden und das Mark herauskratzen. Sahne und Milch erhitzen. Vanilleschote und -mark dazugeben und alles bei schwacher Hitze 5 Minuten köcheln, Vanilleschote wieder entfernen. Die Masse leicht abkühlen lassen. 125 g Zucker und Eigelbe in einem Topf auf der heißen Herdplatte mit dem Schneebesen kräftig verrühren. Vom Herd nehmen und etwas abkühlen lassen, wieder auf die Herdplatte stellen und den Vorgang so lange wiederholen, bis alles schaumig und fast weiß ist. Dabei ständig rühren, außerdem darf die Eigelb-Zucker-Masse nicht zu heiß werden, sonst gerinnt das Eigelb.

2. Nach und nach die Vanillesahne dazugeben. Den Topf wieder in Abständen auf dem Herd erwärmen und dabei die Sauce ständig und kräftig aufschlagen, bis eine cremige Konsistenz entsteht. (Das funktioniert auch über dem heißen Wasserbad.)

3. Für die Schnee-Eier die Eiweiße am besten in der Küchenmaschine langsam aufschlagen, bis eine erste Bindung entsteht. 1 Prise Salz hinzufügen und das Eiweiß steif schlagen. Übrigen Zucker einrieseln lassen und vorsichtig unterrühren.

4. In einem großen Topf Wasser bis zum Siedepunkt erhitzen. Aus dem Eischnee mit zwei Esslöffeln Nocken abstechen und vorsichtig in das siedende Wasser setzen. Die Nocken nach 2 Minuten umdrehen und weitere 2 Minuten ziehen lassen. Die Schnee-Eier mit dem Schaumlöffel herausnehmen und auf Küchenpapier abtropfen lassen.

5. Die Mandeln in einer Pfanne ohne Fett kurz rösten. Zum Servieren die Vanillesauce auf Teller geben, darauf die Schnee-Eier setzen und mit den gerösteten Mandeln bestreuen.

Mousse au Chocolat
mit weißer Sauce

ZUTATEN FÜR 4 PERSONEN

Für die Mousse:
6 Eiweiß
50 g Zucker
200 g Kuvertüre oder Zartbitterschokolade
(mindestens 60 % Kakoanteil)
3 Eigelb
90 g Crème fraîche

Für die weiße Sauce:
200 g Crème fraîche
125 ml Milch

ZUBEREITUNG

1. Für die Mousse die Eiweiße mit dem Zucker steif schlagen. Die Kuvertüre oder Schokolade grob hacken und in einer Schüssel über dem heißen Wasserbad schmelzen. Vom Herd nehmen und etwas abkühlen lassen.

2. Die Eigelbe unter die Schokoladenmasse rühren. Dann die Crème fraîche hinzufügen und ebenfalls verrühren. Den Eischnee löffelweise zur Schokoladenmasse dazugeben und vorsichtig unterheben, damit die Creme eine luftige Konsistenz bekommt.

3. Die Mousse au Chocolat in eine Schüssel füllen, mit Frischhaltefolie zudecken und mindestens 5 Stunden in den Kühlschrank stellen, damit sie fest wird.

4. Für die weiße Sauce die Crème fraîche und die Milch gründlich verrühren.

5. Zum Servieren von der Mousse Nocken abstechen, auf Dessertteller setzen und mit der Sauce garnieren.

Fliederbeersuppe
mit Grießpudding

ZUTATEN FÜR 4 PERSONEN

Für den Grießpudding:
1/2 l Milch · 2 Kardamomkapseln
Mark von 1 Vanilleschote
abgeriebene Schale von 1/2 Bio-Zitrone
40 g Zucker · 100 g Grieß · 2 Eier
100 g Sahne · 3–4 Biskuitkekse

Für die Fliederbeersuppe:
1 Apfel · 1 Birne · 2 EL Zucker
1/2 l Fliederbeersaft (Holunderbeersaft)
2 Zimtblüten · 1 Sternanis
1 Stück Bio-Orangenschale

ZUBEREITUNG

1. Für den Pudding die Milch erhitzen. Die Samen aus den Kardamomkapseln lösen und mit Vanillemark, Zitronenschale und Zucker in die Milch geben. Alles 10 Minuten sanft köcheln.

2. Die Milch durch ein Sieb in einen Topf gießen. Den Grieß in die Milch streuen und unterrühren, bei schwacher Hitze einige Minuten quellen, dann abkühlen lassen.

3. Die Eier trennen. Eiweiße und Sahne separat steif schlagen. Zuerst die Eigelbe unter die Grießmasse rühren, dann die Sahne und den Eischnee vorsichtig unterheben. Die Masse in eine Glasschüssel füllen und im Kühlschrank fest werden lassen.

4. Für die Fliederbeersuppe Apfel und Birne schälen, vierteln, entkernen und in Spalten schneiden. Den Zucker in einem Topf karamellisieren und die Obstspalten darin kurz wenden. Den Fliederbeersaft und die Gewürze hinzufügen und alles etwa 15 bis 20 Minuten köcheln lassen.

5. Zum Servieren die Biskuitkekse zerbröseln, auf den Grießpudding streuen und nach Belieben mit etwas Sahne beträufeln. Die Fliederbeersuppe mit den Früchten in Schalen füllen und darauf je 1 Nocke Grießpudding setzen.

Kirschsuppe
mit Cremepudding

ZUTATEN FÜR 4–6 PERSONEN

Für den Grießpudding:
3 Eier · 80 g Zucker · 1 Vanilleschote
1/2 l Milch · 100 g Grieß
abgeriebene Schale von 1/2 Bio-Zitrone
3 EL Sahne

Für die Kirschsuppe:
1 kg Süßkirschen
je 1 Bio-Orange und -Zitrone
3 EL Zucker · 700 ml Kirschsaft
1 Scheibe Ingwer · 1 Zimtstange
1 EL Aceto balsamico
1–2 EL Speisestärke zum Binden
ca. 10 g Schokolade (mind. 70 % Kakaoanteil)

ZUBEREITUNG

1. Für den Pudding die Eier trennen. Die Eiweiße mit 40 g Zucker steif schlagen. Vanilleschote längs aufschneiden und das Mark herauskratzen. Milch mit Vanillemark aufkochen, den Grieß nach und nach einrühren und mit Zitronenschale würzen. Vom Herd nehmen, Eigelbe, Sahne und übrigen Zucker unterrühren und 5 Minuten quellen lassen.

2. Den Eischnee unter den Grießbrei heben, alles in eine Glasschale füllen und mindestens 4 Stunden in den Kühlschrank stellen.

3. Für die Kirschsuppe die Kirschen waschen und entsteinen. Orange und Zitrone heiß waschen, trocken reiben und die Schale abschneiden. Zucker karamellisieren, mit dem Saft (2 bis 3 EL abnehmen) ablöschen und darin auflösen. Ingwer, Zitrusschalen, Zimtstange und Essig dazugeben und unterrühren. Kirschen hinzufügen und alles bei schwacher Hitze 10 Minuten köcheln lassen.

4. Die Speisestärke mit dem abgenommenen Saft verrühren und die Suppe damit nach Belieben binden. Die Schokolade darin schmelzen lassen. Zimt und Zitrusschalen entfernen und die Kirschsuppe mit dem Grießpudding servieren.

Quark-Orangen-Soufflé
mit Orangenragout

ZUTATEN FÜR 6–8 FÖRMCHEN (À CA. 125 ML INHALT)

Für das Orangenragout:
4 Bio-Orangen · 1 Vanilleschote
2 EL Zucker · 1/2 l Orangensaft · 1 Sternanis

Für das Soufflé:
Butter und Zucker für die Förmchen
1 Bio-Orange · 3 Eier · 200 g Magerquark
2 TL Speisestärke · Salz · 75 g Zucker
Puderzucker zum Bestäuben

ZUBEREITUNG

1. Für das Ragout die Orangen heiß waschen, trocken reiben, die Schale abziehen und in feine Streifen schneiden. Dann die Orangen so großzügig schälen, dass die weiße Haut mit entfernt wird. Die Filets zwischen den Trennwänden herauslösen.

2. Die Vanilleschote längs aufschneiden und das Mark herauskratzen. Zucker karamellisieren und mit Saft ablöschen. 3 bis 4 EL Orangenschale, Sternanis und Vanillemark hinzufügen. Etwas einkochen lassen, dann vom Herd ziehen. Die Filets im Sud mindestens 10 Minuten ziehen lassen.

3. Für das Soufflé den Backofen auf 200 °C vorheizen. Förmchen einfetten und mit Zucker gründlich ausstreuen, sodass der Zucker gut verteilt ist.

4. Die Orange heiß waschen und trocken reiben, die Schale abreiben und den Saft auspressen. Eier trennen. Eigelbe, Quark, Speisestärke, Orangenschale und -saft glatt rühren. Eiweiße mit 1 Prise Salz steif schlagen, dabei nach und nach den Zucker einrieseln lassen. Eischnee vorsichtig unterheben. Die Masse bis 1 cm unter dem Rand in die Förmchen füllen.

5. Ein tiefes Backblech mit kochendem Wasser auffüllen. Die Soufflés daraufstellen und im Ofen etwa 15 Minuten backen. Das Orangenragout auf Teller verteilen. Die Soufflés aus dem Ofen nehmen, aus den Förmchen stürzen und auf das Ragout setzen. Mit Puderzucker bestäubt sofort servieren.

Flambierte Bananen
mit Pistazien

ZUTATEN FÜR 4 PERSONEN

50 g ungesalzene Pistazienkerne
ca. 20 g Schokolade
2 Bananen
1 EL Butter
2 EL Pernod
200 g Sahne

ZUBEREITUNG

1. Die Pistazien hacken. Die Schokolade in Späne hobeln. Die Bananen schälen und in etwa 12 Stücke schneiden.

2. Die Butter in einer Pfanne erhitzen und die Bananenstücke darin etwas anbraten. Den Pernod hinzufügen und anzünden. Sobald die Flamme erlischt, die Sahne dazugießen.

3. Die Bananenstücke im Sud wenden und auf Teller geben. Mit den gehackten Pistazienkernen und der gehobelten Schokolade bestreuen. Dazu passt Vanilleeis.

TIPP

Je nach Geschmack können Sie Vollmilch- oder Zartbitterschokolade verwenden.

Kaiserschmarren
mit Apfelkompott

ZUTATEN FÜR 4 PERSONEN

Für das Apfelkompott:
4 Äpfel
1 kleine Chilischote
1 Bio-Zitrone
30 g Butter
1 EL Zucker
100 ml Apfelsaft
100 ml Weißwein
1 Scheibe Ingwer
1 Zimtstange
1 Sternanis
1 EL Honig

Für den Kaiserschmarren:
50 g Rosinen
4 Eier
120 g Mehl
200 ml Milch
Mark von 1 Vanilleschote
Salz · 50 g Zucker
1–2 EL Butterschmalz
50 g Butter
5 EL Puderzucker

ZUBEREITUNG

1. Für das Kompott die Äpfel schälen, vierteln, entkernen und das Fruchtfleisch in mundgerechte Stücke schneiden. Die Chilischote längs halbieren, entkernen und waschen. Die Zitrone heiß waschen, trocken reiben und ein fingerlanges Stück Schale abschneiden.

2. Die Butter in einem Topf erhitzen, die Äpfel darin andünsten und dabei mit etwas Zucker bestreuen. Den Apfelsaft und den Wein (wer auf Wein verzichten möchte, verdoppelt den Saftanteil) sowie Chili, Ingwer, Zimtstange, Zitronenschale, Sternanis und Honig hinzufügen. Alles bei schwacher Hitze ohne Deckel 10 bis 15 Minuten köcheln lassen. Das Apfelkompott vom Herd nehmen und die Gewürze entfernen. Kompott etwas auskühlen lassen.

3. Für den Kaiserschmarren den Backofen auf 200 °C vorheizen. Die Rosinen in etwa 2 EL Wasser einweichen. Die Eier trennen. Mehl, Milch, Eigelbe, Vanillemark und 1 Prise Salz zu einem glatten und geschmeidigen Teig verrühren. Die Eiweiße mit dem Zucker steif schlagen und langsam unter den Teig heben. So wird der Kaiserschmarren besonders luftig und locker.

4. Das Butterschmalz in einer ofenfesten Pfanne erhitzen. Den Teig hineingeben und im Ofen auf der mittleren Schiene etwa 15 Minuten backen. Den Kaiserschmarren herausnehmen und mit zwei Gabeln in der Pfanne zerrupfen.

5. Den Backofengrill einschalten. Die Rosinen abtropfen lassen und über den Schmarren streuen. Die Butter in Flöckchen darauf verteilen. Den Kaiserschmarren mit 3 EL Puderzucker bestäuben und unter dem Grill kurz karamellisieren.

6. Den Kaiserschmarren aus dem Ofen nehmen, mit dem restlichen Puderzucker bestäuben und mit dem Apfelkompott servieren.

TIPP

Anstelle von Apfelkompott schmeckt auch Apfelmus oder der Zwetschgenröster von S. 281 sehr gut zum Kaiserschmarren.

Pfannkuchen
mit Heidelbeeren

ZUTATEN FÜR 4 PERSONEN

Für das Vanilleeis:
1 Vanilleschote · 500 g Sahne
5 Eigelb · 2 EL Zucker

Für die Pfannkuchen:
150 g Mehl · 3 Eier · 1/4 l lauwarme Milch
Salz · Backpulver · 250 g Heidelbeeren
2 EL Butterschmalz · 3–4 EL Zucker
Puderzucker zum Bestäuben

ZUBEREITUNG

1. Für das Eis die Vanilleschote längs aufschneiden, das Mark herauskratzen und in der Sahne 5 bis 6 Minuten köcheln. Die Eigelbe mit Zucker über dem heißen Wasserbad dickschaumig rühren. Die Vanillesahne nach und nach unter ständigem Rühren dazugeben. Sobald die Masse richtig fest und die gewünschte Konsistenz erreicht ist, im Kühlschrank 4 bis 5 Stunden abkühlen lassen.

2. Dann die Vanillemasse in der Eismaschine gefrieren lassen. (Wer keine Eismaschine besitzt, stellt die Masse 2 Stunden ins Tiefkühlfach und rührt sie alle 30 Minuten mit einer Gabel durch.)

3. Für die Pfannkuchen Mehl, Eier, Milch, je 1 Prise Salz und Backpulver zu einem glatten Teig verrühren. Den Teig 20 Minuten ruhen lassen.

4. Die Heidelbeeren verlesen, waschen und trocken tupfen. Aus dem Teig 4 Pfannkuchen backen. Dafür etwas Butterschmalz in einer Pfanne erhitzen. Ein Viertel des Teigs hineingeben und auf der Unterseite leicht braun backen, dann wenden. Ein Viertel der Heidelbeeren auf die schon gebackene Seite legen, etwas Teig als Haftung dazugeben und mit etwas Zucker bestreuen.

5. Den Pfannkuchen noch einmal wenden und auf der Heidelbeerseite kurz knusprig backen. Die Heidelbeerpfannkuchen mit dem Vanilleeis auf Tellern anrichten und mit Puderzucker bestäuben.

Topfenpalatschinken
mit Mandelgrieß

ZUTATEN FÜR 6 PERSONEN

Für die Pfannkuchen:
150 g Mehl · 3 Eier · 1/4 l lauwarme Milch
1 EL Zucker · Salz · Backpulver · 4 EL Butter

Für die Quarkfüllung:
100 g Rosinen · 2 EL Rum · 1 Vanilleschote
250 g Magerquark · 1 EL Zucker

Für den Mandelgrieß:
1 TL Butter · 40 g fein gehackte Mandeln
2 EL Mandellikör (z. B. Amaretto)
125 g Crème fraîche · Puderzucker

ZUBEREITUNG

1. Für die Pfannkuchen Mehl, Eier, Milch, Zucker und je 1 Prise Salz und Backpulver verrühren. In einem kleinen Topf 1 EL Butter erhitzen und leicht bräunen. Anschließend durch einen Kaffeefilter gießen, damit sich die Trübstoffe absetzen. Die geklärte braune Butter in den Teig rühren und alles 20 Minuten ruhen lassen.

2. Für die Quarkfüllung die Rosinen in Rum einweichen. Die Vanilleschote längs aufschneiden und das Mark herauskratzen. Quark, Vanillemark, Zucker und Rosinen verrühren.

3. Für den Mandelgrieß die Butter in einer kleinen Pfanne erhitzen und die gehackten Mandeln darin anrösten. Den Mandellikör hinzugießen und etwas köcheln lassen. Die Hitze reduzieren und die Crème fraîche untermischen. Alles einige Minuten ziehen lassen, dann warm stellen.

4. Aus dem Teig in der restlichen Butter in einer Pfanne nacheinander 6 dünne Pfannkuchen backen. Leicht auskühlen lassen und die Quarkmasse daraufsetzen. Anschließend die Pfannkuchen falten oder einrollen, den warmen Mandelgrieß daraufgeben und mit Puderzucker bestäuben.

Erdbeer-Crêpes-Türmchen
mit Mascarpone

ZUTATEN FÜR 4 PERSONEN

Für den Teig:
150 g Mehl · 3 Eier · 1/4 l lauwarme Milch
Salz · Backpulver
Butterschmalz zum Ausbacken

Außerdem:
250 g Mascarpone · 1 EL Sahne
Mark 1 Vanilleschote
1 EL Mandellikör (Amaretto)
ca. 2 EL Mandelblättchen · 500 g Erdbeeren
1 EL Zucker · ca. 2 EL gehackte Pistazien
Puderzucker zum Bestäuben

ZUBEREITUNG

1. Für den Teig Mehl, Eier, Milch sowie je 1 Prise Salz und Backpulver zu einem glatten Teig verrühren. Den Teig 20 Minuten ruhen lassen.

2. Mascarpone, Sahne, Vanillemark und Likör verrühren. Mandelblättchen in einer Pfanne ohne Fett leicht bräunen. Erdbeeren waschen und putzen, 4 Erdbeeren beiseitelegen und den Rest in feine Scheiben schneiden.

3. Aus dem Teig nacheinander 8 dünne Crêpes backen. Dafür etwas Butterschmalz in einer Pfanne erhitzen, etwas Teig in der Pfanne verteilen und auf der Unterseite etwa 1 Minute backen. Wenden und 1 Minute weiterbacken. Herausnehmen und warm halten.

4. Die Erdbeerscheiben mit dem Zucker bestreuen und höchstens 5 Minuten stehen lassen.

5. Aus den warmen Crêpes je 2 Kreise (9 cm Durchmesser) ausstechen. Je 1 Crêpe-Kreis auf einen Teller legen, etwas Mascarponecreme daraufstreichen und mit Erdbeeren belegen. Dann darauf wieder 1 Crêpe-Kreis, Mascarponecreme und Erdbeeren geben. Pro Türmchen insgesamt 4 Crêpe-Kreise aufschichten, dabei mit Mascarponecreme abschließen. Die Türmchen mit den Erdbeeren, Mandeln, Pistazien und Puderzucker garnieren.

Fruchtpürees
mit Quarkcreme

ZUTATEN FÜR 4 PERSONEN

3–4 verschiedene exotische Früchte
(z.B. Papaya, Mango, Kiwi, Pitahaya und Ananas)
250 g Magerquark
150 g Naturjoghurt
1 EL Honig
2–3 EL Mandelblättchen
2–3 EL geraspelte Zartbitterschokolade
einige Minzeblätter (gewaschen)

ZUBEREITUNG

1. Die Früchte schälen, falls nötig, entkernen und separat pürieren.

2. Den Quark, den Joghurt und den Honig zu einer Creme verrühren. Die Mandelblättchen in einer Pfanne ohne Fett leicht rösten, herausnehmen und abkühlen lassen.

3. Die Fruchtpürees und die Quarkcreme in Glasschälchen oder Weingläser schichten. Zuletzt mit den gerösteten Mandeln, Schokoladenraspeln und Minzeblättern bestreuen. Aromen- und Farbenvielfalt vom Feinsten!

TIPP

Für das Dessert benötigen Sie 3 bis 4 verschiedene exotische Früchte. Achten Sie bei der Auswahl nicht nur auf Sorten und Aromen, sondern auch auf die unterschiedlichen Farben der Früchte.

Amerika-Torte
mit Zironencreme

ZUTATEN FÜR 1 TORTE (CA. 26 CM Ø)

Für den Rührteig:
125 g Margarine · 325 g Zucker
1 Päckchen Vanillezucker · 4 Eier
3 EL Milch · 150 g Mehl
2 TL Backpulver · Butter für die Formen

Für die Creme:
Saft von 2 Zitronen · 100 g Zucker
ca. 4 TL Speisestärke · 1 EL Butter
1 Eigelb

Außerdem:
500 g Sahne

ZUBEREITUNG

1. Für den Teig den Backofen auf 170 °C vorheizen. Die Eier trennen. Die Margarine mit 125 g Zucker und Vanillezucker leicht schaumig rühren. Die Milch und die Eigelbe dazugeben und unterrühren. Das Mehl mit dem Backpulver sieben und kurz unterheben.

2. Den Boden von 2 Springformen (26 cm Ø) leicht einfetten. Den Teig darauf verteilen, das geht am besten mit leicht bemehlten Händen.

3. Die Eiweiße steif schlagen, dabei nach und nach restlichen Zucker einrieseln lassen. Eischnee auf die Böden verteilen, dann Böden nacheinander im Ofen auf der mittleren Schiene 25 bis 30 Minuten backen. Herausnehmen und abkühlen lassen.

4. Für die Creme Zitronensaft, 1/4 l Wasser, Zucker, Speisestärke, Butter und Eigelb in einem Topf aufkochen. Dann vom Herd nehmen und abkühlen lassen. Die Sahne steif schlagen.

5. Die Tortenböden aus der Form lösen. Einen Boden auf eine Tortenplatte legen, die Creme daraufgeben und glatt streichen. Die Sahne darauf verteilen, den zweiten Tortenboden darauflegen und etwas andrücken. Das Rezept stammt von Erika Pankratz (siehe S. 311).

Mandelkuchen
ohne Mehl

ZUTATEN FÜR 1 SPRINGFORM (CA. 26 CM Ø)

6 Eier
200 g Puderzucker
1 Vanilleschote
abgeriebene Schale von 1 Bio-Zitrone
200 g gemahlene Mandeln
Butter für die Form
Puderzucker zum Bestäuben

ZUBEREITUNG

1. Den Backofen auf 160 °C (Umluft) vorheizen. Die Eier trennen. Die Eiweiße steif schlagen. Die Eigelbe mit dem Puderzucker zu einer geschmeidigen Masse aufschlagen.

2. Die Vanilleschote längs aufschneiden und das Mark herauskratzen. Das Vanillemark und die Zitronenschale dazugeben und unterrühren. Den Eischnee vorsichtig unterheben. Dann die gemahlenen Mandeln unterrühren.

3. Die Springform einfetten und den Teig hineingeben. Im Ofen auf der mittleren Schiene 40 bis 50 Minuten backen. Herausnehmen und etwas abkühlen lassen.

4. Den Kuchen am Rand mit einem Messer lösen und vollständig abkühlen lassen. Zum Servieren mit Puderzucker bestäuben.

Biskuitrolle
mit Erdbeer-Sahne-Füllung

ZUTATEN FÜR 1 BISKUITROLLE (CA. 12 STÜCKE)

Für den Biskuit:
75 g Mehl
75 g Speisestärke
1 TL Backpulver
5 Eier
150 g Zucker
1 Päckchen Vanillezucker

Für die Füllung:
500 g Erdbeeren
750 g Sahne
je 2 Päckchen Vanillezucker und Sahnesteif

Außerdem:
Zucker zum Bestreuen
Schokoladenstreusel zum Bestreuen

ZUBEREITUNG

1. Für den Biskuit den Backofen auf 180 bis 200 °C vorheizen. Ein Backblech mit Backpapier belegen. Das Mehl, die Stärke und das Backpulver mischen und sieben. Die Eier trennen. Die Eiweiße steif schlagen.

2. Die Eigelbe mit dem Zucker, dem Vanillezucker und 2 EL heißem Wasser zu einer geschmeidigen Creme aufschlagen. Die Mehlmischung untermengen. Den Eischnee vorsichtig unterheben und die Masse dünn und gleichmäßig auf dem Backblech verstreichen. Im Ofen auf der mittleren Schiene 15 bis 20 Minuten backen.

3. Ein Küchentuch mit etwas Zucker bestreuen, den fertigen Biskuit aus dem Ofen nehmen, auf das Geschirrtuch stürzen und darin einrollen. So etwa 15 Minuten abkühlen lassen.

4. Währenddessen für die Füllung die Erdbeeren waschen, putzen und einige für die Dekoration beiseitelegen. Die restlichen Beeren in kleine Stücke schneiden. Die Sahne mit Vanillezucker und Sahnesteif steif schlagen.

5. Zum Füllen die Biskuitplatte wieder vorsichtig auseinanderrollen. Mit etwa einem Drittel der Sahne bestreichen und mit den Erdbeerstücken belegen, dabei rundum einen Rand frei lassen. Darauf wieder eine Schicht Sahne geben.

6. Die gefüllte Teigplatte mithilfe des Küchentuchs fest einrollen, dabei etwas andrücken.

7. Die Biskuitrolle auf eine Tortenplatte legen und mit der restlichen Sahne rundum bestreichen. Mit den Schokoladenstreuseln bestreuen und mit den beiseitegelegten Erdbeeren garnieren.

TIPP

Im Hochsommer können Sie die Biskuitrolle statt mit Erdbeeren auch mit Himbeeren oder Kirschen (entsteint) füllen.

Scheiterhaufen
mit Blutorangensalat

ZUTATEN FÜR 4–6 PERSONEN

400 g Brioches (vom Vortag; ersatzweise Milchbrötchen oder Croissants) · 3 Äpfel · 1 Vanilleschote · 4 Eier · 400 ml Milch · 400 g Sahne
5 EL Zucker · Butter für die Form
50 g Pinienkerne · 50 g Rosinen
2–3 Löffelbiskuits · 4–5 Blutorangen
1/2 l Blutorangensaft

ZUBEREITUNG

1. Den Backofen auf 200 °C vorheizen. Brioches in 1 cm dicke Scheiben schneiden und in eine Schüssel geben. Äpfel waschen, nach Belieben schälen, vierteln, entkernen und in feine Scheiben schneiden. Vanilleschote längs aufschneiden und das Mark herauskratzen.

2. Die Eier trennen. Eigelbe mit Milch, Sahne, 2 EL Zucker und Vanillemark verquirlen. Die Hälfte der Flüssigkeit in eine flache Schüssel gießen. Eine Auflaufform (30 x 20 cm) einfetten. Brotscheiben kurz in der Eiermasse wenden und den Boden der Auflaufform damit auslegen. Die Apfelscheiben darauf verteilen, dann Pinienkerne und Rosinen darüberstreuen. Etwas Eiermasse daraufgießen. Wieder Brotscheiben in der Eiermasse wenden und die Äpfel damit abdecken. Übrige Eiermasse darauf verteilen. Zuletzt Löffelbiskuits zerbröseln und darüberstreuen. Scheiterhaufen im Ofen auf der mittleren Schiene 40 Minuten backen.

3. Für den Salat die Orangen so großzügig schälen, dass die weiße Haut mit entfernt wird. In einem Topf 2 EL Zucker karamellisieren, mit Saft ablöschen und auf die Hälfte einkochen lassen. Die Filets zwischen den Trennwänden herausschneiden, in den reduzierten Saft legen und kurz erwärmen.

4. Die Eiweiße mit übrigem Zucker steif schlagen, auf dem Scheiterhaufen verteilen und 4 bis 5 Minuten gratinieren. Den Scheiterhaufen in Stücke schneiden, Blutorangen mit etwas Saft auf Teller verteilen und Scheiterhaufen darauf anrichten.

Tiramisu
mit Löffelbiskuits

ZUTATEN FÜR 6–8 PERSONEN

Für die Löffelbiskuits:
5 Eier · 300 g Zucker · 125 g Mehl

Für die Creme:
300 ml abgekühlter Espresso
3 EL Mandellikör (z.B. Amaretto)
5 Eigelb · 100 g Zucker · 750 g Mascarpone
Kakaopulver und Puderzucker zum Bestäuben

ZUBEREITUNG

1. Für die Löffelbiskuits den Backofen auf 180 °C vorheizen. Ein Backblech mit Backpapier belegen. Die Eier trennen. Die Eigelbe mit 150 g Zucker über dem heißen Wasserbad schaumig aufschlagen. Die Eiweiße mit restlichem Zucker steif schlagen. Mehl und Eischnee unter die Eigelbmasse heben, alles leicht verrühren.

2. Die Masse in einen Spritzbeutel geben und damit Löffelbiskuits (etwa 8 cm lang) auf das Backpapier spritzen. Im Ofen auf der mittleren Schiene 15 bis 20 Minuten backen. Herausnehmen und auskühlen lassen.

3. Für die Creme den Espresso mit dem Mandellikör verrühren. Die Eigelbe und den Zucker verrühren, dann den Mascarpone untermengen (Eigelbe und Mascarpone sollten die gleiche Temperatur haben).

4. Einen Teil der Löffelbiskuits im Espresso-Amaretto-Gemisch tränken und eine Auflaufform damit auslegen. 1 Schicht Creme daraufgeben, dann wieder getränkte Löffelbiskuits darüberschichten. Auf diese Weise alles einschichten, dabei mit der Creme abschließen.

5. Das Tiramisu im Kühlschrank 3 bis 4 Stunden durchziehen lassen. Zum Servieren dick mit Kakaopulver und etwas Puderzucker bestäuben.

Schokoladenküchlein
mit flüssigem Kern

ZUTATEN FÜR 4 OFENFESTE FÖRMCHEN (À CA. 125 ML INHALT)

120 g Zartbitterschokolade
35 g Butter · 3 Eier
80 g Zucker · 1 EL Mehl
Butter und Mehl für die Förmchen
8 Zartbitterschokoladen-Rippchen (à ca. 5 g)
ca. 150 g Brombeeren oder gemischte Waldbeeren
ca. 4 TL Crème fraîche
Puderzucker zum Bestäuben

ZUBEREITUNG

1. Den Backofen auf 210 °C vorheizen. Die Schokolade in Stücke brechen, mit der Butter in eine kleine Schüssel geben und über dem heißen Wasserbad langsam schmelzen. Dann abkühlen lassen.

2. Die Eier und den Zucker mit den Quirlen des Handrührgeräts cremig aufschlagen. Die Schokoladenmasse unterrühren, dabei das gesiebte Mehl hinzufügen.

3. Die Förmchen einfetten und mit Mehl bestäuben. Die Förmchen bis zur Hälfte mit der Schokoladenmasse füllen. Je 2 Rippchen Schokolade hineinlegen, dann mit dem restlichen Teig auffüllen. Die Küchlein im Ofen auf der mittleren Schiene etwa 12 Minuten backen.

4. Inzwischen die Brombeeren oder Waldbeeren verlesen, waschen und trocken tupfen. Mit dem Stabmixer pürieren und durch ein Sieb streichen.

5. Die Küchlein aus dem Ofen nehmen, vorsichtig mit einem Messer die Ränder lösen und die Küchlein auf Dessertteller stürzen. Je 1 Klecks Beerenpüree und Crème fraîche daraufsetzen und mit einem Hauch Puderzucker bestäuben. Sofort warm servieren, damit der Kern noch flüssig ist.

Biskuittorte
mit Schoko-Ganache

ZUTATEN FÜR 1 SPRINGFORM (CA. 26 CM Ø)

Für die Ganache:
6 Becher Sahne (1,2 kg)
je 200 g Vollmilch- und Zartbitterschokolade

Für den Biskuit:
80 g Mehl · 80 g Speisestärke
1 gestr. TL Backpulver · 2 EL Kakaopulver
4 Eier · 200 g Zucker · 1 Päckchen Vanillezucker
Butter für die Form

ZUBEREITUNG

1. Am Vortag für die Ganache die Sahne in einem Topf erwärmen und je 150 g Schokolade darin auflösen. Einmal aufkochen, dann unter Rühren abkühlen lassen, damit sich keine Haut bildet. Zugedeckt über Nacht in den Kühlschrank stellen.

2. Am nächsten Tag für den Biskuit den Backofen auf 180 °C vorheizen. Mehl, Speisestärke, Backpulver und Kakao in eine Schüssel sieben. Eier trennen. Eiweiße sehr steif schlagen. Eigelbe, Zucker und Vanillezucker schaumig rühren und das Mehlgemisch unterheben. Den Eischnee vorsichtig unterheben. Die Springform leicht einfetten. Die Masse einfüllen, glatt streichen und im Ofen auf der mittleren Schiene 30 bis 35 Minuten backen.

3. Den Biskuit herausnehmen, kurz abkühlen lassen. Dann aus der Form lösen und abkühlen lassen.

4. Die Schokosahne steif schlagen, nach Belieben Sahnesteif dazugeben. Den Biskuit zweimal durchschneiden, den unteren Boden auf eine Tortenplatte setzen und 4 bis 5 EL Ganache daraufstreichen. Den zweiten Boden auflegen, mit 4 bis 5 EL Sahne bestreichen und mit dem dritten Boden belegen.

5. Die Torte rundum mit der Ganache überziehen, dann die Oberfläche mit Sahnerosetten verzieren. Zuletzt die Torte mit der übrigen Schokolade und nach Belieben mit Schokokakaobohnen verzieren. Das Rezept stammt von Sabine Wohlers (siehe S. 311).

Mondscheintorte
mit Nussbiskuit

ZUTATEN FÜR 1 SPRINGFORM (CA. 26 CM Ø)

Für den Teig:
4 Eier · 100 g Margarine · 100 g Zucker
1 1/2 EL Kakaopulver
125 g gemahlene Haselnüsse
1 Päckchen Backpulver · Butter für die Form

Für den Belag:
5 EL Zucker · 1/2 l Apfelsaft
Saft von 1 Zitrone
3 Päckchen Vanillesaucenpulver
400 g Sahne

Außerdem:
250 g Sahne · 1 Päckchen Vanillezucker
1 Tasse geraspelte Schokolade

ZUBEREITUNG

1. Für den Teig den Backofen auf 180 °C vorheizen. Die Eier trennen. Die Eiweiße steif schlagen. Die Eigelbe mit Margarine, Zucker, Kakao, Nüssen und Backpulver schaumig rühren. Eischnee vorsichtig unterheben. Die Springform einfetten, den Teig hineingeben und im Ofen auf der mittleren Schiene 30 Minuten backen.

2. Den Kuchenboden herausnehmen, etwas abkühlen lassen. Dann am Rand mit einem Messer lösen und vollständig abkühlen lassen.

3. Für den Belag Zucker, Apfelsaft, Zitronensaft und Vanillesaucenpulver aufkochen, dann abkühlen lassen. Die Sahne steif schlagen und unter die Masse heben. Die Füllung auf dem Teigboden verteilen und glatt streichen.

4. Für die Verzierung die Sahne mit dem Vanillezucker steif schlagen und auf dem Kuchen verstreichen. Die Oberfläche großzügig mit Schokoladenstreuseln bestreuen.

Käsekuchen
mit Baiserhaube

ZUTATEN FÜR 1 SPRINGFORM (CA. 26 CM Ø)

Für den Mürbeteig:
250 g Mehl · 1 TL Backpulver · 100 g Zucker
1 Ei · 125 g weiche Butter · Butter für die Form
Mehl für die Arbeitsfläche

Für die Quarkcreme:
500 g Speisequark · 125 g Zucker
50 g Speisestärke
2 Päckchen Vanillezucker · 3 Eigelb
Saft von 1 Zitrone · 1/2 l Milch

Für die Baiserhaube:
3 Eiweiß · 75 g Zucker

ZUBEREITUNG

1. Für den Mürbeteig alle Zutaten zu einem geschmeidigen Teig kneten. Den Teig zu einer Kugel formen, in Frischhaltefolie wickeln und etwa 30 Minuten kühl stellen.

2. Den Backofen auf 175 °C vorheizen. Den Boden der Springform mit Backpapier auslegen und den Rand mit etwas Butter einfetten. Zwei Drittel des Teigs auf der leicht bemehlten Arbeitsfläche in Größe des Springformbodens ausrollen und in die Form legen. Den restlichen Teig zu einer Rolle formen, in die Form legen und als Rand hochdrücken.

3. Für die Creme Quark, Zucker, Speisestärke, Vanillezucker, Eigelbe und Zitronensaft verrühren. Zuletzt die Milch untermischen. Die Masse bis zum Teigrand in die Backform gießen. Käsekuchen im Ofen auf der untersten Schiene 1 Stunde backen.

4. Inzwischen für die Baiserhaube die Eiweiße steif schlagen, dabei nach und nach den Zucker unterrühren. Die Masse auf dem Käsekuchen verteilen und den Kuchen weitere 10 Minuten backen.

Hugo-Torte
(Holunderblütentorte)

ZUTATEN FÜR 1 SPRINGFORM (CA. 26 CM Ø)

Für den Biskuit:
50 g Mehl · 50 g Speisestärke
1/2 TL Backpulver · 2 Eier
100 g Zucker
1 Päckchen Vanillezucker

Für die Tortencreme:
500 g Sahne · 6 Päckchen Sahnesteif
3 Päckchen Vanillezucker
100 g Puderzucker
1 Bio-Zitrone
300 g Naturjoghurt

Für den Hugo-Tortenguss:
1/4 l Sekt · 125 ml Holunderblütensirup
2 Päckchen klarer Tortenguss

Außerdem:
ca. 200 g Sahne · einige Minzeblätter
einige Holunderblüten

ZUBEREITUNG

1. Für den Biskuit den Backofen auf 200 °C vorheizen. Den Boden der Springform mit Backpapier belegen. Das Mehl, die Speisestärke und das Backpulver mischen und sieben.

2. Die Eier trennen und die Eiweiße mit 1 EL Wasser steif schlagen. Dabei den Zucker und den Vanillezucker nach und nach einrieseln lassen. Die Eigelbe vorsichtig unterrühren. Die Mehlmischung dazugeben und vorsichtig unterheben.

3. Die Biskuitmasse in die Springform füllen, glatt streichen und im Ofen auf der mittleren Schiene 30 Minuten backen.

4. Für die Tortencreme die Sahne mit dem Sahnesteif und dem Vanillezucker mit den Quirlen des Handrührgeräts aufschlagen. Dann den Puderzucker dazugeben und unterschlagen. Die Zitrone heiß waschen, trocken reiben, die Schale mit einem Zestenreißer abziehen und für die Verzierung beiseitelegen. Den Saft auspressen. Den Joghurt mit dem Zitronensaft verrühren und ebenfalls unter die Sahnemasse rühren.

5. Den Biskuit aus dem Ofen nehmen und auf einem Kuchengitter etwas abkühlen lassen. Dann den Springformrand entfernen, den Biskuitboden auf ein Kuchengitter stürzen und das Papier abziehen. Abkühlen lassen.

6. Den Tortenboden auf eine Tortenplatte legen und einen Tortenring außen herumspannen. Die Creme auf den Tortenboden geben und glatt verstreichen.

7. Für den Hugo-Tortenguss aus dem Sekt, dem Sirup und dem Tortenguss-Pulver nach Packungsanweisung einen Guss zubereiten und auf der Creme verteilen. Die Torte kühl stellen.

8. Für die Verzierung die Sahne steif schlagen und in einen Spritzbeutel mit Lochtülle füllen. Sobald der Guss fest ist, kleine Rosetten daraufspritzen. Dann mit Minzeblättern, Zitronenzesten und Holunderblüten dekorieren.

Profiteroles
mit Schokoladenfüllung

ZUTATEN FÜR CA. 30 STÜCK

Für die Profiteroles:
100 g Butter · 1/2 TL Salz
150 g Mehl · 4 Eier

Für die Füllung:
6 Eiweiß · 50 g Zucker
200 g Kuvertüre oder Zartbitterschokolade
(60 % Kakaoanteil)
3 Eigelb · 90 g Crème fraîche

ZUBEREITUNG

1. Für die Profiteroles den Backofen auf 200 °C vorheizen. Die Butter, 1/4 l Wasser und Salz in einem Topf erhitzen. Sobald sich die Butter aufgelöst hat und die Masse zu kochen beginnt, das Mehl hinzufügen und sofort kräftig verrühren. Den Topf vom Herd nehmen und weiterrühren, bis der Teig eine geschmeidige Konsistenz hat und sich am Topfboden eine weiße Schicht bildet.

2. Den Teig in eine Schüssel umfüllen, Eier nach und nach gut unterrühren. Der Teig sollte eine zähflüssige Konsistenz haben und schwer vom Löffel laufen. In einen Spritzbeutel mit Sterntülle füllen.

3. Ein Backblech mit Backpapier auslegen und kleine Häufchen auf das Backblech spritzen. Im Ofen auf der mittleren Schiene 15 Minuten goldgelb backen. Herausnehmen und zum späteren Füllen seitlich Löcher hineinstechen.

4. Für die Füllung die Eiweiße mit Zucker steif schlagen. Kuvertüre in Stücke hacken und über dem heißen Wasserbad schmelzen. Zuerst die Eigelbe, dann die Crème fraîche unter die Kuvertüre rühren. Eischnee löffelweise dazugeben und vorsichtig unterheben, damit die Creme eine luftige Konsistenz bekommt. Die Masse in einen Spritzbeutel mit Fülltülle geben und in die Profiteroles spritzen. (Restliche Schokoladenfüllung kühl stellen und als Dessert essen.)

Kürbis-Crumble
mit Pinienkernen

ZUTATEN FÜR 4 PERSONEN

500 g Hokkaido-Kürbis
2 EL Rosinen
200 ml Orangensaft
2 EL Pinienkerne
70 g Zucker
1 Sternanis
1 Chilischote
100 g Mehl
50 g weiche Butter · Salz

ZUBEREITUNG

1. Den Backofen auf 180 °C (oder kleine Grillstufe) vorheizen. Den Kürbis waschen, entkernen und in kleine Würfel schneiden. Die Rosinen in etwas Orangensaft einweichen. Pinienkerne grob hacken.

2. In einem Topf 20 g Zucker karamellisieren. Die Kürbisstücke untermischen. Den Orangensaft, den Sternanis und die Chilischote hinzufügen und alles 3 bis 5 Minuten köcheln lassen. Der Kürbis sollte unbedingt noch etwas Biss haben. Sternanis und Chilischote wieder entfernen.

3. Den Kürbis mit dem Sud in eine Auflaufform geben. Die eingeweichten Rosinen und die Pinienkerne darüber verteilen.

4. Mehl, Butter, restlichen Zucker und 1 Prise Salz in einer Schüssel mit den Händen abwechselnd kneten und zwischen den Fingern zerreiben.

5. Die Brösel über den Kürbiswürfeln verteilen und den Crumble im Ofen 10 bis 15 Minuten goldbraun backen. Aus dem Ofen nehmen und den Crumble noch warm mit Vanilleeis (am besten selbst gemacht, siehe S. 288) servieren.

»Schöne Keramik herzustellen ist eine Kunst, die Stefanie Hering zur Perfektion gebracht hat. Dutzendware von der Stange gibt es in ihrer Manufaktur in Berlin nicht.«

»Stattdessen ist alles liebevolle, sorgfältige Handarbeit. Und produziert wird das Geschirr ausschließlich von Spezialisten in Thüringen.«

»Bei Hering wird mit Bisquitporzellan gearbeitet. Die Keramik wird nicht glasiert, behält eine raue Oberfläche und wirkt ebenso natürlich wie edel – was ich ganz besonders mag.«

Gibt es Liebe auf den ersten Blick? Die eindeutige Antwort lautet: ja. Mich hat es im Söl'ring Hof auf Sylt erwischt, als ich zum ersten Mal einen Teller aus der kleinen Berliner Porzellanmanufaktur Hering sah. Sofort habe ich gespürt, dass dieses Geschirr etwas ganz Besonderes ist. Ich konnte gar nicht anders, als gleich ein paar Teller zu kaufen, zuerst für mein Kochstudio, dann auch für meine Küche zu Hause. Inzwischen gebe ich jeden Pfennig, der von meiner NDR-Knete übrig ist, für Hering-Geschirr aus. Und ich weiß ganz genau, dass ich ohne diese Liebe nicht mehr leben will. Ich kann Leute nicht verstehen, denen es egal ist, von welchem Teller und mit welchem Besteck sie essen. Ein Grillabend mag ja noch so schön sein, aber sein Steak dann vom Pappteller mit Plastikbesteck in sich hineinzustopfen, das ist keine Kultur, das ist Barbarei. Die Keramik von Stefanie Hering hingegen ist für mich höchste Handwerkskunst, elegant, aber nicht überkandidelt, mit einer schönen, zeitlosen Form, von Menschen gemacht, mit denen man gerne über Geschirr und das Essen darauf spricht.

»Im Jahr 1992 hat Stefanie Hering ihre Manufaktur in Berlin gegründet. Die Karriere, die ihr Porzellan danach machen sollte, hat sie sich wahrscheinlich selbst nicht erträumt.«

»Heute beliefert sie viele der besten Restaurants in aller Welt. Trotzdem ist sie ein bescheidener Mensch geblieben – und fast schon eine Freundin für mich geworden.«

H

I

J

K

P

Q

R

S

T

V

W

Y

Z

STEFAN MALZKORN

Wer Stefan Malzkorn (*1963) kennt, denkt zuerst an seine Musiker-Porträts, seine Konzertbilder und seine Ausstellungen zu diesem Thema. Der Hamburger ist aber auch ein begeisterter Fotojournalist, ist ein Kenner der Hamburger Gastronomie und hat in den letzten Jahren die Foodfotografie für sich entdeckt. Für Stefan hat das Kochen Momente des Rock'n'Rolls, es ist live, es ist Entertainment, es ist Improvisation. Zusammen mit Rainer auf Tour durch seine Küche erst recht. Dort wurde bei den Aufnahmen für dieses Buch der Herd zur Bühne und der Arbeitsplan zur Setlist: Das rockte, war lecker und hat auch noch satt gemacht.

SABINE WOHLERS UND ERIKA PANKRATZ

Sabine Wohlers und Erika Pankratz kommen aus demselben Dorf wie Rainer Sass und helfen dort ehrenamtlich in der Bücherstube der Martin-Luther-Kirche. Hier pflegen sie mit mehreren Kolleginnen ihr Backfieber und versorgen ab und an den Fernsehkoch mit traumhaften Torten. Nach drei bis fünf Stücken nähert sich sein Gewicht dem Buchtitel. Ihre köstlichen Torten finden Sie auf den Seiten 291 und 294.

PARSON-JACK-RUSSELL-DAME LINDA

Seit acht Jahren belebt die Parson-Jack-Russell-Dame Linda das Küchengeschehen. Die leidenschaftliche Jägerin bewacht im Herbst und in der Winterzeit die angelieferten Enten und Gänse vom Ausnehmen bis zum Anrichten mit uneingeschränkter Ausdauer. Ihr Idealgewicht von 6,1 bis 6,3 kg wird streng eingehalten – dank Huhn mit Reis, das sie liebt wie keine andere Speise. Denn es gibt nichts Schlimmeres als einen fetten Jack-Russell.